Portaci alla Luce

Una raccolta degli insegnamenti di
Sri Mata Amritanandamayi

A cura di
Swami Jnanamritananda Puri

Mata Amritanandamayi Center, San Ramon
California, Stati Uniti

Portaci alla Luce

Una raccolta degli insegnamenti di Sri Mata Amritanandamayi
A cura di Swami Jnanamritananda

Pubblicato da:
Mata Amritanandamayi Center
P.O. Box 613
San Ramon, CA 94583
Stati Uniti

———————————— *Lead us to the Light (Italian)* ————————

Prima edizione a cura del MA Center: agosto 2016

In Italia: www.amma-italia.it

In India:
inform@amritapuri.org
www.amritapuri.org

Asato mā sat gamaya
tamaso mā jyotir gamaya
mrityor mā amritam gamaya
om śānti śānti śāntihi

Portaci dall'illusione alla Verità,
Dalle tenebre alla Luce,
Dalla morte all'Immortalità.
Om, pace, pace, pace

Brihadaranyaka Upanishad (1: 3: 28)

Indice

Prefazione

Questo libro è una traduzione del testo malayalam 'Jyotirgamaya', una collezione dei messaggi mensili di Amma, sotto forma di domanda e risposta, apparsi sulla rivista Matruvani nell'ultimo decennio.

Ogni parola della Madre irradia la luce della conoscenza e rimuove le nuvole della confusione che possono addensarsi nella mente dei suoi figli. Alcune conversazioni vertono su un argomento particolare. In altre occasioni, le domande formulate esprimono varie incertezze che sorgono nella mente degli ascoltatori. La Madre fornisce a tutti la risposta appropriata. Il suo unico obiettivo è il progresso spirituale dei suoi figli.

Porsi degli interrogativi è un segno di crescita che si manifesta nella mente. Ma se i dubbi non vengono rimossi, possono ostacolare l'evoluzione dell'individuo e devono quindi essere chiariti immediatamente. Soltanto così sarà possibile procedere nel cammino. Le parole di un *mahatma* hanno la capacità di liberare dalla confusione coloro che hanno sete di conoscenza spirituale.

Ogni parola di Amma illumina il cammino. Nelle pagine seguenti possiamo leggere le sue risposte alle domande e alle insicurezze che affliggono l'era moderna, risposte che provengono dal potere di basi perfette e dall'autorità della sua esperienza.

Swami Jnanamritananda
Amritapuri, 24 agosto 2000

Di notte in riva ai canali con Amma

Il suono riverberante di una conchiglia segnalò la fine del *Devi Bhava darshan*[1]. Erano le due del mattino. I residenti dell'ashram erano stati impegnati per tutto il giorno precedente a trasportare sabbia, con la quale riempivano i canali, per cercare di strappare del terreno alla laguna. Anche la Madre aveva preso parte ai lavori, e ciò aveva reso tutti molto entusiasti. Quella mattina, Amma ('madre' in malayalam) aveva dato il darshan nel capanno grande, si era poi ritirata per un paio d'ore e, alle cinque del pomeriggio, era riapparsa per cantare i *bhajan* e iniziare il Devi Bhava darshan. Soltanto adesso, dopo molte ore, la Madre si alzò, dopo aver dato il darshan a tutti.

Ma invece di andare nella sua stanza, Amma camminò decisa verso il bordo dei canali. Non tutta la sabbia era stata adoperata e al mattino ne sarebbe arrivata dell'altra con un nuovo carico. I residenti e i devoti la seguirono correndo e si misero a trasportare la sabbia in compagnia della Madre.

Per coloro che conoscono Amma anche solo un poco, vederla lavorare così duramente rinunciando al sonno e al cibo non è cosa insolita. Mark, però, che era appena arrivato dalla Germania e che

---

[1] I programmi della Madre, durante i quali lei riceve e benedice ogni persona che l'avvicina (generalmente migliaia di persone al giorno), sono detti 'darshan'.

7

incontrava Amma per la prima volta, non riusciva a sopportare quella vista. Cercò diverse volte di togliere i sacchi di sabbia dalle braccia della Madre. Ma Amma avrebbe mai ceduto?

Facendo una piccola pausa durante il lavoro, Amma fece segno a Mark di avvicinarsi. Non appena gli occhi di Mark si posarono sul suo viso luminoso, si riempirono di lacrime.

"Figlio, fino ad ora Amma[2] non ha avuto l'occasione di parlare con te. È questa la ragione della tua tristezza?", chiese lei.

"No, non sono triste per questo. Sono triste perché vedo te ed i tuoi figli lavorare così tanto. Madre, se me lo permetti, ti dono tutti i miei averi. Voglio soltanto che tu ti riposi invece di lavorare giorno e notte in questo modo!"

Amma rise sentendo la risposta di Mark.

Madre – Figlio, questo è un ashram, non un luogo di vacanza: è un posto per coloro che praticano il sacrificio di sé. I residenti dell'ashram devono lottare duramente per raggiungere il loro ideale. Questo è un paradiso per chi ha delle inclinazioni spirituali. Questi figli conducono una vita di duro lavoro da così tanto tempo, eppure ciò non sembra pesargli. Amma ha detto loro fin dal giorno in cui sono arrivati che avrebbero dovuto essere come candele. Una candela si lascia sciogliere per poter dare luce agli altri; allo stesso modo, il nostro sacrificio è la luce del mondo, è la luce del Sé.

Pensa a quanta gente soffre in questo mondo. Pensa a tutte le persone malate e povere che vivono nel dolore, senza soldi per le cure o le medicine; agli innumerevoli che muoiono di fame, cercando disperatamente di sopravvivere, senza potersi permettere nemmeno un pasto. E ci sono così tanti bambini che devono interrompere gli studi perché le loro famiglie non possono permettersi di mantenerli a scuola. Possiamo usare ciò che risparmiamo

---

[2] La Madre spesso si riferisce a se stessa in terza persona.

dal nostro stipendio per aiutare le persone bisognose. Nel nostro orfanotrofio ci sono circa cinquecento bambini. Dobbiamo essere disposti ad aiutare gli altri, anche se ciò implica per noi qualche difficoltà.

A tutti piace un impiego in cui si sta seduti in ufficio. Nessuno vuole un lavoro come quello che stiamo facendo adesso. Non dobbiamo forse essere un modello per gli altri? Il Signore non ha forse detto nella *Bhagavad Gita*: "Equanimità è *yoga*"? Dovremmo considerare ogni tipo di lavoro come un'occasione per venerare Dio. Se questi figli vedono Amma fare questo lavoro oggi, domani non esiteranno a svolgere qualsiasi attività. Il Sé è eterno. Per conoscere il Sé bisogna sradicare completamente la coscienza corporea. Ma ciò è possibile solo attraverso la rinuncia. Coloro che vivono in modo altruista possono trasformare qualsiasi situazione in una favorevole.

Figlio, chi è in grado di compiere pratiche spirituali per ventiquattr'ore al giorno? Il tempo che rimane dopo aver svolto la propria *sadhana* dovrebbe essere utilizzato per compiere delle buone azioni. Ciò aiuterà a diminuire il numero dei pensieri. Questo mondo che vedi è in realtà il corpo del *satguru*. Amare il Maestro significa lavorare seguendo le sue direttive. Il lavoro altruista è anche una forma di pratica spirituale. Chi conduce una vita completamente dedicata agli altri non ha bisogno di nessun'altra sadhana. Figlio, solo attraverso la rinuncia si ottiene l'immortalità.

Domanda – Dio non ci ha dato questo corpo e creato le cose del mondo per farci gioire di esse e vivere felici?

Madre – Se guidi la macchina come ti pare, senza tener conto del codice stradale, avrai probabilmente un incidente e potrai anche morire. Le regole della strada devono essere rispettate. In modo simile, Dio non solo ha creato ogni cosa, ma ha anche disposto delle regole per tutto e noi dobbiamo vivere in accordo con queste leggi se vogliamo evitare di pentircene in futuro.

Mangia soltanto il necessario. Parla solo quando è necessario. Dormi solo il tempo che ti serve. Utilizza il tempo che ti rimane per compiere delle buone azioni. Non sprecare un singolo istante della tua vita. Cerca di fare in modo che la tua esistenza sia di beneficio anche agli altri.

Se mangi tutta la cioccolata che vuoi, ti verrà il mal di pancia. Ogni cosa in eccesso causerà dei problemi. Dobbiamo comprendere che la felicità che deriva dalle cose materiali è in realtà causa di sofferenza.

Domanda – Non è Dio che ci fa fare ogni cosa?

Madre – Dio ci ha dato l'intelligenza – l'intelligenza di utilizzare il nostro discernimento. Dovremmo usarla in tutte le nostre azioni. Dio ha creato anche il veleno, ma nessuno lo prenderebbe, per nessuna ragione. In un caso del genere, non esitiamo ad usare la nostra discriminazione. Dobbiamo soppesare ogni nostra azione allo stesso modo.

Domanda – Madre, coloro che si abbandonano ad un Maestro spirituale non sono deboli di mente?

Madre – Quando premi il bottone, l'ombrello si apre. Così, inchinandoti davanti ad un Maestro spirituale, la tua mente può esser trasformata nella Mente universale. Una tale obbedienza ed umiltà non sono segno di debolezza. Come un filtro per la puri-ficazione dell'acqua, il Maestro purifica la tua mente e rimuove il tuo ego. In ogni circostanza la gente è irrimediabilmente schiava del proprio ego e non procede con discriminazione.

Una notte un ladro si intrufolò in una casa, ma non appena entrò le persone si svegliarono ed egli si diede alla fuga. Gli abi-tanti di quella zona lo inseguirono gridando: "Al ladro! Al ladro!

Prendetelo!" Nel frattempo si formò un gruppo di persone ed il ladro si unì a loro. Si mise a correre insieme alla folla gridando a squarciagola: "Al ladro! Al ladro!" Allo stesso modo, il nostro ego si unisce a noi in ogni occasione. Anche quando Dio ci offre delle opportunità per disfarci dell'ego, noi invece lo nutriamo e ce lo facciamo amico. Raramente le persone cercano di liberarsi dell'ego attraverso l'umiltà.

Oggigiorno, la mente della gente è debole, come una pianta che cresce in un vaso. Se la pianta non viene bagnata quotidianamente, appassisce subito. Non si può riportare la mente sotto controllo senza regole e disciplina. Fino a quando non avrete dominato la mente, dovete attenervi a determinati divieti e norme secondo le istruzioni del Maestro. Quando avrete controllato la mente, non ci sarà più nulla da temere; poiché a quel punto si risveglierà in voi il potere della discriminazione, che vi farà procedere nel modo corretto.

Una volta un uomo andò in cerca di un Maestro. Voleva un *guru* che potesse guidarlo secondo i suoi desideri. Ma nessun guru era disposto a fare una cosa simile; e le regole che i Maestri gli imponevano erano per lui inaccettabili. Alla fine, stanco, si sdraiò in un prato per riposare. Pensò: "Non c'è nessun guru che mi possa istruire nel modo che piace a me. Mi rifiuto di diventare lo schiavo di qualcuno. Qualsiasi cosa io scelga di fare, non è comunque Dio che me la fa fare?" Guardò a lato e vide un cammello lì vicino che dondolava la testa in segno d'assenso. "Ah, sì! C'è qualcuno adatto ad essere il mio Maestro!", pensò.

"Cammello, vuoi essere il mio Maestro?", chiese l'uomo. Il cammello fece segno di sì con la testa. Così egli accettò il cammello come suo Maestro spirituale. "Maestro, posso portarti a casa con me?" Il cammello assentì. Lo portò a casa e lo legò ad un albero. Passarono alcuni giorni. E l'uomo: "Maestro, c'è una ragazza di cui sono innamorato. Posso sposarla?" Il cammello fece segno di sì con la testa. "Maestro, non ho figli", disse. Il cammello espresse nuovamente il suo assenso, e nacquero dei figli.

Poi chiese: "Posso bere in compagnia dei miei amici?" Il cammello disse di sì. Così, in breve tempo, l'uomo divenne un ubriacone e incominciò a litigare con la moglie.

"Maestro, mia moglie non fa altro che assillarmi. Posso ucciderla?", chiese al cammello. Il cammello fece segno di sì con la testa. Egli uccise la moglie, fu arrestato dalla polizia e condannato all'ergastolo.

Figlio, se trovi un guru che ti lascia fare tutto quello che vuoi, o se vivi come ti pare e piace, finirai in schiavitù. Tutti noi disponiamo dell'intelligenza discriminante dataci da Dio e dovremmo usarla nelle nostre azioni. Dovremmo seguire le parole del Maestro. Un vero Maestro vive soltanto per il bene dei suoi discepoli.

Soltanto la non-dualità è reale. Ma questo non si può spiegare a parole. È la vita stessa. È un'esperienza. È qualcosa che deve venire da dentro. Quando il fiore sboccerà, diffonderà naturalmente il suo profumo.

Domanda – Non capisco cosa ci sia di sbagliato nel godere degli oggetti sensoriali che Dio ha creato. Dio non ci ha dato i sensi proprio per gioire delle cose del mondo?

Madre – Come ha detto Amma, ci sono regole e limiti per tutto; e noi dobbiamo vivere in armonia con essi. Ogni cosa ha la sua intrinseca legge naturale. Dio ha dato agli esseri umani non solo i sensi ma anche un'intelligenza discriminante. Coloro che non usano il loro potere di discriminazione ma cercano il piacere nei sensi non troveranno mai la pace o la felicità: finiranno sempre col soffrire.

Un giorno un viaggiatore giunse in un paese straniero. Era la prima volta che visitava quella terra: i suoi abitanti erano per lui sconosciuti sotto tutti i punti di vista. Egli non conosceva la lingua ed era totalmente ignaro delle tradizioni locali e delle abitudini alimentari. Camminò per le strade guardandosi attorno, finché arrivò alla piazza del mercato affollata di gente che faceva la spesa. C'era esposta una gran varietà di frutta, di forme e colori diversi, molta della quale egli non aveva mai visto prima. In particolare, notò che molte persone compravano specialmente un determinato tipo di frutta. Immaginò, vista la richiesta, che si trattasse di un frutto molto dolce e succoso e ne comprò una borsa intera. Andò a sedersi sotto un albero, prese uno dei frutti dalla borsa e lo addentò. Ma non era affatto dolce! Non solo, la sua bocca andò in fiamme! Ne assaggiò la parte centrale, ma anche quella era piccante. Pensando che l'altra estremità sarebbe stata sicuramente dolce, addentò anche quella. Ma era altrettanto piccante. Provò ad assaggiare un altro frutto. Bruciava come il fuoco. Pensò che per lo meno uno dei frutti nella borsa doveva essere dolce, così ne provò un altro. Anche quello era piccante e per niente dolce. Ma l'uomo rifiutò di arrendersi. Le lacrime gli scendevano a fiumi sul viso ma lui continuò testardamente a mangiare i frutti, aspettandosi di trovarne almeno uno che fosse dolce e succoso, finché non li ebbe finiti tutti. Il pover'uomo era agonizzante! Aveva desiderato intensamente un sapore dolce, ma tutto ciò che ne ricavò fu una bocca in fiamme! Quelli che pensava fossero frutti dolci erano in realtà peperoncini ben maturi e piccanti! Non ci sarebbe stato problema se li avesse messi da parte dopo averne assaggiati uno o due, ed essersi reso conto di quanto fossero piccanti. Non c'era bisogno di soffrire così tanto. Ma nella speranza di trovare in almeno uno di essi la dolcezza che tanto desiderava, continuò a mangiarli fino all'ultimo. E così soffrì. Un peperoncino è per natura piccante come il fuoco. L'unico piacere che quei frutti gli avevano dato era stato il piacere di guardarli.

13

Le persone ricercano la felicità in cose la cui natura essenziale non è affatto la felicità. Passano da un oggetto all'altro. Pensare di poter ricavare la felicità da un oggetto esterno è soltanto un'illusione della mente. In verità, la felicità non si può trovare all'esterno. La felicità che cerchiamo è dentro di noi. Dio ci ha dato un corpo, i sensi e l'intelligenza in modo che possiamo imparare questa lezione e ricercare la vera fonte della beatitudine. Se usiamo i nostri sensi in modo indiscriminato, sperimenteremo soltanto sofferenza e non la felicità che ci aspettiamo.

Il corpo ed i sensi possono essere usati in due modi diversi. Se ci sforziamo di giungere alla conoscenza di Dio, possiamo godere di un'eterna beatitudine; se, al contrario, non facciamo che rincorrere i piaceri dei sensi, faremo la stessa esperienza del viaggiatore che cercava la dolcezza nei peperoncini piccanti.

Se rincorriamo i piaceri dei sensi senza capire che la loro reale natura è sofferenza, dovremo sperimentare l'infelicità che ne deriva. Se comprendiamo la natura essenziale degli oggetti esterni, non saremo logorati dalla sofferenza.

Le onde dell'oceano si sollevano e un attimo dopo si infrangono sulla spiaggia. Non possono rimanere in alto. In modo simile, la persona che insegue avidamente gli oggetti esterni, sperando in questo modo di trovare la felicità, cadrà nella sofferenza. La mente si agita in cerca di felicità, ma invece della vera felicità, trova solo sofferenza. Da ciò possiamo dedurre che la felicità non va ricercata all'esterno.

La ricerca della felicità nel mondo materiale è causa di sofferenza e di mancanza di pace interiore. Ciò nuoce sia all'individuo che all'intera società. Proprio perché l'umanità ricerca la felicità negli oggetti esteriori, il vero amore è scomparso. La gioia e la pace sono sparite dalla vita familiare. Le persone hanno perso la capacità di amare e di servire gli altri con cuore aperto. I mariti desiderano altre donne e le mogli altri uomini. Siamo arrivati al

punto che, nella loro brama di piacere, certi uomini dimenticano che le loro figlie sono le proprie figlie. Persino il concetto di
rapporto tra fratello e sorella si sta sgretolando. Innumerevoli
bambini vengono assassinati. La ragione di tutto questo male
che vediamo oggi nel mondo è la concezione errata che la felicità
possa essere trovata all'esterno.

Amma non dice che ci si debba negare i piaceri, ma che
occorre riconoscere la loro vera natura, evitando gli eccessi. Il
dharma non dovrebbe mai essere abbandonato; l'*adharma*, invece,
va evitato.

Chi desidera soltanto la soddisfazione egoistica dei propri
desideri, senza alcuna moderazione, andrà sicuramente in rovina.
È naturale che nella mente sorgano desideri ed emozioni, ma è
necessario un po' di auto-controllo. Avere fame è naturale, ma
non ci mettiamo a mangiare tutte le volte che il nostro sguardo
cade su qualcosa di commestibile. Se lo facessimo, ci sentiremmo
male. Allo stesso modo, il desiderio smodato di piaceri conduce
alla sofferenza. La gente non se ne rende conto. Il piacere che
deriva dai sensi proviene in realtà dall'interno. La gente insegue
freneticamente la felicità esteriore finché non crolla in uno stato
di sofferenza e disperazione. Poi ricomincia e crolla di nuovo. Se
andate solamente alla ricerca di piaceri esteriori, non troverete
pace nella vita. Dovete imparare a guardarvi dentro, perché è
lì che si trova la vera beatitudine. Ma non la troverete finché il
movimento della vostra mente non cessa ed essa non si fa silen-
ziosa. Nelle profondità dell'oceano non ci sono onde. In modo
simile, scoprirete che la mente diventa automaticamente tranquilla
quando penetrate nelle sue profondità. E allora ci sarà soltanto
beatitudine.

Domanda – I Maestri spirituali sembrano dare maggiore importanza al cuore che all'intelletto. Ma in realtà, non è più importante

15

l'intelletto? Come si fa a raggiungere qualsiasi obiettivo senza l'intelletto?

Madre – L'intelletto è necessario. Amma non dice mai che non ne abbiamo bisogno. Ma spesso quando l'occasione richiede una buona azione, nelle persone l'intelletto non funziona. È l'egoismo a farsi avanti, e non l'intelletto con la sua capacità discriminante.

Il cuore e l'intelletto non sono due cose separate. Quando hai un intelletto in grado di discernere, diventi naturalmente vasto e aperto. Da questa apertura sorgono spontaneamente uno spirito d'innocenza, adattamento, umiltà e cooperazione. La parola "cuore" significa proprio questa vastità. Basta sentire la parola "cuore" per provare subito un senso di calma e gentilezza. Oggi, però, nella maggior parte delle persone notiamo solo un intelletto ordinario, non un intelletto dotato di discriminazione. Ciò che vediamo, in realtà non è intelletto, ma ego. L'ego è la causa di tutte le sofferenze della vita. Quando l'ego cresce, la capacità espansiva del cuore si riduce e lo spirito di adattamento svanisce. Non possiamo fare a meno di queste qualità, tanto nella vita spirituale quanto in quella materiale.

Figlio, lascia che Amma ti faccia una domanda. Supponi di istituire delle regole nella tua famiglia: "Mia moglie dovrebbe vivere in questo modo, parlare in quest'altro e comportarsi in quest'altro ancora, poiché mi appartiene." Se pretendi che tua moglie viva secondo le tue regole, ci sarà pace in famiglia? Sicuramente no. Supponi di arrivare a casa dall'ufficio: non dici una parola a tua moglie o ai tuoi figli, vai dritto in camera, riprendi il tuo lavoro e continui a rivestire il ruolo che hai in ufficio. Pensi che la tua famiglia ne sarà contenta? Se tu affermi semplicemente che sei fatto così, credi che loro saranno in grado di accettarlo? Ci sarà pace?

Se, invece, quando rientri a casa scambi dei saluti affettuosi con tua moglie e dedichi un po' di tempo ai bambini – se sei pronto a donare un po' di te stesso e a non essere così intransigente – tutti saranno contenti. Quando tolleriamo e perdoniamo reciprocamente le nostre colpe e mancanze, in famiglia ci saranno pace e felicità. Quando dai poca importanza ai difetti del tuo partner, è perché lo ami. Anche se la tua amata commette degli errori, continui ad amarla. In quel caso non stai dando più importanza al cuore? Non è perché voi due sentite che i vostri cuori sono una cosa sola che siete in grado di vivere assieme per tutta la vita? Questa è l'attitudine che Amma chiama "cuore".

Sarebbe pratico insistere di voler seguire una serie di regole nel comportamento verso i nostri figli? Loro accetterebbero i nostri voleri? O non reagirebbero magari diventando ostinati?

Grazie all'amore per i nostri figli, tolleriamo i loro errori e li alleviamo correttamente. Dunque, anche in questo caso il cuore è più importante dell'intelletto, giusto? Quand'è così, sperimentiamo felicità in ogni istante che trascorriamo con i nostri figli e rendiamo felici anche loro.

Solo quando le persone aprono il loro cuore agli altri trovano felicità nella vita familiare. Se permettiamo all'intelletto di eclissare il ruolo del cuore, non proveremo alcuna felicità. Possiamo usare l'intelletto al mercato o al lavoro, perché lì ci è richiesto. Ma un atteggiamento simile non funzionerà in famiglia. Persino in ufficio è necessaria una certa capacità di adattamento e di apertura di cuore. Ignorandola, ci sarà solo discordia ed infelicità.

Quando concediamo al cuore uno spazio nella nostra vita, nasce in noi un'attitudine di apertura al compromesso: la flessibilità tra il dare e l'avere. Con il potere della discriminazione sorgerà naturalmente la capacità di aprirsi e uno spirito di cooperazione e di adattamento. Oggigiorno, l'intelletto delle persone rimane soltanto dentro i confini del loro egocentrismo; il loro potere di discriminazione non si è sviluppato. Questa è una grande mancanza nella vita della gente. È difficile per la società progredire senza cooperazione. Lo spirito di cooperazione conduce alla pace.

Proprio come è necessario applicare del grasso su un apparecchio arrugginito per farlo funzionare correttamente, allo stesso modo sono essenziali l'umiltà e uno spirito di cooperazione affinché la nostra vita possa procedere senza ostacoli. Ma queste qualità nasceranno in noi solo se permettiamo al nostro cuore di aprirsi. Ci sono situazioni in cui l'intelletto è necessario, ma bisogna dargli priorità solo in quei casi. Altrimenti, in ogni occasione che lo richiede, assicuriamoci di concedere la predominanza al cuore.

Quando si costruisce una casa, più profonde sono le fondamenta, più alto può essere l'edificio. Similmente, l'umiltà e un cuore grande sono le fondamenta del nostro progresso. Quando diamo al cuore un posto prominente nella nostra vita, si sviluppano in noi l'umiltà ed uno spirito di cooperazione. Le nostre relazioni saranno positive e piene di pace.

Anche la meta della spiritualità include un'espansione del cuore, poiché solamente chi ha un cuore grande può conoscere Dio. L'essenza del Sé è al di là della logica e dell'intelletto. Per quanto zucchero mangi, non sei in grado di spiegare esattamente quanto è dolce a chi non l'ha mai assaggiato. Né le parole possono descrivere il cielo infinito. Non si può misurare il profumo di un fiore. La spiritualità è al di là delle parole – è un'esperienza. La sua dolcezza non può essere assaporata senza trascendere l'intelletto e arrivare al cuore.

C'è una storia di un povero contadino che stava fuori dalla sua capanna quando passò lì davanti una folla. Quando chiese a quelle persone dove fossero dirette, esse gli risposero: "Sta per cominciare qui vicino una conferenza di tre giorni sulla *Bhagavad Gita*. Stiamo andando tutti là." Anche il contadino voleva ascoltare la conferenza, perciò si unì al gruppo. Quando arrivò sul posto, vide che era pieno di gente. Molti erano benestanti riccamente vestiti e ingioiellati. Il contadino veniva dal lavoro, era sporco, ed i suoi vestiti erano vecchi e consumati. Le persone all'ingresso non lo lasciarono entrare. Il contadino ne fu addolorato. Allora pregò: "Signore, sono venuto per ascoltare la Tua storia, ma qui non mi lasciano entrare. Sono così spregevole che non mi merito nemmeno di ascoltare la Tua storia? Sono un tale peccatore? Va beh, allora, se questa è la Tua volontà, così sia. Mi siederò qui fuori per ascoltarla." Così, andò a sedersi sotto un albero di mango e da lì ascoltò il discorso, grazie agli altoparlanti presenti nella sala. Ma non riuscì a capire nemmeno una parola, perché era tutto in sanscrito. Il pover'uomo era sconsolato e gridò: "Signore, non capisco nemmeno la Tua lingua! Ma che razza di peccatore sono?" In quel momento i suoi occhi si posarono su una grande immagine affissa di fronte alla sala. Ritraeva il Signore Krishna con le redini in mano, mentre rivelava la *Bhagavad Gita* ad Arjuna, il quale sedeva dietro di lui sul carro. Il contadino rimase lì seduto a contemplare il volto del Signore: i suoi occhi si riempirono di lacrime ed egli non si accorse del tempo che passava. Quando infine sollevò gli occhi, la conferenza era terminata e i partecipanti stavano uscendo. Il contadino andò a casa. Il giorno dopo ritornò all'incontro. Non riusciva a smettere di pensare al volto del Signore. Il suo unico pensiero era di sedersi là, sotto l'albero, e guardare quell'immagine. Il terzo giorno tornò a sedersi sotto l'albero e rimase come incantato ad osservare l'immagine del Signore. I suoi occhi traboccavano di lacrime. Fece l'esperienza della forma del Signore che splendeva luminosa dentro di sé. Chiuse gli occhi e rimase lì seduto a contemplare il Signore Krishna, dimentico di se stesso.

Quel giorno, al termine della conferenza, la folla si disperse. Quando il relatore uscì, vide il contadino seduto immobile sotto l'albero di mango con le guance rigate di lacrime e, stupito, pensò: "Perché quest'uomo rimane seduto a piangere anche dopo che la conferenza è finita? Il mio discorso l'ha commosso così tanto?" Si avvicinò al contadino, che sedeva immobile. Dall'espressione sul suo volto era chiaro che traboccava di beatitudine. Intorno a lui c'era un'atmosfera di pace perfetta. L'erudito riportò il contadino alla coscienza del mondo esterno e gli chiese: "Ti è piaciuta così tanto la mia conferenza?"

Il contadino rispose: "Non ho capito una parola di quello che avete detto in questi tre giorni! Non conosco il sanscrito. Ma quando penso alle condizioni del Signore, sono sopraffatto dal dolore. Il Signore non ha forse detto tutte quelle cose voltato all'indietro? La spalla deve avergli fatto tremendamente male, tenendo la testa girata in quel modo! Questa è la ragione per cui piango così tanto!" Si dice che nel pronunciare quelle parole il contadino ottenne l'illuminazione.

Furono la compassione e l'innocenza a renderlo degno della realizzazione del Sé. Ascoltando le parole del contadino, anche gli occhi dell'erudito si riempirono di lacrime ed egli sperimentò una pace che non aveva mai conosciuto prima.

Il relatore era estremamente intelligente. Anche le persone del pubblico erano molto istruite. Ma fu il povero, innocente contadino che seppe assaporare la dolcezza della devozione e divenne così maturo per la realizzazione. Il suo fu un esempio di compassione disinteressata. Non soffriva per se stesso, ma per le presunte difficoltà del Signore.

Quando la gente si reca al tempio, spesso prega in questo modo: "Ti prego, dammi questo e quello." Ma il contadino provò una compassione che era al di là di tutto ciò. In lui non c'era ego. Normalmente è difficile eliminare il senso dell''io' ma, grazie alla sua innocenza, egli perse la propria individualità e fece l'esperienza della *parabhakti*, lo stato più elevato. Il contadino era qualificato per questa esperienza perché, contrariamente agli altri che agivano secondo il loro intelletto, lui agiva seguendo il cuore. Come conseguenza, s'immerse spontaneamente e senza sforzo nella beatitudine e fu in grado di irradiare un po' di quella pace alle persone intorno a lui. È attraverso il nostro cuore che dobbiamo cercare di conoscere Dio, perché è lì che Lui risplende. Dio vive nel nostro cuore.

Il flusso delle parole della Madre rallentò e lei s'immerse in un mare di silenzio. I suoi occhi, ormai pieni di lacrime di beatitudine, lentamente si chiusero. Le lacrime le bagnavano il volto compassionevole. C'era un piccolo gruppo di devoti seduti attorno a lei. Nessuno disse una parola. Mark era silenzioso e chiuse gli occhi in meditazione. Tutti gli altri interruppero quello che stavano facendo e vennero a sedersi vicino ad Amma. In quell'atmosfera di pura beatitudine i loro pensieri diminuirono fino ad estinguersi. La loro mente si dissolse in un'esperienza sublime ed ineffabile.

Più tardi, la conversazione riprese.

Domanda – Se il desiderio di una persona di servire il Maestro spirituale è più forte del desiderio della realizzazione, il Maestro sarà con lei in tutte le sue vite future?

Madre – Se questo è il desiderio di un discepolo che si è abbandonato completamente al Maestro, allora il Maestro sarà senz'altro con lui. Ma il discepolo non deve sprecare nemmeno un secondo. Deve essere come un bastoncino d'incenso che, bruciando, si consuma per offrire agli altri la propria fragranza. Ogni suo respiro dovrebbe essere per il bene del mondo. Un tale discepolo dovrebbe compiere ogni azione con la stessa attitudine con cui serve il suo guru. Per chi ha preso completo rifugio in un Maestro spirituale non restano altre vite da vivere, a meno che l'anima non rinasca per volontà del Maestro.

Ma ci sono molti tipi di maestri. Ci sono coloro che impartiscono insegnamenti dopo aver studiato le Scritture e i

Purana. Questi sono guru. Ma oggigiorno viene considerato guru anche chi ha letto un libro qualsiasi e si mette a professare qualunque cosa. Invece un satguru è molto diverso: egli ha realizzato la verità attraverso l'austerità e la rinuncia, e ha sperimentato direttamente lo stato supremo descritto nelle Scritture. Esternamente, può non sembrare speciale se paragonato agli altri, ma i benefici che si ricavano da un tale Maestro non possono essere ottenuti da coloro che si atteggiano semplicemente a satguru. Le persone che sfoggiano tanta pompa e splendore probabilmente non hanno molta sostanza; affidandosi a loro, non si trarrà molto beneficio. La differenza tra loro ed un vero satguru è come quella che c'è tra una lampadina da dieci watt e una da mille. La sola presenza di un vero Maestro ti riempirà di beatitudine e indebolirà le tue *vasana*.

Gli insegnamenti dei satguru non si limitano alle parole. Le loro parole si riflettono nelle azioni. Nella loro vita puoi scorgere gli insegnamenti viventi delle Scritture. Se studi le loro vite, puoi anche fare a meno di studiare le Scritture. I satguru sono completamente senza egoismo. Possono essere paragonati ad un'immagine fatta di cioccolato o di zucchero candito, perché da loro proviene solo pura dolcezza; non c'è niente da scartare. I satguru sono nati soltanto con lo scopo di risollevare l'umanità. Non sono degli individui, ma rappresentano un ideale. Noi dobbiamo solo seguirli sul loro sentiero. I grandi Maestri ci aprono gli occhi della saggezza e rimuovono l'oscurità.

Dio è presente in ogni cosa, ma è il satguru che corregge i nostri errori e ci innalza al mondo di Dio. Questa è la ragione per cui si dice che il Maestro è Brahma, Vishnu e Maheshwara[3]. Per il discepolo il satguru è addirittura più importante di Dio. Una

---

[3] Nell'Induismo la Divinità è rappresentata dalla trinità: Brahma, Vishnu e Shiva o Maheshwara, che sono rispettivamente il Creatore, il Sostenitore e il Distruttore dell'universo.

volta che hai trovato un satguru, non hai più bisogno di pensare alla realizzazione o di preoccuparti di rinascere. Tutto ciò che devi fare è seguire il sentiero del tuo Maestro. Proprio come un piccolo lago che si è unito ad un fiume, una volta che sei arrivato al tuo Maestro hai raggiunto il luogo in cui devi essere. Il Maestro si prenderà cura di tutto il resto e ti condurrà alla meta. Tutto ciò che deve fare il discepolo è affidarsi completamente ai piedi del Maestro. Il Maestro non abbandonerà mai il discepolo.

Domanda – Madre, in quest'epoca qual è il sentiero più adatto per raggiungere la realizzazione del Sé?

Madre – La realizzazione del Sé non è qualcosa là fuori. Secondo il Signore Krishna, equanimità è yoga. Bisognerebbe essere in grado di considerare ogni cosa come la Coscienza divina. Solo in questo modo possiamo raggiungere la perfezione. Dovremmo anche vedere solo il bene in tutte le cose. Un'ape si concentra soltanto sul nettare di un fiore e ne gusta la dolcezza. Solamente coloro che vedono sempre il lato buono in ogni cosa hanno i requisiti per la realizzazione.

Se desideriamo davvero la realizzazione, dobbiamo essere in grado di dimenticarci completamente del corpo. È necessario essere assolutamente convinti di essere il Sé. Dio non ha un posto particolare in cui dimorare; Dio risiede nel nostro cuore. Dobbiamo sbarazzarci di tutti gli attaccamenti e della coscienza corporea. Questo è tutto ciò che serve. E in questo modo si radicherà in noi una profonda comprensione: che il Sé non ha né nascita né morte, né felicità né dolore. Ogni paura della morte si dissolverà e noi saremo colmi di beatitudine.

Un aspirante spirituale deve imparare ad accogliere ogni situazione con pazienza. Se il miele è mischiato al sale, il sapore salato può essere eliminato continuando ad aggiungere del miele. Allo stesso modo, dobbiamo rimuovere ogni traccia di animosità e il senso dell'"io' da dentro di noi. Lo possiamo fare coltivando dei buoni pensieri. In questo modo, quando la mente sarà diventata pura, saremo in grado di accogliere con gioia ogni situazione e progrediremo spiritualmente, magari anche senza esserne consapevoli.

Nello stato di realizzazione del Sé, vediamo gli altri come il nostro stesso Sé. Se scivoliamo su qualcosa e cadiamo, facendoci male ad un piede, non diamo la colpa agli occhi perché si sono distratti, né ce li strappiamo: cerchiamo di portar sollievo al piede. Se ci facciamo male alla mano sinistra, la mano destra si fa avanti per confortarla. In modo simile, realizzazione del Sé significa perdonare coloro che compiono degli errori, perché in loro percepiamo il nostro stesso Sé.

Per un essere realizzato, non esiste niente di separato dal Sé. Ma senza aver raggiunto quello stato, tutti i discorsi sulla realizzazione del Sé sono soltanto parole, e queste parole non sono permeate del potere dell'esperienza diretta. Tuttavia è impossibile raggiungere questo livello di consapevolezza, questo livello di esperienza, senza l'aiuto di un satguru. Tutto ciò che occorre fare è seguire le parole del Maestro.

La realizzazione del Sé non è qualcosa che si può comprare da qualche parte. Occorre solamente cambiare la propria attitudine, questo è tutto. Le persone fanno l'errore di credere che la schiavitù in cui si trovano sia reale. C'è la storia di una mucca che normalmente era tenuta legata nella stalla. Un giorno la riportarono semplicemente nella stalla e chiusero la porta, lasciando la corda a terra. Il giorno dopo, quando il padrone aprì la porta della stalla per farla uscire, la mucca non si mosse. Egli cercò di spingerla, ma lei si rifiutò di spostarsi. La colpì con un bastone, ma anche allora la mucca rimase immobile. Allora l'uomo pensò: "Di solito, quando entro la slego, ma ieri sera non l'ho legata. E se facessi finta di slegarla?" Raccolse la corda e fece finta di slegarla dal palo a cui la legava di solito. La mucca uscì immediatamente dalla stalla.

Le persone sono praticamente nella stessa situazione. Non sono in catene, ma pensano di esserlo. Occorre rimuovere questa illusione. Basta solo capire che in realtà non siete prigionieri. Ma non riuscirete a cambiare questa concezione errata senza l'aiuto di un vero Maestro. Ciò non significa che sia il Maestro a darvi la realizzazione del Sé. Il suo compito è di convincervi che non siete prigionieri. Soltanto se foste davvero in schiavitù sarebbe necessario liberarvi.

Solo quando le onde si placano possiamo vedere l'immagine del sole nell'acqua. In modo simile, solo quando le onde della mente si calmano possiamo vedere il Sé. Non c'è bisogno di creare un'immagine; tutto ciò che dobbiamo fare è placare le onde e l'immagine verrà rivelata.

Non si riesce a specchiarsi in un vetro trasparente. Un lato del vetro deve essere ricoperto con una vernice speciale. In modo analogo, possiamo vedere Dio solo quando applichiamo in noi la vernice dell'altruismo.

Finché rimane l'ego, non possiamo essere completamente altruisti. Il Maestro guida il discepolo attraverso situazioni necessarie per l'eliminazione dell'ego. Grazie alla stretta vicinanza al Maestro e ai suoi consigli, il discepolo sviluppa la pazienza senza neppure rendersene conto. Il guru pone il discepolo in situazioni che mettono alla prova la sua pazienza e che possono far esplodere la sua rabbia. Per esempio, al discepolo viene affidato un lavoro che non gli piace. Ciò lo indurrà ad arrabbiarsi e a disobbedire. A quel punto il guru lo incoraggerà a riflettere e il discepolo troverà dentro di sé la forza necessaria per superare le situazioni difficili. In questo modo il Maestro si serve di varie circostanze per eliminare le debolezze del discepolo e per rafforzarlo. Questo permette al discepolo di trascendere l'ego. È con lo scopo di eliminare l'ego che prendiamo rifugio in un Maestro.

Soltanto quando una conchiglia viene svuotata di tutto il suo contenuto potremo farla suonare soffiandoci dentro. In modo simile, quando ci liberiamo dell'ego possiamo elevarci fino alla meta spirituale. Quando ci si abbandona completamente, non c'è più alcun senso dell'"io' – c'è soltanto Dio. Questo stato non può essere descritto a parole.

Se, dopo essere giunto presso un Maestro, ti preoccupi di quando raggiungerai la realizzazione, allora significa che non ti sei totalmente abbandonato a lui. Significa che la tua fede nel Maestro non è completa. Dopo essere arrivato dal guru, devi seguire alla lettera le sue istruzioni e dimenticarti di tutto il resto. Questo è tutto ciò che deve fare un discepolo. Un vero discepolo abbandona al Maestro perfino il desiderio della realizzazione del Sé. Il suo unico obiettivo è la completa obbedienza al Maestro. Il guru è la perfezione stessa. Non ci sono parole per descrivere l'amore e la riverenza che il discepolo prova per il Maestro.

Domanda – Se falliamo sul sentiero spirituale anche dopo aver vissuto con un Maestro, egli verrà a salvarci nella nostra prossima vita?

Madre – Segui sempre le parole del Maestro. Abbandonati completamente ai suoi piedi e considera quindi ogni cosa come la sua volontà. Come discepolo, non dovresti nemmeno pensare alla possibilità di un fallimento. Pensare in questi termini denota debolezza; significa che non hai realmente fede in te stesso. E se non credi in te stesso, come potrai aver fede nel Maestro? Il satguru non abbandonerà quel discepolo che lo prega con sincerità. Il discepolo deve rifugiarsi completamente nel Maestro.

Domanda – Cosa significa servire veramente il guru?

Madre – Quando parliamo di un vero guru, non intendiamo semplicemente un individuo, ma la Coscienza divina – la Verità. Il Maestro pervade l'intero universo. Questo va compreso, perché altrimenti non possiamo progredire spiritualmente. Un discepolo non dovrebbe mai provare attaccamento per il corpo fisico del Maestro. Dobbiamo espandere la nostra visuale fino a considerare ogni essere senziente e non-senziente come il nostro guru, e servire gli altri con devozione. È attraverso il nostro legame con il Maestro che acquisiamo questa capacità di espansione. La mente di un discepolo che matura ascoltando le parole del Maestro e osservando le sue azioni, si eleva al suo stesso livello, anche senza esserne consapevole. Dall'altro lato, il servizio reso da una persona che desidera la vicinanza fisica del Maestro per ragioni puramente egoiste non è vero servizio.

Il legame di un discepolo con il guru dovrebbe essere tale che per lui diventa impossibile star lontano dal Maestro anche solo per un istante. Allo stesso tempo, occorre essere abbastanza altruisti da servire gli altri fino al punto di dimenticarsi di se stessi. Dovreste servire gli altri pensando di star servendo il Maestro. Il discepolo che ha assorbito la vera essenza del guru è così; il Maestro resterà per sempre con un tale discepolo.

Quando vediamo un albero di mango, la nostra attenzione non si rivolge all'albero, bensì ai frutti. Ciò nonostante, ci prendiamo comunque cura dell'albero. In modo analogo, anche se il discepolo sa benissimo che il guru non è il corpo ma è in realtà la Coscienza che pervade ogni cosa, il corpo del Maestro è comunque prezioso, e per il discepolo il servizio personale al Maestro è più importante della sua stessa vita. Da vero discepolo, ti accorgi di essere pronto a dare la vita per il bene del guru. E tuttavia, il tuo concetto di Maestro non è confinato alla sua persona fisica. Vedi il Maestro in tutti gli esseri viventi e così ti accorgi che servire gli altri in realtà significa servire il guru. Il vero discepolo trae da ciò felicità e soddisfazione.

Domanda – Se il Maestro non è realizzato, quale beneficio si ricava dall'abbandonarsi a lui? Il discepolo non viene ingannato? Come facciamo a capire se un guru è realizzato oppure no?

Madre – È difficile da dire. Tutti vogliono diventare la più grande stella cinematografica del momento. La gente fa di tutto pur di raggiungere questo scopo, prova ogni tipo d'imitazione. In modo analogo, ci sono tante persone che vogliono atteggiarsi a maestri quando vedono l'onore e il rispetto accordati ad un Maestro spirituale. Se facessimo una lista dei segni distintivi di un Maestro perfetto, renderemmo le cose più facili per coloro che vogliono assumere il ruolo di guru; e le persone comuni verrebbero tratte in inganno dalla loro simulazione. Perciò è meglio non dissertare sulla natura di un satguru. Non è una cosa da discutere pubblicamente.

Le Scritture hanno fornito precise descrizioni delle caratteristiche di un Maestro. Tuttavia è difficile utilizzare le caratteristiche di un Maestro come criterio per determinare se un'altra persona è un vero guru oppure no. Ogni guru si comporta a modo suo. Per quanto si legga o si studi, è difficile trovare un Maestro perfetto se non si ha un cuore puro. Rinuncia, amore, compassione e altruismo si riscontrano generalmente in tutti i maestri. Ma un guru assume una grande varietà di ruoli per mettere alla prova i discepoli. E soltanto un discepolo dal cuore puro è in grado di accettare ciò. Quando l'aspirante spirituale incomincia la ricerca con un desiderio sincero ed un cuore puro, un vero Maestro verrà da lui. Ma il guru lo metterà anche alla prova.

Quand'anche un ricercatore spirituale cadesse nelle mani di un falso Maestro, se ha un cuore puro, la sua innocenza lo condurrà comunque alla meta. Sarà Dio a spianargli il cammino.

Invece di perdere tempo a mettere alla prova e a confrontare i vari Maestri, è meglio pregare Dio di aiutarci a diventare discepoli perfetti e di condurci da un Maestro perfetto. Soltanto quando l'intelletto ed il cuore diventeranno una cosa sola, un discepolo potrà davvero riconoscere un vero satguru.

Domanda – Madre, in che modo il Maestro mette alla prova i discepoli?

Madre – Non si può fare un elenco di regole generali, come di strategie per superare un esame. Il Maestro guida il discepolo a seconda delle vasana che il discepolo ha acquisito nel corso di molte vite. Persino in situazioni identiche, il satguru può comportarsi in modo completamente diverso con discepoli diversi. Magari per voi la cosa non ha alcun senso; soltanto il Maestro ne conosce la vera ragione. Il Maestro decide quali procedure seguire per indebolire le vasana di un particolare individuo e condurlo alla meta. Il fattore che favorisce il progresso spirituale del discepolo è l'abbandono alle decisioni del guru.

Quando due discepoli commettono lo stesso errore, il Maestro può arrabbiarsi con uno dei due ed essere molto affettuoso verso l'altro, comportandosi come se non fosse successo niente. Il guru conosce il livello di forza mentale e di maturità in ogni discepolo. A causa della propria ignoranza, chi osserva la scena potrebbe criticare il Maestro, perché vede soltanto ciò che sta accadendo esternamente. Non possiede la capacità di osservare i cambiamenti che si verificano nei discepoli.

L'albero non può emergere fino a che non si spezza l'involucro esterno che protegge il seme. In modo simile, non si può conoscere la Verità senza distruggere completamente l'ego. Il Maestro metterà alla prova il discepolo in vari modi, per accertarsi se egli si è recato dal guru sulle ali di un entusiasmo passeggero o per amore verso la meta spirituale. Queste prove possono essere paragonate alle interrogazioni a sorpresa che si fanno a scuola, senza avvertimento preventivo. È compito del Maestro misurare quanta pazienza, rinuncia e compassione ha il discepolo, e verificare se s'indebolisce quando è messo di fronte a determinate situazioni, o se ha la forza di superarle. Ci si aspetta dai discepoli che siano in futuro una guida per il mondo. Un giorno migliaia di persone potrebbero recarsi da loro, riponendo in loro una completa fiducia. I discepoli devono possedere forza interiore, maturità e compassione sufficienti da meritarsi quella fiducia. Se un discepolo esce nel mondo senza queste qualità, e non ha sufficiente purezza interiore, il suo sarà il peggior tipo di tradimento. Come risultato, colui che dovrebbe proteggere il mondo potrebbe invece diventare un nemico pericoloso.

Il Maestro mette alla prova il discepolo numerose volte per plasmarlo nel modo appropriato.

Un giorno un guru diede una pietra al suo discepolo e gli chiese di scolpire un'immagine. Il discepolo, obbediente, rinunciò al cibo e al sonno e si mise al lavoro. Quando terminò l'immagine, la portò al Maestro e la offrì ai suoi piedi. Si mise umilmente a lato a mani giunte e testa china. Il Maestro diede un'occhiata all'immagine, la raccolse e la scagliò lontano. La scultura si ruppe in vari pezzi. "È questa la maniera di scolpire un'immagine?", chiese in tono arrabbiato. Il discepolo guardò i cocci e pensò: "Non ha detto una parola gentile, anche se ho lavorato così duro per giorni, senza mangiare né dormire!" Conoscendo i suoi pensieri, il guru gli diede un'altra pietra e gli chiese di ricominciare da capo e di scolpire un'altra immagine. Il discepolo se ne andò con la pietra e fece un'altra scultura, più bella della prima. Si avvicinò di nuovo al Maestro, pensando che questa volta sarebbe stato senz'altro contento. Ma non appena vide la scultura, il volto del Maestro si rabbuiò. "Mi stai prendendo in giro", disse, "questa è anche peggio dell'altra!" E ruppe anche quella. Guardò il discepolo che se ne stava lì, umilmente, a capo chino. Questa volta il discepolo non provò alcun risentimento verso il Maestro, ma si sentì comunque un po' triste. Il Maestro gli diede un'altra pietra e gli chiese di fare una nuova immagine. Il discepolo la scolpì con molta cura e poi la depose ai piedi del guru. Era un capolavoro. Ma il Maestro la raccolse e la ruppe subito in mille pezzi, sgridando severamente il discepolo. Questa volta il discepolo non provò né rabbia né tristezza. Pensò: "Se questo è ciò che vuole il mio Maestro, sia pure. Tutto ciò che fa è per il mio bene." Tale era il suo abbandono a quel punto. Il guru gli diede ancora un'altra pietra. Il discepolo l'accettò con gioia e ritornò con un'altra immagine meravigliosamente scolpita. Il Maestro ruppe anche quella, ma nel discepolo non ci fu il minimo cambiamento d'umore. Il Maestro ne fu molto contento. Posò le sue mani sulla testa del discepolo e lo benedì. Se ci fosse stato qualcuno ad osservare le azioni del Maestro, avrebbe probabilmente pensato che fosse crudele o addirittura matto. Soltanto il guru e il discepolo, che si era infine completamente abbandonato a lui, sapevano cosa stava realmente accadendo. Ogni volta che mandava in frantumi una scultura che il discepolo gli portava, il Maestro stava in realtà scolpendo una vera immagine nel cuore del discepolo. Era l'ego del discepolo ad andare in pezzi. Soltanto un satguru sa fare una cosa simile, e soltanto un vero discepolo sa assaporare la beatitudine che ne deriva.

Il discepolo deve capire che il Maestro sa molto meglio di lui ciò che gli fa bene o male, e ciò di cui ha o non ha bisogno. Non si dovrebbe mai avvicinare un Maestro ricercando una posizione di prestigio o la celebrità. Vai da un guru perché desideri abbandonarti. Se ti arrabbi o provi risentimento quando il guru non loda te o le tue azioni, allora ti mancano le qualifiche necessarie per essere un discepolo. Prega affinché la tua collera venga rimossa. Cerca di capire che ogni azione del Maestro è per il tuo vero bene.

Alcune persone pensano: "Da quanti anni sono con il mio guru? E lui continua a trattarmi in questo modo!" Ciò è proprio la dimostrazione della loro mancanza di abbandono. Soltanto coloro che dedicano non solo qualche anno, ma tutta la loro vita, ai piedi del Maestro sono dei veri discepoli. Quando persiste l'attitudine "Io sono il corpo, la mente e l'intelletto", nella mente sorgono rabbia, avversione ed egoismo. È per eliminare queste qualità negative che un aspirante si rifugia presso un Maestro spirituale. A meno che non ci si abbandoni completamente al guru, non c'è altro modo di superare le proprie negatività. Nella mente si deve radicare la convinzione che tutto ciò che il Maestro fa è per il nostro bene. Non dovremmo mai permettere all'intelletto di giudicare nessuna azione del Maestro.

Figli miei, nessuno può prevedere che forma assumeranno le prove del guru. L'unico modo di superarle è di abbandonarsi completamente. In verità, esse testimoniano la compassione del Maestro nei confronti del discepolo. Questi test indeboliscono le sue vasana. Soltanto attraverso l'abbandono di sé si può ricevere la grazia del guru.

Un giovane avvicinò un Maestro chiedendogli di accettarlo come discepolo. Il guru disse: "Figlio, non hai la maturità mentale per condurre una vita completamente spirituale. Hai ancora del *prarabdha* che deve essere estinto. Aspetta ancora un po'."

Ma il giovane non cedeva. A causa della sua insistenza, il Maestro infine lo accettò come discepolo. Qualche tempo dopo, il Maestro iniziò a *sannyasa* tutti i suoi discepoli tranne lui. Egli non riuscì a sopportarlo ed era furente con il guru, anche se non lo dimostrava apertamente. Incominciò a parlar male del Maestro alle persone che venivano in visita all'ashram. Il Maestro lo sapeva, ma non disse niente. Dopo un po' il discepolo incominciò ad esprimere le sue critiche perfino in presenza del guru. Il Maestro conosceva molto bene la natura del discepolo; sapeva che nessun insegnamento avrebbe potuto cambiarlo, e che avrebbe imparato solo con l'esperienza. Perciò non disse nulla.

In quel periodo, il Maestro decise di condurre una grande *yajna* per il bene del mondo. Nel corso del rito, erano necessarie molte cose da offrire nel fuoco sacrificale. Una famiglia che viveva vicino all'ashram si offrì di provvedere a tutto il necessario. Al giovane fu affidato il compito di andare a prendere quotidianamente gli oggetti che occorrevano per la *yajna*. Tutti i giorni una giovane donna appartenente a quella famiglia gli passava il materiale. La prima volta che la vide, il discepolo si sentì attratto da lei. Col passare del tempo i suoi sentimenti crebbero e un giorno non riuscendo a controllarsi e la prese per mano. La donna non esitò un istante: raccolse un bastone da terra e lo colpì al volto.

Non appena il Maestro vide il discepolo ritornare con il viso coperto, capì cosa era successo. Gli disse: "Adesso capisci perché all'inizio non volevo accettarti come discepolo e perché non ti ho dato sannyasa? Pensa che vergogna sarebbe stata se ti fossi comportato in questo modo indossando l'abito ocra! Sarebbe stato un grande tradimento nei confronti del mondo e di tutto il lignaggio dei *sannyasi*. Vai a vivere nel mondo per un po', figlio mio. Ti chiamerò quando verrà il momento." Soltanto allora il discepolo comprese finalmente il proprio errore e s'inchinò ai piedi del Maestro.

Non si diventa un dottore di prim'ordine solamente prendendo la laurea in medicina. Bisogna anche fare un internato, prestando servizio sotto un medico qualificato, e acquistare esperienza nel curare le varie malattie. Solo attraverso il duro lavoro e la pratica costante si può diventare degli ottimi dottori.

In modo simile, per quanto si studino a fondo i testi spirituali, ci sono lezioni dal valore inestimabile che si imparano vivendo nel mondo e lavorando a contatto con la gente. Questo è il modo più importante di imparare. Il satguru organizzerà tutte le circostanze necessarie per il progresso del discepolo che desidera i suoi consigli spirituali. Le vostre vasana non si estingueranno se resterete semplicemente a meditare con gli occhi chiusi. Le vostre impurità mentali verranno eliminate soltanto se avrete completa fede nel Maestro e l'umiltà e l'apertura mentale necessarie per l'abbandono. L'abbandono è come uno sbiancante che rimuove le macchie dai vestiti. L'abbandono rimuove le impurità mentali e le vasana. Contrariamente a quanto pensano alcune persone, abbandonarsi ad un satguru non è una forma di schiavitù; è la porta d'accesso alla vera indipendenza e libertà.

Qualunque sia la tentazione, la mente del discepolo dovrebbe rimanere stabile – questo è il vero abbandono al Maestro. Tale attitudine non può essere comprata col denaro, si sviluppa in modo naturale.

Quando il discepolo ha raggiunto un abbandono simile, è completo sotto tutti gli aspetti.

Domanda – Ma il Maestro spirituale non comprende la natura del discepolo non appena lo vede? A che cosa servono allora tutti questi test?

Madre – Il Maestro conosce la natura del discepolo molto meglio del discepolo stesso. È il discepolo a dover esser reso consapevole dei propri limiti. Soltanto allora sarà in grado di trascenderli e di avanzare.

Oggigiorno è difficile trovare discepoli che obbediscano davvero al loro Maestro spirituale e che abbiano una reale consapevolezza della meta finale. Questa è un'epoca in cui i Maestri vengono colpevolizzati e criticati se non assecondano l'egoismo dei discepoli. Tuttavia, grazie alla loro infinita compassione, cercheranno di fare del loro meglio per portare i discepoli sul sentiero giusto. Nel passato, il discepolo restava pazientemente in attesa di fronte al Maestro. Oggi, è il guru che aspetta davanti al discepolo. L'unico scopo del Maestro è di condurre il discepolo allo stato supremo, con qualsiasi mezzo necessario. Il guru è pronto ad ogni sacrificio, pur di raggiungere questo scopo.

Potreste chiedervi: "Non è una schiavitù obbedire ad ogni parola del Maestro?", ma questa 'schiavitù' non nuoce al discepolo in nessun modo, anzi, lo renderà eternamente libero! Serve a risvegliare il Sé in lui. Perché un seme possa crescere fino a diventare un albero maestoso, deve prima andare sotto terra.

Se sprechiamo i semi e ce li mangiamo, ci toglieremo la fame per un po'. Ma sarà molto più utile piantarli e farli crescere fino a che diventano degli alberi. Così daranno abbastanza frutti per sfamare la gente per anni. Offriranno ombra e frescura ai passanti affaticati dal sole cocente. Persino nel momento in cui viene abbattuto, l'albero continua a regalare la sua ombra a chi lo sta tagliando.

Dovremmo abbandonarci al nostro Maestro invece di cedere al nostro ego. Così facendo, un giorno saremo in grado di alleviare la sofferenza di un gran numero di persone. Abbandonarsi al guru e obbedire alle sue parole non è mai una schiavitù; è un segno di coraggio. Una persona veramente coraggiosa si abbandona al Maestro spirituale al fine di sradicare il proprio ego.

Noi ci abbarbichiamo ad un piccolo pezzo di terra, lo recintiamo e lo dichiariamo nostro. A causa di questo attaccamento rinunciamo alla sovranità sull'intero universo. Dobbiamo soltanto eliminare il senso dell'io'. A quel punto, tutti e tre i mondi s'inchineranno di fronte a noi. Oggi, la difficoltà più grande di un Maestro è trovare dei discepoli meritevoli. Molti discepoli del nostro tempo, dopo aver trascorso un breve periodo con il Maestro, vogliono fondare essi stessi un ashram e atteggiarsi a maestri. Se ci sono due persone che s'inchinano di fronte a loro, questi discepoli si danno delle gran arie. Essendo consapevole di ciò, il Maestro cerca di rimuovere completamente l'ego del discepolo. Ricordatevi che ogni situazione creata da un guru perfetto è una grazia, il cui scopo è di rimuovere l'ego che deturpa la personalità del discepolo per rivelare la bellezza del Sé dentro di lui. Questo è il sentiero verso la libertà suprema, la divinità e la pace perenne.

Interviste ad Amma

Un'intervista ad Amma apparsa su un periodico di lingua inglese.

Domanda – Qual è il messaggio della vita di Amma?

Madre – La vita di Amma è il suo messaggio – e cioè l'amore.

Domanda – Chi ti ha incontrato non si stanca mai di lodare il tuo amore. Perché?

Madre – Amma non dimostra deliberatamente alcun amore speciale nei confronti di nessuno. L'amore si manifesta semplicemente in modo naturale e spontaneo. Amma non può avere antipatia per nessuno. Lei conosce soltanto un linguaggio: il linguaggio dell'amore. È l'unica lingua che tutti comprendono. La più grande povertà nel mondo d'oggi è la mancanza di amore disinteressato.

Tutti parlano dell'amore e dicono di amarsi l'un l'altro. Ma quello non può essere considerato vero amore. Ciò che la gente oggi chiama amore è un sentimento macchiato dall'egoismo, un po' come della bigiotteria da poco prezzo placcata in oro. Può essere bella da indossare, ma è di bassa qualità e non durerà a lungo.

C'è una storia di una bambina che si ammalò e fu ricoverata all'ospedale. Quando giunse il momento di essere dimessa, la bambina disse al padre: "Papà, le persone qui sono così buone con me! Mi vuoi bene quanto me ne vogliono loro? Il dottore e le infermiere si sono presi tanta cura di me; tutti mi vogliono così

37

bene! Mi chiedono come sto, si prendono cura delle mie necessità, mi rifanno il letto, mi danno da mangiare in orario e non
mi rimproverano mai. Tu e la mamma mi rimproverate sempre!"
Proprio in quel momento l'impiegata dell'accettazione diede al
padre un pezzo di carta. La bambina domandò cosa fosse. Il padre
disse: "Non mi stavi giusto dicendo quanto bene ti vogliono tutte
queste persone? Bene, questo è il conto di quell'amore!"

Figli miei, questa storia mostra la natura dell'amore che
troviamo oggi nel mondo. Dietro tutto l'amore che vediamo è
nascosta una qualche forma di egoismo. La mentalità commerciale
del mercato si è insinuata nei rapporti interpersonali. Il primo
pensiero che sorge nella mente delle persone quando incontrano
qualcuno è cosa possono ricavarne. Se non c'è nulla da guadagnare, non si curano di instaurare un rapporto. E se in una relazione
il guadagno diminuisce, come conseguenza si indebolisce anche
il rapporto. Questo rivela il livello di egoismo nella mente della
gente. Come conseguenza, l'umanità adesso sta soffrendo.

Oggigiorno, se una famiglia è composta da tre persone, è
come se esse vivessero su tre isole separate. Il mondo è degene-
rato ad un punto tale che la gente non sa più cosa siano la vera
pace e l'armonia. Questo deve cambiare. Al posto dell'egoismo
deve sbocciare l'altruismo. Bisogna che le persone la smettano di
concludere affari l'una con l'altra con la scusa dei rapporti interpersonali. L'amore non dovrebbe essere una catena di schiavitù,
ma il respiro stesso della vita. Questo è ciò che desidera Amma.

Una volta che svilupperemo l'atteggiamento: "Io sono amore,
la personificazione dell'amore", allora non avremo bisogno di
vagare in cerca di pace, perché la pace verrà in cerca di noi. In
quello stato mentale così vasto, tutti i conflitti si dissolvono,
proprio come la foschia al sorgere del sole.

Domanda – Qualcuno ha detto: "Se volete sapere che aspetto avrebbe l'amore se assumesse una forma umana, basta guardare Amma!" Puoi dire qualcosa a questo proposito?

Madre – (ridendo) Se hai cento rupie e ne dai dieci a qualcuno, te ne restano soltanto novanta. Ma l'amore è diverso. Indipendentemente da quanto amore dai, non finirà mai. Più ne dai, e più ne avrai, come una sorgente inesauribile che fluisce nel pozzo quando attingi dell'acqua. Amma sa soltanto questo: che la sua vita vuole essere un messaggio d'amore. Questa è l'unica preoccupazione di Amma. Le persone nascono per essere amate. Vivono per l'amore. Eppure, questa è l'unica cosa non disponibile oggi. Una carestia d'amore sta affliggendo il mondo.

Domanda – A tutti coloro che si recano da lei, Amma dà sollievo tenendo ognuno tra le braccia. Non è una cosa insolita in India?

Madre – Le madri non tengono forse i loro bambini stretti a sé, abbracciandoli? Il nostro paese ha sempre glorificato il rapporto madre-figlio. Amma non vede le persone che vengono da lei come separate da se stessa. Se una parte del corpo prova dolore, la mano istintivamente si sposterà lì, per portarvi sollievo. Per Amma, le preoccupazioni e le sofferenze degli altri sono le proprie. Una madre che vede suo figlio piangere di dolore, può forse stare a guardare?

Domanda – Amma, vuoi bene ai poveri e agli emarginati più che agli altri?

Madre – Amma non sa essere parziale nel suo amore. Se si accende una lampada davanti a una casa, chiunque arrivi lì vicino riceverà la stessa quantità di luce, né più né meno di qualunque altro. Ma se tieni le porte chiuse e resti in casa, continuerai a rimanere al buio. Restare al buio e poi dare la colpa alla luce non serve a niente. Se vuoi la luce, devi aprire le porte del cuore ed uscire.

Il sole non ha bisogno che una candela illumini il suo cammino. Alcune persone credono che Dio sia qualcuno seduto da qualche parte nel cielo. Spendono molti soldi per compiacere Dio. Ma la grazia di Dio non si può ottenere semplicemente spendendo dei soldi. Servire i poveri è la cosa più cara a Dio. Dio è molto più contento quando vede un povero aiutato e consolato piuttosto che quando si spendono milioni per un pomposo festival religioso. La grazia di Dio fluisce quando Egli ti vede asciugare le lacrime di un'anima sofferente. Ovunque Dio vede una mente tanto pura, lì Egli si affretta a dimorare. Un cuore compassionevole è per Dio una dimora molto più preziosa di qualsiasi divano di seta o trono d'oro.

Amma guarda soltanto al cuore dei suoi figli. Non li giudica secondo le loro condizioni materiali o il loro status sociale. Nessuna vera madre penserebbe a cose simili. Ma quando una persona sofferente viene da Amma, vedendo il suo dolore Amma si riempie di compassione. Amma sente il dolore di quella persona come se fosse il proprio e fa tutto il possibile per consolarla.

Domanda – Amma, non ti stanchi a passare così tanto tempo con i devoti?

Madre – Dove c'è amore, non c'è stanchezza. Una madre porta in braccio il suo bambino per ore. Lo considera forse un peso?

Domanda – In gioventù hai dovuto affrontare molte opposizioni. Ci puoi dire qualcosa a riguardo?

Madre – Per Amma non fu una cosa tanto importante. Amma conosceva la natura del mondo. Immagina di assistere ad uno spettacolo di fuochi d'artificio. Se sai che sta per esplodere un petardo molto rumoroso, non ti spaventerai quando sentirai il botto. A chi sa nuotare piace giocare tra le onde; egli non si lascia prendere dalla paura. Siccome la Madre conosceva già la natura del mondo, gli ostacoli nella sua vita non hanno alterato la sua gioia interiore. Amma considerava coloro che si opponevano a lei come degli specchi: essi l'hanno spronata a rivolgere lo sguardo all'interno. Questo era l'atteggiamento di Amma nei loro confronti.

Recriminazioni e sofferenze sorgono soltanto quando pensi di essere il corpo. Nel regno del Sé non c'è posto per il dolore. Contemplando la natura del Sé, Amma si rese conto chiaramente di non essere un laghetto stagnante, ma un fiume che scorre libero.

Molte persone, sane e malate, vengono al fiume. Alcuni ne bevono l'acqua, altri si bagnano, fanno il bucato o addirittura ci sputano dentro. Per il fiume non fa differenza come lo trattano le persone – esso continua a scorrere. Che l'acqua venga usata per un rito religioso o per lavarsi, il fiume non si lamenta mai. Continua a scorrere, accarezzando e purificando coloro che vi entrano. Ma l'acqua di un laghetto è sporca e stagnante, ed avrà inevitabilmente un cattivo odore.

Quando Amma si rese conto di ciò, né le opposizioni che affrontava né l'amore che riceveva ebbero più alcun effetto su di lei. Niente di tutto questo sembrava importante. Il dolore sopraggiunge quando si pensa di essere il corpo. Sul piano del Sé non c'è spazio per il dolore. Nessuno era separato da Amma. Per la Madre, le mancanze degli altri erano le proprie. Quindi, ad Amma quelle opposizioni non sembrarono affatto delle difficoltà. Le persone che ostacolavano Amma hanno gettato del fango su quest'albero, ma per la Madre il fango è diventato un fertilizzante. Ogni cosa era per il meglio.

Domanda – Amma, tu non hai realizzato il Sé? Allora, perché preghi? A cosa serve la pratica spirituale nel tuo caso?

Madre – Amma ha assunto questo corpo per il bene del mondo, non per se stessa. Amma non è venuta al mondo soltanto per restar seduta e dichiarare: "Io sono un'incarnazione divina." A cosa serve essere nati se si resta inattivi? Lo scopo di Amma è di guidare la gente, così da risollevare il mondo. Amma è venuta con lo scopo di mostrare alla gente il sentiero giusto.

Per comunicare con i sordi usiamo il linguaggio dei gesti, non è vero? Se pensassimo: "Io non sono sordo, perché dunque dovrei fare dei gesti con le mani?", allora i sordi non sarebbero in grado di capire niente di quello che diciamo. Per loro, tali gesti sono necessari. Similmente, per elevare coloro che ignorano la propria vera natura, bisogna scendere al loro livello. Vivendo tra loro e dando l'esempio con la propria vita, si insegna loro che hanno bisogno di cantare dei bhajan, meditare, compiere del servizio altruistico, e tutto il resto. Per aiutare le persone ad elevarsi, la Madre assume molti ruoli: sono tutti interpretati per il bene del mondo.

La gente viene all'ashram in macchina, autobus, aereo o barca. Amma non chiede: "Che mezzo di trasporto avete usato per venire qui?" Amma non dice: "Dovreste venire soltanto in aereo!" Ogni persona usa i mezzi a lei più adatti. Allo stesso modo, ci sono molti sentieri che portano alla realizzazione del Sé. Amma consiglia ad ogni persona il sentiero più adatto alla sua predisposizione mentale. Coloro che sono portati per la matematica, all'università dovrebbero scegliere una materia scientifica. In quel campo saranno in grado di imparare con più facilità di altri e avanzeranno rapidamente negli studi. Coloro che hanno la capacità intellettuale di afferrare il significato dei testi scritturali possono meditare sul *"neti-neti"* e progredire in quel modo. Comunque, per fare questo, è necessario un intelletto fino e una notevole conoscenza delle Scritture; una persona comune non ci riuscirà.

Molte persone che si recano all'ashram per la prima volta non sono nemmeno familiari con la parola "spiritualità". Cosa possono fare questi figli? Serve un certo livello d'istruzione o il contatto con un Maestro spirituale per capire veramente libri sacri come la *Bhagavad Gita*. Anche chi non possiede queste cose ha diritto a progredire, non è così? Soltanto coloro che hanno davvero il potere della discriminazione possono prendere il sentiero del "*neti-neti*". E solo chi ha studiato le Scritture sarà in grado di trovare in esse le parole adatte ad ogni circostanza e contemplarle in profondità. Sono davvero pochi a saperlo fare. Come può Amma rifiutare gli altri? Non devono progredire anche loro? Quindi, per aiutarli, è necessario conoscere la condizione di ognuno e scendere al loro livello.

Molte persone che vengono qui sono analfabete. C'è anche chi è troppo povero per potersi permettere dei libri, anche se sa leggere. Alcune persone che vengono qui hanno acquisito una qualche conoscenza leggendo. Altre hanno letto molto, ma non sono in grado di mettere in pratica nella loro vita quello che hanno imparato. Ogni persona deve anche essere guidata secondo la cultura nella quale è cresciuta. Brahman non è qualcosa che può essere tradotto in parole. È pura esperienza, è vita. È uno stato in cui tu vedi ognuno come il tuo stesso Sé. Questo stato dovrebbe diventare la nostra vera natura. Noi diventiamo il fiore, piuttosto che contemplarlo mentalmente. Tutti noi dovremmo cercare di sbocciare. Questo è ciò che dovremmo fare della nostra vita, ed è verso questa meta che andrebbero diretti i nostri studi. Memorizzare qualcosa non è molto difficile; il difficile è mettere in pratica ciò che si è imparato. I *rishi* dell'antichità dimostrarono grandi verità spirituali attraverso l'esempio della loro vita. Oggi, la gente passa il tempo in dispute verbali dopo aver letto e imparato a memoria le parole dei saggi.

Le *puja* e la preghiera sono tutte espressioni differenti dell'unica Realtà: Brahman.

Domanda – Amma, nel tuo ashram si dà molta importanza al servizio. Ma l'azione non è un impedimento alla vera contemplazione del Sé?

Madre – Le scale che portano al primo piano sono costruite con mattoni e cemento. Anche il primo piano è costruito con mattoni e cemento. Solo quando arrivi in alto saprai che non c'è differenza tra le scale ed il piano superiore. Però, per arrivarci, i gradini sono necessari. Allo stesso modo, per raggiungere la realizzazione del Sé, sono necessari alcuni mezzi.

Una volta, un uomo prese in affitto un palazzo signorile e andò ad abitarvi come se fosse il re della zona. Un giorno, quando un sant'uomo andò a trovarlo, egli si comportò in modo molto arrogante, dandosi arie da re. Il santo gli disse: "Tu dici che questo palazzo ti appartiene; ti suggerisco di chiedere la verità alla tua coscienza: tu stesso sai che è solo in affitto. Non c'è niente qui che tu possa considerare veramente tuo, non un solo oggetto di tutta la casa ti appartiene. Eppure, immagini di essere un re e che tutto questo sia tuo!" Questa è la situazione di molte persone al giorno d'oggi. Leggono molti libri e chiacchierano di ciò che hanno letto, come corvi che gracchiano sulla spiaggia. Ciò di cui parlano non assomiglia affatto alla vita che conducono. Chi ha compreso anche solo un po' le Scritture non perde tempo a litigare. Consiglia soltanto le persone che lo avvicinano e cerca di aiutarle a progredire.

Ogni persona ha bisogno di un percorso adatto alla sua disposizione mentale. Questa è la ragione per cui ci sono così tanti sentieri nel *Sanatana Dharma*, la 'Religione eterna'. Le strade partono dal livello di ogni persona e sono ideate con lo scopo di fare progredire gli individui. L'*Advaita* non deve essere inculcata nel cervello, deve essere vissuta. Soltanto così se ne può fare l'esperienza.

Alcune persone vengono qui affermando di essere degli esperti in *Vedanta*. Dichiarano di essere pura Coscienza e chiedono: "Dov'è un altro Sé che il Sé può servire? A cosa serve il servizio altruistico in un ashram in cui gli aspiranti si sforzano di raggiungere la realizzazione del Sé? Lo studio e la contemplazione sono senz'altro sufficienti!" In passato, persino le grandi anime abbracciavano il *vanaprastha* e il sannyasa soltanto dopo aver attraversato la fase di *grihasthashrama*. A quel punto la maggior parte del loro prarabdha si era ormai esaurita e non restava loro molto tempo da vivere. Negli ashram che visitavano si praticava molto il servizio altruistico. Lì, i discepoli, che erano studenti di Vedanta, servivano il loro Maestro con completo abbandono. I discepoli uscivano a raccogliere la legna da ardere e si prendevano cura delle mucche.

Non conoscete la storia di Aruni, che protesse i campi? Per impedire che l'acqua inondasse il campo attraverso una falla nell'argine e distruggesse il raccolto, si distese contro l'argine e fermò il flusso dell'acqua. Per discepoli di quel calibro, non c'era niente di separato dal Vedanta. Aruni non pensò: "Questo è soltanto un campo, solo fango e terra. Io, d'altro canto, sono il Sé." Per lui ogni cosa era il Sé.

A quei tempi i discepoli erano così. Anche allora c'era il *karma yoga*. A quei tempi col Maestro vivevano soltanto tre o quattro discepoli.

Questo ashram ha quasi mille residenti. Sono forse in grado di meditare continuamente? No. I pensieri si insinueranno nella loro mente anche durante la meditazione. Sia che essi lavorino o no, la loro mente è piena di pensieri. Quindi, perché non incanalarli nella direzione giusta, usando le braccia e gambe nel servizio disinteressato per il bene degli altri?

Il Signore Krishna disse ad Arjuna: "Arjuna, in tutti e tre i mondi, non c'è niente che Io debba fare, niente che Io debba conseguire, e tuttavia sono sempre impegnato nell'azione." Figli, la vostra mente è bloccata sul piano della coscienza corporea; deve essere elevata al di là di questo livello. Espandete la vostra mente fino a farla diventare la Mente universale. La compassione nei confronti del mondo produrrà i primi germogli di questa crescita.

Coloro che dichiarano orgogliosamente di essere dei *vedanti*, credono di essere Brahman soltanto loro, e che tutto il resto sia *maya*. Ma sono in grado di mantenere una tale attitudine? Assolutamente no! Si aspettano che il pranzo sia pronto esattamente a mezzogiorno o all'una. Quando hanno fame non considerano il cibo come maya! E quando si ammalano vogliono essere portati all'ospedale. E a quel punto l'ospedale non è più maya, è una necessità, ed essi hanno bisogno del servizio reso dagli altri.

Coloro che parlano di maya e di pura Coscienza devono capire che, proprio come loro hanno bisogno di determinate cose, quelle stesse cose sono essenziali anche per gli altri. Anche i cosiddetti vedanti hanno bisogno del servizio degli altri. Aspettarci che gli altri ci prestino servizio e poi incominciare a contemplare Brahman quando è il momento di servire gli altri è solo un segno di pigrizia.

In questo ashram ci sono dottori, ingegneri e persone che esercitano molte altre professioni. Ognuno lavora secondo le proprie capacità. Ma i residenti meditano anche e studiano le Scritture. Si allenano a compiere azioni senza alcun attaccamento. Lavorare senza attaccamenti ci aiuta a liberarci dall'egoismo e dalla coscienza corporea. Quando si compie un'azione senza attaccamento, essa non produce alcun vincolo. Questo è il sentiero verso la liberazione.

Nessun residente dell'ashram desidera il paradiso. Il novanta per cento di loro vuole servire il mondo. Anche se venisse loro offerto il paradiso, essi risponderebbero "arrivederci", perché lo sperimentano già nel proprio cuore. Non hanno bisogno di nessun altro paradiso. Il loro paradiso è il loro cuore compassionevole. Questa è l'attitudine della maggior parte dei figli che vivono qui.

In passato, molte persone si sono ritirate dalla società, affermando di essere la pura Coscienza. Non erano disposte ad uscire tra la gente e a servire il mondo. Questo spiega perché la nostra civiltà sia degenerata in questo modo. Ciò di cui soffriamo oggi è la miseria causata da tutta quell'indifferenza. Con la tua domanda, intendi dire che dovremmo permettere alla nostra cultura di impoverirsi ulteriormente?

Bisogna capire che l'Advaita è qualcosa che va vissuto. È uno stato in cui consideriamo gli altri come il nostro stesso Sé.

Qual è il significato della guerra del Mahabharata? Quando delle pietre appuntite vengono messe in un cilindro rotante, perdono la loro spigolosità e si levigano. Allo stesso modo, servendo il mondo la mente perde le sue imperfezioni e raggiunge la natura del Sé – la coscienza individuale diventa una cosa sola con la Coscienza universale. Servendo il mondo si combattono le proprie negatività interiori, come l'ego e l'egoismo. Questo è il vero significato della guerra del Mahabharata, e la ragione per cui il Signore chiese ad Arjuna di combattere per il bene del dharma.

Se con le azioni fai tuoi questi insegnamenti, gli altri li capiranno molto più chiaramente che non cercando di spiegarli a parole. Questo è l'obiettivo di Amma.

Domanda – Amma, nel tuo ashram la devozione è considerata la cosa più importante? Quando osservo le preghiere e i canti devozionali, mi sembrano quasi una finzione.

Madre – Figlio, immagina di avere una fidanzata. Se stessi parlando con lei, ti sembrerebbe una finzione? Se c'è vero amore, non la pensi in questo modo. Però, a qualcun altro potrebbe sembrare una commedia. Qui vale la stessa cosa. Per noi, questa non potrebbe mai essere una commedia. Le preghiere sono l'espressione del nostro legame con Dio. Quando preghiamo, proviamo solo beatitudine, in ogni momento. Parlando tra loro, gli amanti traggono gioia: non provano alcuna insoddisfazione. Non si annoiano nemmeno dopo aver parlato per ore. Noi proviamo un piacere simile quando preghiamo.

La preghiera è un dialogo con l'Amato dentro di noi – il nostro vero Sé.

Tu sei quel Sé, l'*Atman*. Non dovresti mai essere infelice. Tu non sei l'anima individuale, sei l'Essere supremo. La tua natura è beatitudine. Questo è lo scopo della preghiera. La vera preghiera non è una serie di parole vuote.

Figlio, se per devozione intendi la preghiera ed il canto devozionale, li troverai in tutte le religioni. I Musulmani pregano e s'inchinano in direzione della Mecca. I Cristiani pregano davanti ad un'immagine di Gesù, una croce, o una candela accesa. Anche i Giaina, i Buddisti e gli Induisti pregano. In tutte queste religioni esiste anche il rapporto Maestro-discepolo. Di tanto in tanto vediamo apparire in mezzo a noi profeti e maestri che sono profondamente riveriti. Queste non sono forse varie espressioni di devozione? Coloro che hanno imparato le Scritture meditano sui princìpi del Vedanta e in tal modo procedono sul cammino spirituale. Non è forse grazie alla loro devozione per quei princìpi che sono in grado di progredire?

Figlio, la vera devozione è vedere Dio in tutti e provare rispetto verso tutti. Dovremmo coltivare questo atteggiamento ed elevare la nostra mente in modo da poter vedere il Divino in ogni cosa. Qui in India non ci figuriamo Dio come qualcuno che risiede in paradiso. Dio è dappertutto. Niente è più importante nella vita che conoscere Dio. Lo scopo di ascoltare le verità scritturali, contemplarle e assimilarle è di realizzare la natura dell'Essere

Supremo, o Dio. La devozione è un sentiero spirituale che conduce alla stessa meta.

Non per tutti è facile indirizzare la mente all'interno, perché la mente ama vagare in ogni direzione. Coloro che hanno studiato le Scritture forse preferiscono il sentiero del *"neti-neti"*, rifiutando l'identificazione con tutto ciò che non sia il Sé. Ma ci sono tante persone che non hanno studiato; anche loro hanno bisogno di conoscere il Sé, non siete d'accordo? Per loro, la devozione è la via più pratica.

Alcuni hanno reazioni allergiche alle iniezioni e potrebbero persino morire. Quando si ammalano, devono prendere medicine per via orale. Per loro questa è l'unica soluzione. Allo stesso modo, Amma prescrive pratiche spirituali diverse a persone diverse, a seconda di ciò che meglio si adatta al *samskara* di ogni individuo. Non si può dire che un metodo sia più importante di un altro. Piuttosto, possiamo dire che qui ogni cosa è per il bene delle persone.

Poiché un fiume è pieno d'acqua, noi vediamo due sponde e diciamo "questa riva e quella riva". Ma se il fiume si prosciuga, vediamo che c'è soltanto un unico tratto di terra: le due sponde ed il letto del fiume fanno parte dello stesso terreno. Nello stesso modo, il concetto di 'tu' e 'io' sorge solo perché continuiamo ad avere un senso d'individualità. Quando l'individualità scompare, tutto è uno – completo e perfetto (*purnam*). Attraverso entrambi i sentieri, quello del *"neti-neti"* e quello della devozione, possiamo realizzare il Sé.

Il sentiero del *"neti-neti"* può essere descritto in questo modo: un bambino sta portando delle medicine al padre costretto a letto. Proprio mentre sta per entrare nella stanza, viene a mancare l'elettricità. Il bambino si trova improvvisamente al buio e non vede niente. Tocca il muro: "non è questo". Tocca la porta: "non è questa." Tocca il tavolo: "non è questo." Tocca il letto: "non è questo." Infine tocca il padre: "eccolo! È lui!" In questo modo, scartando tutto ciò che non è suo padre, arriva al padre.

È la stessa cosa con la devozione. L'attenzione di un vero devoto è tutta rivolta a Dio. Dio è l'unica cosa di cui gli importa. Il devoto non vuole altro che Dio. Per lui esiste soltanto il pensiero dell'Amato.

Un gruppo di ricercatori spirituali dice: "Io non sono il corpo, la mente o l'intelletto – io sono il Sé. La mente ed il corpo sono la causa di ogni dolore e felicità." Altri hanno l'attitudine: "Io appartengo a Dio. Ho bisogno soltanto di Dio. Dio è tutto." Questa è l'unica differenza. Incominciamo a vedere che non esiste null'altro che Dio. Questa dovrebbe essere la nostra vita: percepire Dio in ogni cosa. Questa è vera devozione. Quando vediamo soltanto Dio in ogni cosa, dimentichiamo noi stessi: la nostra individualità si dissolve.

Attraverso la devozione, non stiamo cercando un Dio seduto da qualche parte in cielo, ma impariamo a vedere Dio in ogni cosa. Un tale devoto non ha bisogno di vagare in cerca di Dio. Dio risplende in un devoto così, perché egli non percepisce niente come diverso da Dio. Lo scopo della preghiera è di realizzare questo stato. Con le nostre preghiere rendiamo gloria alla Verità. La mente deve essere elevata dal piano di corpo, mente ed intelletto fino al piano del Sé. Immaginiamo che in cucina sia appesa una lampadina da cento watt. La lampadina è talmente ricoperta di fuliggine che non fa nemmeno la luce di una da dieci watt. Se rimuoviamo la fuliggine, la lampadina brillerà di nuovo con tutta la sua luminosità. In modo simile, la pratica spirituale è il processo tramite il quale si rimuovono le proprie impurità. Togliendo il velo che oscura la nostra innata divinità, sperimenteremo l'infinito potere insito in noi. Capiremo che non siamo nati per provare dolore, ma che la nostra vera natura è beatitudine. Comunque, semplicemente parlare di queste verità non basta. È necessaria la pratica spirituale. Tutti hanno l'innata capacità di nuotare, ma impareremo davvero a nuotare soltanto se entriamo in acqua e ci esercitiamo. La devozione e la preghiera sono dei metodi che ci consentono di risvegliare la divinità dentro di noi.

Domanda – Si dice che se un aspirante spirituale tocca qualcuno, perde il proprio potere spirituale. È vero?

Madre – Una piccola batteria ha soltanto un potere limitato e si indebolirà con l'uso. Ma ci sarà sempre dell'elettricità in un filo collegato al generatore principale. In modo analogo, perderai il tuo potere se pensi di essere l'ego limitato, simile ad una piccola batteria. Ma se sei connesso con Dio, la Sorgente d'infinito potere, come potrai perdere del potere? Dall'Infinito deriva soltanto l'Infinito. Anche se accendi mille stoppini da una singola fiamma, la luminosità della fiamma originaria non diminuisce affatto.

È vero, comunque, che un aspirante spirituale può perdere il proprio potere. Si deve essere molto vigili, finché si è ancora al livello di corpo, mente ed intelletto. Finché si rimane su questo piano, bisogna sempre fare attenzione. Fino a quando la mente non è sotto il nostro controllo, è necessario osservare tutti gli *yama* e *niyama*. In seguito, non ci sarà da preoccuparsi se ci capita di toccare qualcuno. Considera coloro che tocchi come se fossero Dio, e non persone – in questo modo non perderai forza, l'acquisterai.

Domanda – Amma, tu hai sperimentato molte sofferenze nella tua infanzia. Quando vedi la gente soffrire, ti vengono in mente quei giorni?

Madre – C'è forse qualcuno che non ha sofferto nella vita? È vero che la Madre ha incontrato molti ostacoli da giovane, ma non le ha considerate come delle vere difficoltà. La madre di Amma, Damayanti, si ammalò e non fu più in grado di prendersi cura della casa. In quelle circostanze, Amma si consolò pensando che, anche se doveva interrompere gli studi, i suoi fratelli e sorelle li avrebbero completati. Quindi smise di andare a scuola e si assunse la completa responsabilità di tutte le faccende domestiche. Cucinava per la famiglia, preparava i cestini con il pranzo per i fratelli e le sorelle, lavava i vestiti di tutti, si prendeva cura di mucche, capre, anatre, galline e altri animali e raccoglieva l'erba per le mucche. Si prendeva anche cura di sua madre Damayanti. Svolgeva tutte le faccende una dopo l'altra dalle quattro del mattino fino a mezzanotte. Grazie a queste esperienze Amma ha imparato di persona, fin dall'infanzia, il significato della fatica e delle privazioni.

Amma si recava per lo meno in cinquanta case della zona a raccogliere bucce di tapioca per le mucche. Quando arrivava, magari una famiglia stava mangiando. Nella casa successiva, le persone non avevano niente da mangiare e soffrivano la fame: i bambini giacevano per terra, deboli per la fame. In una casa, Amma sentiva i figli pregare perché i genitori vivessero a lungo, mentre nella casa dei vicini la nonna era completamente trascurata e non conosceva altro che la disperazione. "Nessuno si prende cura di me", si lamentava la donna. "Mi danno da mangiare come si farebbe con un cane. Nessuno mi aiuta a lavare i vestiti. Tutti mi sgridano e mi picchiano soltanto."

Questa era la situazione di molti anziani. Avevano faticato tutta la vita per i loro figli; si erano rovinati la salute per prendersi cura di loro. Ma adesso che erano vecchi ed indifesi, nessuno li aiutava. Non si preoccupavano nemmeno di dar loro un po' d'acqua quando avevano sete. Vedendone la sofferenza, Amma portava loro del cibo da casa sua.

I figli, che una volta pregavano per la longevità dei genitori, quando hanno una famiglia e delle responsabilità proprie cominciano a considerarli come una seccatura. Vogliono liberarsi di loro.

Si amano gli altri solo se ci si aspetta qualcosa in cambio. Si vuol bene alla mucca per il suo latte. Se non dà più latte, il padrone la manda al macello. Amma capì così che c'è sempre un movente egoista dietro l'amore che si trova nel mondo.

C'era un laghetto vicino casa nostra. Amma era solita portarvi le signore anziane. Faceva loro il bagno e lavava i loro vestiti. Prendeva in braccio i bambini che piangevano per la fame, li portava a casa e dava loro da mangiare. A suo padre la cosa non piaceva. La rimproverava, dicendo: "Perché porti qui tutti questi bambini sporchi con il naso che gli cola?"

Osservando di persona la sofferenza e le difficoltà della gente, Amma imparò a capire la natura della vita nel mondo. Quando le persone si ammalano e vanno all'ospedale, devono aspettare molte ore. Poi, magari, il dottore finalmente le visita e prescrive loro una ricetta. Ma dove troveranno i soldi per le medicine? Amma ha visto personalmente tante persone così povere da non aver nemmeno i soldi per un solo analgesico. La gente di questa zona con quel poco che guadagna ce la fa a malapena a vivere alla giornata. Se non possono andare al lavoro anche solo per un giorno, tutta la famiglia salta il pasto. Se si ammalano, non hanno soldi né per il cibo né per le medicine. Si vedono persone che si contorcono per il dolore, senza i soldi per un analgesico. Basterebbe una pastiglia per ridurre il dolore nel giro di qualche minuto, ma non hanno i soldi nemmeno per quella, e così soffrono per tutto il giorno.

Amma ha visto così tanti bambini in lacrime perché non possono permettersi di comprare i fogli per gli esami[4]. Alcuni vanno a scuola con la camicia chiusa con delle spine, perché non possono permettersi di sostituire i bottoni rotti. Così, Amma ha

---

[4] In certe scuole indiane gratuite, gli studenti devono comprare loro stessi i fogli per gli esami. Ciò non succede nelle scuole di Amma (Amrita Vidyalayam).

visto, sentito e sperimentato la sofferenza e le difficoltà che le persone affrontano nella vita. A ciò deve la comprensione della vera natura del mondo. Questo la spinse a rivolgere lo sguardo all'interno. Ogni cosa nel mondo divenne il suo guru: persino una formichina.

Poiché quando era ancora bambina Amma ha condiviso i dolori e le sofferenze dei poveri, capisce le pene e le sofferenze delle persone senza che queste debbano spiegare niente. Oggi viene da Amma un enorme numero di persone che affrontano le stesse difficoltà. Se chi ha la disponibilità economica fosse disposto, potrebbe alleviare moltissimo la sofferenza di queste persone. Amma desidera spronare i suoi figli ricchi ad essere compassionevoli e a servire i poveri e i sofferenti.

Domanda – Come può Amma, che non ha mai dato alla luce un figlio, essere considerata una madre?

Madre – Figli miei, la madre è un simbolo di altruismo. Una madre conosce il cuore del suo bambino, conosce i suoi sentimenti. Dedica tutta la sua vita a quel bambino. Una madre perdonerà tutti gli errori che il figlio commette, perché sa che lui sbaglia soltanto per ignoranza. Questo è il vero 'essere madri'. E la vita di Amma è tutta così. Amma considera ogni persona come suo figlio.

La cultura indiana insegna ai bambini fin da piccoli che la madre è Dio, l'incarnazione di Dio. La nostra cultura considera l''essere madre' come l'apice, l'aspirazione massima dell''essere donna'. Tradizionalmente, ogni uomo considera una donna, eccetto la moglie, come una madre. Anche una donna si rivolge alle donne anziane e a quelle che meritano il suo rispetto chiamandole "madre". Così elevata è la posizione tradizionalmente accordata alla donna nella nostra società. Oggi quest'attitudine è andata in una certa misura perduta, a causa dell'influenza di altre culture. Si vede il declino che ne è risultato nella nostra società.

Le qualità materne sono innate in ogni donna e dovrebbero essere le qualità predominanti. Proprio come le tenebre vengono scacciate dai raggi del sole, tutte le tendenze indesiderabili scompaiono di fronte alle qualità materne. Tale è la purezza delle qualità materne. L'amore, l'altruismo ed il sacrificio di sé sono i tratti distintivi dell''essere madre'. Soltanto sviluppando queste qualità dentro di noi possiamo mantenere in vita la nostra nobile cultura.

Amma crede che il proprio modo d'essere sia in armonia con questo obiettivo. Tu chiedi come fa Amma ad essere madre senza aver mai partorito, ma l'ingegnere che ha progettato il motore dell'aereo non conosce forse il motore meglio del pilota? Una donna non diventa madre semplicemente partorendo; dentro di lei devono sbocciare le qualità materne. Similmente, una donna che ha sviluppato completamente la 'madre' interiore, non è meno madre di una donna che ha dato alla luce un bambino. Inoltre, non consideriamo forse madri la nostra madrepatria, la nostra madrelingua e Madre Terra?

Domanda – Amma, lavori nella società con un fine particolare?

Madre – Amma ha soltanto un desiderio, che la sua vita sia come un bastoncino d'incenso. Mentre brucia, il bastoncino d'incenso diffonde il suo profumo a beneficio degli altri. In modo simile, Amma vuole essere di beneficio al mondo, dedicando ogni momento della sua vita ai suoi figli. Per Amma fine e mezzi non sono diversi. La vita di Amma fluisce secondo la volontà divina, tutto qua.

Domanda – Si dice che un Maestro spirituale sia essenziale sul sentiero spirituale. Chi è stato il guru di Amma?

Madre – Ogni cosa in questo mondo è il guru di Amma. Dio ed il guru sono all'interno di ognuno. Ma finché l'ego persiste, non ne siamo consapevoli. L'ego è come un velo che nasconde il guru interiore. Una volta che scopri il guru interiore, percepirai il guru in ogni cosa dell'universo. Quando Amma trovò il guru dentro di Sé, tutto, perfino il più piccolo granello di sabbia, divenne il suo guru. Potresti chiederti se persino una spina sia stata il guru di Amma. Sì, perché quando una spina ti punge un piede, avanzi con più attenzione lungo il cammino. In questo modo, quella spina ti aiuta ad evitare di essere punto da altre spine e di cadere in un fosso.

Amma considera anche il proprio corpo come il suo guru; perché quando contempliamo la natura impermanente del corpo arriviamo a capire che il Sé è l'unica realtà eterna. Tutto intorno ad Amma l'ha condotta verso il bene e per questa ragione Amma prova un senso di riverenza nei confronti di ogni cosa nella vita.

Domanda – Amma sta dicendo che non abbiamo bisogno di un guru particolare per raggiungere la realizzazione del Sé?

Madre – Amma non sta dicendo questo. Una persona con un talento innato per la musica potrebbe essere in grado di cantare tutte le variazioni melodiche tradizionali *(raga)*, senza un allenamento particolare. Ma immagina se tutti cominciassero a cantare dei *raga* senza esercitarsi! Quindi, Amma non dice che un Maestro spirituale non è necessario; ma che alcuni rari individui con un insolito grado di consapevolezza e vigilanza non hanno bisogno di un guru esterno.

Considera ogni cosa che incontri con discriminazione e consapevolezza. Non nutrire sentimenti di attaccamento o repulsione verso niente. Allora, tutto ti potrà insegnare qualcosa. Ma quanti di noi hanno un tale distacco, pazienza e concentrazione? Per chi non ha ancora sviluppato queste qualità, sarebbe estremamente difficile raggiungere la meta senza prendere rifugio in un guru esteriore. Il vero guru risveglia la tua conoscenza interiore. Oggigiorno, le persone non sono in grado di percepire il guru interiore perché sono afflitte dalla cecità dell'ignoranza. Dobbiamo trasformare il nostro modo di vedere per percepire la luce della conoscenza. Per riuscire in questo compito, servono l'atteggiamento del discepolo e l'attitudine di abbandono.

Dovremmo avere l'atteggiamento di un principiante. Solo un principiante ha la pazienza di imparare davvero qualcosa. Soltanto perché il nostro corpo è cresciuto non significa necessariamente che la nostra mente sia maturata. Se vogliamo aprire la mente fino a che si espanda quanto l'universo, dobbiamo avere l'attitudine di un bambino, perché solo un bambino può crescere ed evolvere. Ma l'attitudine della maggioranza delle persone è quella propria dell'ego, di corpo, mente ed intelletto. Solo quando abbandoneremo questo atteggiamento ed assumeremo quello di un bambino innocente svilupperemo l'attenzione necessaria per assimilare quanto ci viene insegnato.

Per quanta pioggia cada sulla cima di una montagna, l'acqua non rimarrà lì; scorrerà naturalmente verso il basso e riempirà un buco nel terreno. In modo simile, se abbiamo l'attitudine di considerarci un niente, ogni cosa verrà a noi.

Pazienza, consapevolezza ed attenzione sono la vera ricchezza nella vita. Una persona che ha acquisito queste qualità può avere successo ovunque – tanto sono importanti. Quando sviluppi queste qualità, il tuo specchio interiore, che ti aiuta a vedere le impurità che hai dentro e ad eliminarle, si pulisce automaticamente. Diventi il tuo stesso specchio: saprai come eliminare le tue impurità senza l'aiuto di nessuno; avrai l'abilità di purificare te stesso. Quando raggiungi questo stadio, percepisci il guru ovunque. Non consideri nessuno inferiore a te stesso. Non discuti mai senza motivo. Non ricorri a parole vuote. La tua grandezza si riflette nelle tue azioni.

Domanda – Questo significa che non c'è bisogno di studiare i testi delle Scritture?

Madre –Studiare il Vedanta è bene. In questo modo il sentiero per arrivare a Dio ti sarà chiaro. Coloro che studiano il Vedanta capiranno quanto Dio è vicino, capiranno che Dio è dentro di loro. Ma oggi la maggioranza delle persone limita il Vedanta a mere parole. Non vediamo nessun Vedanta riflesso nelle loro azioni. Il Vedanta non è un peso da portare in giro; è un principio da portare nel cuore e praticare con la mente. Molte persone non riescono a cogliere questo punto e diventano arroganti. Quando la nostra comprensione del Vedanta cresce, dentro di noi si sviluppa naturalmente l'umiltà. Il Vedanta ci aiuta a capire che siamo l'essenza di Dio. Tuttavia, per portare questa verità sul piano dell'esperienza effettiva, dobbiamo vivere secondo i princìpi del Vedanta. Se scrivi la parola "zucchero" su un pezzo di carta e lo lecchi, non sperimenterai alcuna dolcezza. Per fare l'esperienza della dolcezza, devi assaggiare lo zucchero. Leggere o parlare semplicemente di Brahman non ci darà l'esperienza di Brahman. Le nostre azioni devono riflettere quello che abbiamo letto ed imparato. È allora che la nostra conoscenza diventa esperienza. Ma i nostri sforzi hanno bisogno di un po' di incoraggiamento. Le vite di coloro che hanno davvero imparato il Vedanta e l'hanno interiorizzato, ispirano gli altri a seguire lo stesso sentiero.

Alcune persone restano sedute senza far niente dichiarando: "Io sono Brahman." Ma allora perché quel Brahman, ovvero quella persona, ha assunto un corpo? Non bastava che rimanesse senza forma? Adesso che abbiamo ricevuto questo corpo, dobbiamo dimostrare quella verità con le nostre azioni. Quando capiremo questo, diventeremo naturalmente umili.

Amma sta parlando della propria vita. Non insiste affinché gli altri l'accettino o la imitino. Dovresti procedere sulla base della tua esperienza. Conosci te stesso! Questo è tutto ciò che Amma sta dicendo.

La seguente intervista ad Amma è stata pubblicata nel 'Times of India'. Ha avuto luogo durante la visita di Amma a Nuova Delhi nel marzo del 1999.

Domanda – Amma ha avviato l'AIMS[5], un ospedale super specialistico, il progetto Amrita Kutiram per la distribuzione gratuita di case, e molti altri progetti al servizio dei poveri. Che cosa ha spinto Amma a dare il via a queste attività di servizio e assistenza sociale?

Madre – Ogni giorno Amma incontra molte persone povere che le raccontano le loro sofferenze. Così Amma ha capito le loro difficoltà e i loro bisogni e ha sentito dentro di sé l'urgenza di alleviare la loro sofferenza: ecco come prende il via ogni progetto. Nessuna di queste attività era stata programmata in anticipo, e nessun fondo era ancora stato raccolto. Quando avviamo un nuovo progetto, Dio ci manda tutto ciò di cui abbiamo bisogno.

Dovremmo capire che Dio non è confinato ai templi o alle chiese. Dio risiede dentro ognuno di noi. Ogni qualvolta condividiamo con gli altri ciò che abbiamo e ci aiutiamo a vicenda, stiamo in realtà adorando Dio. Pregare Dio nei luoghi di culto e poi, una volta usciti, ignorare il povero che muore di fame per la strada, non è vera devozione.

Domanda – Le affermazioni di certi filosofi riguardo all'anima individuale e all'Essere supremo hanno creato l'impressione che non ci sia differenza tra Dio e l'uomo. Esse danno anche l'idea che non ci sia differenza tra bene e male, puro ed impuro, paradiso ed inferno. Tutto ciò non contribuisce a rendere poco chiara la distinzione tra giusto e sbagliato?

Madre – Questo è dovuto ad una comprensione errata. Lo scopo di insegnare alle persone il principio di non-dualità, ovvero

---

[5] Amrita Institute of Medical Sciences a Cochin, in Kerala.

l'identità tra anima individuale ed Essere supremo, è di risvegliare la loro forza innata e di condurle alla Verità. Il Vedanta ci dice: "Tu sei il Re dei re; non sei un mendicante!" Questa consapevolezza di noi stessi ci aiuta a risvegliare il potere infinito che è in noi. Ma fino a che non realizzeremo questa identità con un'esperienza diretta, dobbiamo discernere tra il bene e il male e procedere sul giusto cammino.

Quando si realizza la Verità suprema, il mondo della dualità cessa di esistere – c'è soltanto la Verità, e niente da scartare come sbagliato. Si percepisce ogni cosa come la manifestazione di Dio.

Ogni parola ed ogni azione di un'anima realizzata sono di beneficio alla società. Persino venire a contatto con il respiro di una persona simile ci aiuterà a sradicare le nostre tendenze negative. Una persona consapevole della propria divinità non sarà mai disturbata di fronte ai problemi della vita. Un vero vedanti è colui che vive realmente nello stato di non-dualità, non qualcuno che ne parla soltanto. Un vero vedanti è un esempio vivente per il mondo.

Coloro che bevono alcolici e compiono altre azioni sbagliate mentre citano le Scritture, affermando che tutto è Brahman, non possono essere considerati spirituali. Dovremmo essere capaci di riconoscere tali ipocriti. La nostra incapacità di farlo è una delle ragioni per cui la nostra cultura è decaduta così tanto. La spiritualità non è qualcosa di cui parlare; deve essere vissuta.

Domanda – Una persona egoista può diventare altruista grazie ai propri sforzi? Possiamo cambiare la nostra natura?

Madre – Certamente. Se avete una giusta comprensione dei princìpi spirituali, l'egoismo diminuirà. Compiere le azioni senza desiderarne i frutti è uno dei metodi più efficaci per ridurre il proprio egoismo. Bisognerebbe ricordare sempre che siamo solo strumenti nelle mani di Dio. Dovremmo sapere che non siamo noi ad agire, ma che è Dio a farci fare ogni cosa. Se manteniamo quest'attitudine in modo sincero, l'orgoglio e l'egoismo scompariranno.

Un uomo, in cima alle scale, dice: "Sto arrivando!" Ma non ha neanche fatto cinque gradini che crolla a terra per un infarto. Figli miei, nemmeno il prossimo istante è nelle nostre mani. Quando lo comprendiamo davvero, come possiamo continuare ad essere egocentrici? Quando espiriamo, non abbiamo nessuna garanzia che inspireremo di nuovo. È il potere di Dio che ci sostiene in ogni momento. Quando ce ne renderemo conto, diventeremo naturalmente umili e cominceremo a venerare Dio. Ci ricorderemo di Lui ad ogni passo. Ma, unitamente a questa attitudine, dobbiamo fare uno sforzo. Allora, la grazia di Dio scenderà su di noi e i nostri sforzi avranno successo.

Domanda – Si dice che le difficoltà e la sofferenza ci rendano migliori. Perché, allora, dovremmo pregare per l'eliminazione di malattie e difficoltà?

Madre – Figli miei, non prendete delle medicine quando siete malati? Persino i mahatma non rifiutano l'uso delle medicine. Quando si ammalano, anche loro fanno tutto il necessario per ristabilirsi. Questo dimostra l'importanza dello sforzo personale. La cultura indiana non ci ha mai consigliato di star seduti senza far niente, lasciando che Dio si occupi di tutto. Dovremmo sforzarci di risolvere i nostri problemi e ridurre la nostra sofferenza. Ma bisognerebbe agire mantenendo un atteggiamento di adorazione, senza perdere l'umiltà, sapendo che il potere dietro ogni nostra azione è Dio. Questo è ciò che ci insegnano i mahatma e le Scritture. A chi compie pratiche spirituali con la comprensione di questi princìpi, e ha abbandonato ogni cosa a Dio, non servono preghiere o puja per alleviare le proprie malattie, perché egli accetta sia la felicità che il dolore come volontà di Dio. Ma per le persone comuni, che sono incapaci di un tale grado di abbandono, va bene cercare sollievo nella preghiera e nelle puja. Chi prega e compie delle puja raggiungerà gradualmente anche lo stato di devozione disinteressata.

Noi dovremmo fare tutto il possibile. Se nonostante ciò le difficoltà persistono, accettiamole come volontà di Dio, intese per il nostro bene. Per quante difficoltà si devono affrontare, bisognerebbe sempre sapere che stiamo riposando in grembo a Dio. Quest'attitudine ci darà la forza necessaria a superare qualsiasi circostanza avversa.

Vediamo che molte persone attraversano delle enormi difficoltà in determinati periodi. A volte si verifica una lunga serie di calamità. Una persona innocente, per esempio, potrebbe essere accusata di un crimine che non ha commesso ed anche essere imprigionata ingiustamente. C'è l'esempio di un figlio a cui capita un incidente mentre sta andando a trovare il padre in ospedale. Veniamo a conoscenza di tante sventure come questa. La maggior parte di queste persone incontra tali difficoltà in periodi particolari della vita. In qualsiasi impresa si impegnino, questa si rivela alla fine un fallimento. In certe famiglie tutte le donne rimangono vedove in giovane età.

Dovremmo studiare queste situazioni cercando di capirle. L'unica spiegazione che possiamo dare è che tali tragedie sono il risultato di azioni compiute nelle vite passate. Esse si manifestano generalmente durante certi periodi e transiti planetari particolari. Se, durante questi periodi, le persone dedicano più tempo alla preghiera e all'adorazione, ne ricaveranno molto beneficio e acquisiranno anche la forza mentale necessaria per superare gli ostacoli che devono affrontare.

Le puja compiute nei templi Brahmasthanam[6] non sono soltanto rituali compiuti per alleviare le difficoltà causate dalle influenze planetarie negative; sono anche una forma di meditazione. Inoltre, grazie ai discorsi spirituali che si tengono in questi templi durante le puja, i devoti imparano i princìpi spirituali. In questo modo vengono ispirati a condurre una vita in accordo con il dharma e a praticare la meditazione. E poiché i riti nei templi li aiutano ad alleviare i loro problemi, la loro fede e devozione aumentano.

Domanda – È necessario venerare le immagini? Perché alcuni testi religiosi si oppongono a questa pratica?

Madre – Ciò che veneriamo non è l'immagine in se stessa. Attraverso l'immagine adoriamo Dio, che è onnipresente. L'immagine simbolizza Dio. È un mezzo per condurre la nostra mente alla concentrazione. Noi mostriamo ai nostri figli fotografie di pappagalli e stornelli, dicendo: "Questo è un pappagallo e questo uno stornello." Ciò è necessario quando i bambini sono molto piccoli, ma quando crescono, non hanno più bisogno di fotografie per riconoscere gli uccelli. In modo simile, all'inizio sono necessari certi strumenti per aiutare le persone comuni a focalizzare la mente sulla Coscienza divina. Quando si progredisce nella propria pratica spirituale, la mente impara a focalizzarsi senza l'aiuto di tali mezzi. Un'immagine è un buon mezzo per allenare la mente a concentrarsi. Inoltre non si può dire che Dio non sia presente nell'immagine. Dio pervade tutte le cose, animate ed inanimate. Quindi, Dio è anche nell'immagine. L'adorazione delle immagini è un modo per allenare le persone a percepire Dio in tutti gli esseri, senzienti e non senzienti, e a coltivare un'attitudine di amore e di servizio nei confronti del mondo.

---

[6] I templi Brahmasthanam sono dei templi molto particolari che Amma ha fondato per tutta l'India e all'estero.

Supponiamo che un uomo faccia un regalo alla donna che ama. Potrebbe valere solo cinque paise[7], ma per lei che riceve il regalo, vale infinitamente di più, poiché nell'oggetto la donna vede l'uomo che ama.

Non permettiamo a nessuno di sputare sulla bandiera della nostra nazione o del nostro partito, anche se il tessuto in sé magari vale solo qualche rupia. Una bandiera non è soltanto un pezzo di stoffa perché, una volta che è diventato una bandiera, rappresenta un grande ideale. Noi onoriamo la bandiera per l'amore ed il rispetto verso l'ideale che rappresenta.

In modo simile, nell'immagine che veneriamo, percepiamo Dio stesso. L'immagine serve da specchio della Coscienza divina che è dentro di noi. Di fronte ad un'immagine, preghiamo ad occhi chiusi. L'immagine ci aiuta a volgere la mente all'interno, dove dimora Dio.

Anche le religioni che si oppongono all'adorazione delle immagini, in realtà le venerano in un modo o nell'altro. Un cristiano che venera la forma di Gesù sulla croce ed un musulmano che prega Dio rivolgendosi verso la Kasba: anche queste sono forme di adorazione di un'immagine.

L'aspetto negativo di questa pratica è che il devoto potrebbe sviluppare una dipendenza nei confronti dell'immagine, senza comprenderne il principio che sta alla base. Ma, quando le persone afferrano tale principio, ascoltando discorsi spirituali e studiando le Scritture, problemi non ne sorgono.

Dovremmo cercare di offrire occasioni di educazione spirituale nei nostri templi.

Domanda – Amma ha molti devoti provenienti da paesi stranieri. In generale, sembra che gli occidentali siano più inclini di noi indiani al servizio altruistico. Qual è il motivo?

---

[7] Ci sono cento paise in una rupia, che è la moneta indiana.

Madre – Nei paesi occidentali ci sono tante istituzioni che si dedicano a missioni caritatevoli. Quando si verifica una calamità o una crisi, queste istituzioni si prendono cura delle persone colpite. Sono in molti a cooperare con questi enti e a partecipare alle attività di servizio. Inoltre, il denaro che viene donato in beneficenza è esente dalle tasse. Questo incoraggia le persone a farsi avanti e ad aiutare finanziariamente le iniziative altruistiche. Queste istituzioni di beneficenza svolgono un ruolo molto importante nell'incoraggiare a donare. Molto tempo fa la vita della gente in India aveva le sue radici nel *dana* e nello *yajna*. Oggigiorno, non ci sono abbastanza istituzioni che insegnino alle persone questi ideali.

Domanda – Il paradiso e l'inferno esistono veramente?

Madre – Il paradiso e l'inferno esistono qui, dentro ognuno di noi. Sono le nostre azioni che creano il paradiso o l'inferno. Quando una persona fa qualcosa di male, dovrà accettarne le conseguenze, questo è certo. Ecco cos'è l'inferno.

Domanda – Quali sono i metodi per progredire sul cammino spirituale?

Madre – Innanzi tutto dobbiamo purificare il nostro carattere. Se versiamo del latte in un recipiente sporco, il latte andrà a male: bisogna innanzitutto pulire per bene il recipiente prima di versarci del latte. Chi desidera progredire spiritualmente deve innanzi tutto sforzarsi di purificare se stesso. Purificare la propria mente significa eliminare i pensieri negativi e inutili e ridurre l'egoismo e i desideri. Per riuscirci è necessario fare uno sforzo. Ciò di cui abbiamo bisogno più di ogni altra cosa è la grazia di Dio. E per ricevere in noi tale grazia, dobbiamo essere umili. La devozione e la meditazione ci preparano per questo.

Attraverso la meditazione otterremo non solo la pace della mente, ma anche prosperità materiale. La meditazione radicata nella comprensione dei princìpi spirituali apre la via all'illuminazione.

La sezione seguente è tratta da un'intervista ad Amma condotta dal documentarista americano Michael Tobias.

Domanda – Amma, qual è la cosa nella tua vita che ti è sembrata più miracolosa?

Madre – Ad Amma niente è sembrato particolarmente miracoloso. Che cosa c'è da meravigliarsi nello splendore esterno? D'altro lato, quando realizziamo che tutto è Dio, ogni oggetto ed ogni momento della vita diventano un miracolo. Esiste forse un miracolo più grande di Dio?

Domanda – Si dice che il nostro amore dovrebbe esprimersi attraverso le nostre azioni. Cosa possono fare le singole persone per mettere in pratica questo insegnamento e diffondere la non-violenza e la compassione?

Madre – Dobbiamo abbandonare l'idea di essere degli individui separati e agire con la consapevolezza di essere parte della Coscienza universale. Solo allora potremo mettere davvero in pratica la compassione e la non-violenza. Ci si domanda se una cosa simile sia possibile. Ma anche se non raggiungiamo pienamente quello stato, non dovremmo per lo meno sforzarci il più possibile di amare e servire gli altri e perseverare in questo nostro obiettivo?

Domanda – Qual è la reazione di Amma ai problemi ambientali del giorno d'oggi?

Madre – La salvaguardia della natura sarà possibile soltanto quando la gente si renderà pienamente conto di esserne parte. Secondo il comportamento che prevale oggigiorno non si pongono ostacoli allo sfruttamento indiscriminato della natura. Se continuiamo in questo modo, l'umanità stessa verrà distrutta. Nei tempi antichi la gente prosperava perché viveva in armonia con la natura.

I *Purana* descrivono la Terra come una mucca che viene munta per ogni necessità. Quando mungiamo una mucca, dobbiamo assicurarci di lasciare abbastanza latte per il vitello, prima di prendere del latte per noi stessi. Le persone a quei tempi amavano e proteggevano la mucca. La consideravano come la loro stessa madre. Questo era il loro atteggiamento verso la natura in generale. Ciò di cui abbiamo bisogno oggi è cominciare a dare a Madre Natura la stessa importanza che diamo alla madre che ci ha messo al mondo. Quando il nostro atteggiamento migliorerà, miglioreranno anche le condizioni ambientali. I problemi ecologici non possono essere risolti senza un cambiamento radicale nell'attitudine mentale della gente.

Domanda – Cosa pensa Amma della protezione di pesci ed animali?

Madre – L'umanità e la natura sono interdipendenti. La gente che vive in zone non adatte all'agricoltura, come per esempio le aree costiere o le regioni polari, dipende dal pesce per la sua alimentazione. E per costruire case ed altri oggetti bisogna tagliare gli alberi. Tutto ciò è necessario, ma dovrebbe essere fatto soltanto secondo i bisogni delle persone. Oggigiorno varie specie di animali, piante ed alberi si stanno estinguendo a causa dell'eccessiva avidità dell'uomo. Molte forme di vita che esistevano una volta sulla Terra sono ormai estinte, perché non hanno saputo sopportare i cambiamenti che si sono verificati in natura. La natura perde la sua armonia quando gli uomini la sfruttano. Se continuiamo a sfruttarla, l'umanità si avvierà all'autodistruzione e farà la stessa fine delle altre specie che si sono estinte.

Il genere umano è parte della natura e di tutti gli esseri viventi sulla Terra. Possiamo prendere dalla natura ciò di cui abbiamo bisogno per sopravvivere, ma abbiamo anche la responsabilità di assicurarci che attingendo alla sua riserva non ne distruggiamo il ritmo e l'armonia.

Immagina di strappare una foglia da un albero per farne un cucchiaio con cui mangiare il *kanji*[8]. Ma se invece di prendere una foglia sola, stacchi tutto il ramo, quale sarà il risultato? Lo fai una decina di volte e l'albero perderà tutti i rami, e nel giro di breve morirà. D'altro lato, raccogliere solo qualche foglia è una piccola perdita che l'albero può facilmente sopportare. Questo dovrebbe essere il nostro atteggiamento tutte le volte che prendiamo qualcosa dalla natura.

In natura, Dio ha creato ogni essere in modo tale che possa essere utile a qualcos'altro. Un pesce piccolo viene mangiato da un pesce grande, e questo viene cacciato da uno ancora più grande. Non c'è niente di sbagliato se gli esseri umani prendono dalla natura soltanto quello di cui hanno bisogno. Ma prendere dalla natura in eccesso è una forma di *himsa* (violenza) e condurrà alla rovina dell'umanità.

Domanda – Come dovremmo comportarci di fronte ai problemi sociali di oggi?

Madre – I problemi di oggi sono causa di seria preoccupazione. È essenziale comprenderne le cause ed affrontarle. Ma il cambiamento deve partire dal singolo. Quando una persona migliora, l'intera famiglia ne trae beneficio, e la società prospera. Perciò dobbiamo essere noi per primi a sforzarci di fare del bene. Quando cambieremo e miglioreremo, tutte le persone che ci stanno attorno ne saranno influenzate e il nostro miglioramento porterà cambiamenti positivi anche in loro. Non possiamo cambiare gli

---

[8] Brodo di riso, alimento tipico nei villaggi del Kerala.

altri semplicemente dando loro dei consigli o rimproverandoli.
Dobbiamo dare l'esempio. Bisognerebbe essere gentili e affettuosi
nei confronti di tutti. Soltanto attraverso l'amore disinteressato
potremo avviare una trasformazione negli altri. Anche se non
vediamo dei risultati immediati, non dobbiamo mai perdere la
speranza o abbandonare i nostri sforzi; per lo meno questi cree-
ranno un cambiamento positivo in noi.

Se continuiamo a cercare di raddrizzare la coda di un cane
mettendogliela in un tubo, la coda non si raddrizzerà, ma per lo
meno svilupperemo i muscoli delle nostre braccia! Così, quando
facciamo uno sforzo con lo scopo di avere un effetto sugli altri,
saremo noi stessi a cambiare in meglio. Ma senz'altro si verificheranno dei cambiamenti anche negli altri, anche se non saremo
in grado di accorgercene subito. Per lo meno i nostri tentativi
aiuteranno a prevenire l'ulteriore degenerazione della società: è
attraverso tali sforzi che siamo in grado di mantenere in essa un
certo grado di armonia.

Una persona che nuota contro corrente magari non riesce a
spostarsi nemmeno di un centimetro ma, grazie ai suoi sforzi, è in
grado di rimanere dov'è senza essere portata via dalla corrente; se
si lascia andare, annega. In modo simile, è essenziale perseverare
nei nostri sforzi.

Ci si potrebbe chiedere: "A cosa serve lo sforzo di una persona
sola nella società, in un mondo così pieno di tenebre?" Ognuno
di noi ha una candela, la candela della mente. Accendetela con la
fiamma della fede. Non preoccupatevi di come potrete percorrere
una strada così lunga con una luce così piccola: semplicemente,
fate un passo alla volta. Vi accorgerete che c'è abbastanza luce
per illuminare ogni passo lungo il cammino.

C'era una volta un uomo sul ciglio della strada, completamente
disperato. Un passante lo vide e gli sorrise. Su quell'uomo, che si
sentiva senza speranze e abbandonato da tutti, quel sorriso ebbe

un effetto incredibile. Il solo pensiero che ci fosse qualcuno che s'interessava a lui tanto da guardarlo e sorridergli gli diede una rinnovata energia. In quel momento si ricordò di un amico che non vedeva da molto tempo e gli scrisse una lettera. L'amico fu così contento di ricevere la lettera che diede dieci rupie ad una povera donna che era lì vicino. Con i soldi la donna comprò un biglietto della lotteria. E, meraviglia delle meraviglie, vinse il primo premio! Camminando verso casa con i soldi della vincita, vide un mendicante malato sdraiato sul marciapiede e pensò: "È grazie a Dio che ho ricevuto questa fortuna inaspettata. Voglio usarne una parte per aiutare questo poveretto." Portò il mendicante all'ospedale e lo fece curare. Quando il mendicante fu dimesso dall'ospedale, gli capitò di vedere un cucciolo abbandonato, affamato, infreddolito e troppo debole per camminare. Il cucciolo guaiva penosamente ed il cuore del mendicante si sciolse. Lo raccolse, lo avvolse in un panno e accese un piccolo falò sul ciglio della strada per riscaldarlo. Divise il suo cibo con il cagnolino che, con tutto questo amore e queste cure, presto riacquistò le forze. Il cucciolo si mise a seguire il mendicante. Quella sera, il mendicante si fermò di fronte ad una casa e chiese il permesso di passare la notte lì. La famiglia permise a lui e al cane di dormire nel portico. Durante la notte, il mendicante e la famiglia furono svegliati dal continuo abbaiare del cucciolo: si accorsero che la casa stava andando a fuoco, proprio vicino alla stanza del bambino! All'ultimo minuto riuscirono a salvare il piccolo e, dandosi da fare tutti insieme, furono in grado di spegnere il fuoco. Così, da una cosa buona nasce l'altra. Il fatto di aver offerto rifugio al mendicante e al suo cane salvò la famiglia. Il bambino crebbe e divenne un santo: un numero incalcolabile di persone trovò pace e gioia grazie alla sua compagnia.

Se analizziamo questa storia, vediamo che tutto è partito dal sorriso di una persona. Quella persona non spese un singolo paisa, sorrise soltanto ad un uomo per la strada. E quel singolo sorriso ha avuto un grande effetto sulla vita di tante persone. Quell'unico sorriso ha illuminato la vita di tanti.

Persino le cose più piccole che facciamo per gli altri possono creare una grande trasformazione nella società. Possiamo non esserne immediatamente consapevoli, ma ogni buona azione porterà certamente frutto. Dovremmo quindi assicurarci di compiere ogni nostra azione in un modo che possa essere di beneficio agli altri. Persino un sorriso ha un valore immenso. Ed un sorriso non ci costa niente. Sfortunatamente, al giorno d'oggi le persone ridono soltanto per prendere in giro gli altri. Non è questo ciò di cui abbiamo bisogno. D'altro lato, dovremmo essere capaci di ridere dei nostri errori e delle nostre manie.

Nessuno è un'isola separata. Siamo tutti uniti l'un l'altro come gli anelli di una catena. Sia che ne siamo consapevoli o meno, con le nostre azioni influenziamo gli altri; i cambiamenti che si verificano in una singola persona si rifletteranno anche su tutti gli altri.

È inutile dire che cercheremo di migliorare noi stessi soltanto dopo che saranno migliorati gli altri. Se abbiamo la volontà di cambiare, anche se gli altri non ce l'hanno, vedremo che si verificheranno dei cambiamenti corrispondenti anche nella società. Non scoraggiatevi se non riuscite a vedere dentro di voi dei risultati tangibili. La trasformazione sta avendo luogo interiormente. Ogni cambiamento positivo in noi creerà senz'altro anche una trasformazione nella società.

Domanda – Il sorriso di Amma sembra avere una qualità speciale. Qual è il motivo?

Madre – Amma non sorride deliberatamente: accade in modo naturale. Quando conosci il Sé, c'è soltanto beatitudine. Ed un sorriso è, dopotutto, una naturale espressione di quella beatitudine. C'è forse bisogno di spiegare il chiaro di luna in una notte di luna piena?

Domanda – Ma a volte vediamo delle lacrime nei tuoi occhi; specialmente quando stai consolando qualcuno. La tua naturale beatitudine è influenzata dalle situazioni esterne?

Madre – La mente di Amma si comporta come uno specchio. Uno specchio riflette qualunque cosa gli appaia di fronte. Quando i figli di Amma piangono, le loro pene si riflettono in lei e affiorano le lacrime. Amma vuole che loro sperimentino la pace mentale. Anche se sembra soffrire, nel suo Sé interiore Amma non prova alcun dolore.

Il discorso immortale

Nel marzo del 1995, Amma e i residenti dell'ashram erano sulla via di ritorno ad Amritapuri dopo la cerimonia di consacrazione del tempio Brahmasthanam di Delhi. Il viaggio sarebbe durato una settimana. Anche durante gli spostamenti, Amma si assicurava che la routine giornaliera delle pratiche spirituali dei suoi figli non fosse interrotta. Dopo aver viaggiato tutto il giorno, il gruppo si fermava lungo un fiume o in riva ad un lago all'ora del crepuscolo. Dopo avere fatto un bagno, tutti si riunivano intorno alla Madre per meditare e cantare i bhajan.

La sera del terzo giorno di viaggio, cercarono da entrambi i lati della strada un fiume o un laghetto, ma non riuscirono a trovarne. Avendo notato che tutti si stavano preoccupando di non poter nuotare quel giorno, Amma disse: "Figli miei, non ci perderemo la nostra nuotata! Non succederà. Ci sarà dell'acqua da qualche parte." La Madre fece fermare il pullman in un determinato punto. Si domandò alle persone del luogo, le quali risposero: "Qui non ci sono né fiumi né laghi. In questa zona l'acqua è scarsa." Udendo queste parole, la Madre rassicurò tutti dicendo: "No, no, la mente di Amma dice che c'è dell'acqua qua vicino. Andate a chiedere di nuovo!" I *brahmachari* andarono un'altra volta a chiedere. Allora alcune persone del luogo si ricordarono: "Ah, sì. Qui vicino c'è una cava. Dove la roccia è stata tagliata e rimossa, si è riempita d'acqua, come un piccolo lago."

La Madre ed il gruppo seguirono le loro indicazioni: camminarono per un breve tratto finché arrivarono a due laghetti colmi d'acqua trasparente. Nuotarono tutti insieme ad Amma con il cuore traboccante di gioia. Poi, il gruppo si raccolse attorno a lei per meditare e per poi unirsi al canto dei bhajan. A quel punto la Madre entrò in uno stato di rapimento, sollevò le braccia al cielo e gridò: "Venite in fretta, figli miei! Accorrete!" Per un po' tutti rimasero seduti in silenzio, immersi nella beatitudine. Poi, rompendo il profondo silenzio, un signore francese di nome Daniel disse: "Amma, noi proviamo una grande gioia quando nuotiamo con te. Ci sentiamo come se fossimo stati sull'Himalaya e avessimo fatto il bagno nel Gange. Quando il programma di Amma a Rishikesh è stato cancellato, eravamo così delusi al pensiero di aver perso l'opportunità di bagnarci nel Gange. Ma adesso non lo siamo più."

Madre – Figli miei, templi e acque sacre aiutano a portare le persone comuni verso la spiritualità, ma solo fino a quando esse non trovano un satguru. Chi si è abbandonato ad un satguru non ha bisogno di andare in cerca di nessun fiume sacro. Un mahatma perfetto è la confluenza di tutti i fiumi sacri. Abbandonarsi completamente ad un Maestro equivale a bagnarsi in tutti i fiumi sacri.

C'è un detto che afferma che la dimora del guru è Benares[9] e l'acqua usata per lavare i piedi del guru è il Gange. Di certo, l'acqua che tocca i piedi di un mahatma è "acqua del Gange". L'acqua della *pada puja* è ricolma dell'energia del mahatma. Se si beve l'acqua della pada puja, non è necessario andare a Benares o in nessun altro luogo. Niente purifica di più dell'acqua della pada puja – è essa il vero Gange.

---

[9] Benares è considerata una delle città più sacre dell'India.

Domanda – Amma, come hanno fatto le acque dei fiumi sacri ad acquisire tanta santità e purezza?

Madre – Tutti i fiumi nascono dalle montagne, e l'acqua è sempre la stessa. Qual è la differenza, allora, tra il Gange e gli altri fiumi? Perché non si contraggono malattie bagnandosi nel Gange?[10]

Molti mahatma si bagnano in fiumi quali il Gange e il Narmada, e molti asceti meditano sulle loro sponde: è ciò a creare la santità di questi fiumi sacri. Un fiume diventa sacro quando dei mahatma vi si immergono. Le loro vibrazioni pure si fondono con l'acqua. Bagnarsi in compagnia di un mahatma è come assaporare un po' della beatitudine di Brahman. Ovunque ci si bagni alla presenza di un mahatma, è come immergersi nel Gange.

Tuttavia, la fede è il fondamento di ogni cosa. Con l'amore e la fede, qualsiasi acqua può diventare sacra. Conoscete la storia di Pakkanar? Un *brahmino* stava per recarsi a Benares ed invitò Pakkanar ad andare con lui per bagnarsi nel Gange ed avere il darshan del Signore Vishwanath di Benares. Ma Pakkanar non poteva e disse: "Visto che comunque ci stai andando, ti sarei estremamente grato se potessi immergere il mio bastone nel sacro Gange e poi riportarmelo." Il brahmino acconsentì e portò il bastone con sé. A Benares, mentre si stava bagnando nel Gange, il bastone fu portato via dalla corrente. Quando il brahmino fece ritorno, spiegò a Pakkanar il modo in cui lo aveva perso. Pakkanar gli disse: "Non preoccuparti, lo posso recuperare!" Si tuffò in un laghetto vicino a casa e riemerse con lo stesso bastone! Disse al brahmino: "Se hai abbastanza fede, qualsiasi acqua può diventare il sacro Gange. E, senza fede, il Gange e lo Yamuna non sono altro che semplice acqua."

---

[10] Qui, la Madre fa riferimento a tutte le fognature e agli scarichi che oggigiorno vengono riversati nel Gange, ai milioni di persone che vi fanno il bagno e ai molti cadaveri che vengono immersi nell'acqua. Nonostante ciò, l'acqua del Gange risulta pura ed incontaminata.

Domanda – Allora, quando Amma è con noi, sono presenti tutte le acque sacre. Ciò nonostante, alcune persone sono andate a Rishikesh e Haridwar[11].

Madre – Il loro abbandono è limitato. Una volta incontrato un mahatma, dovreste avere la fede innocente e l'abbandono di un bambino. Se qualcuno va in cerca di acque e luoghi sacri anche dopo essere arrivato da un Maestro spirituale, significa che la sua fede non è ancora salda. Da un satguru si può ottenere tutto ciò di cui si ha bisogno; non serve andare a cercare altro, in nessun altro luogo.

Conoscete la storia di Ganesha? Ganesha e Muruga videro la loro madre, la dea Parvati (la Madre Divina) con un bellissimo frutto in mano. Entrambi glielo chiesero. La Madre Divina promise il frutto a chi dei due sarebbe riuscito per primo a completare il giro del mondo. Muruga montò sul suo pavone e partì immediatamente. Ma Ganesha, sapendo che l'intero universo esisteva all'interno dei suoi genitori divini, non andò da nessuna parte. Camminò in cerchio attorno ai suoi genitori e chiese il frutto alla madre. Parvati glielo diede con gioia. A ricevere il frutto dell'immortalità fu chi sapeva che l'intera creazione esisteva in Shiva e Parvati, il Padre e la Madre dell'Universo. Allo stesso modo, se prendete rifugio in un satguru, vi verrà dato tutto. Tutte le divinità e tutti i mondi sono contenuti nei sacri piedi del satguru. Una volta che avete sviluppato fede nel vostro Maestro spirituale, non permettetele di vacillare. La vostra fede dovrebbe essere salda e ininterrotta.

Stare vicino ad Amma non è sempre facile. Si possono sperimentare dolori e difficoltà. Non appena dovete affrontare dei piccoli ostacoli, vi potrebbe venir voglia di andarvene; uno

---

[11] Quando la Madre cancellò il suo viaggio nell'Himalaya, alcuni devoti occidentali delusi si recarono a Rishikesh e Haridwar (due luoghi sacri sulle colline ai piedi dell'Himalaya) per conto proprio.

di voi magari vuole andare a Benares, un altro ad Haridwar o sull'Himalaya a compiere pratiche spirituali. Figli miei, non siete consapevoli del modo in cui un mahatma lavora su di voi. Non capite e quindi ne rimanete sconcertati. Amma opera dall'interno, molto in profondità, senza fare alcuna incisione esterna. Amma opera e crea delle profonde trasformazioni; rimuove le vostre vasana in modo sottile, senza che voi ve ne accorgiate. Può essere necessario eliminare molte cose. Amma rimuove il pus dalle ferite che avete dentro, e questo a volte è doloroso.

La Madre deve estrarre molte cose. È come una calamita che si muove sotto la superficie di un tavolo: sopra c'è della limatura di ferro e voi vedete solo questo; la calamita non si vede. Quando la calamita si sposta, anche la limatura di ferro si sposta e si riposiziona, senza che voi siate in grado di capirne il come o il perché. Voi non capite e, poiché il processo è doloroso, magari volete scappare via.

In presenza di un satguru le vostre vasana muoiono rapidamente. Quando tutte le vasana sono estinte, avviene la realizzazione.

Figli miei, se svolgete pratiche spirituali per conto vostro, forse non sarete nemmeno in grado di rimuovere il prarabdha di cento vite, ma se fate pratiche spirituali alla presenza di un satguru potete eliminare il prarabdha di mille vite.

Compiere pratiche spirituali alla presenza di un satguru è come scavare un piccolo buco vicino ad un fiume – troverete sicuramente l'acqua. Compiere pratiche spirituali per conto proprio senza la guida di un Maestro è come cercare l'acqua scavando in una roccia.

Un discepolo che si è completamente abbandonato al suo Maestro non lo lascerà. Il pensiero di andarsene non lo sfiorerà nemmeno. Se anche arrivasse Dio, il discepolo rimarrebbe con il Maestro invece di andarsene con Dio; il discepolo sceglierebbe il guru.

C'era una volta un grande saggio che aveva molti discepoli. Un giorno li radunò tutti ed annunciò: "A causa del frutto delle mie azioni passate, tra breve questo corpo verrà affetto da lebbra e cecità. Io mi trasferirò a Benares. C'è qualcuno tra voi disposto a venire con me per servirmi nei giorni di sofferenza che mi aspettano?"

I discepoli si guardarono l'un l'altro con espressioni sconvolte ed allarmate, ma nessuno disse nulla. Poi, il più giovane si alzò in piedi e disse: "Riverito Maestro, verrò io con voi."

Ma il guru replicò: "Figlio, tu sei troppo giovane e non sai ancora cosa significa servire."

Il giovane disse: "Venerabile Maestro, sono pronto e verrò senz'altro con voi!"

Il Maestro cercò di dissuaderlo, ma il discepolo non cedeva – tanto intenso era il desiderio di servire il guru. Infine il Maestro ed il suo giovane discepolo partirono per Benares. Non appena arrivati, il Maestro contrasse la terribile malattia e perse la vista. Giorno dopo giorno il discepolo serviva con devozione il guru. Non lo lasciava mai solo, se non per andare ad elemosinare il cibo o per lavargli i vestiti. Era costantemente impegnato a prendersi cura del Maestro e faceva ogni sforzo per andare incontro anche alle sue più piccole necessità.

Nonostante la devozione incrollabile e l'assoluta dedizione del ragazzo, il guru spesso lo rimproverava severamente e lo accusava di errori che non aveva commesso. Lo sgridava dicendogli che i vestiti non erano lavati bene, o che il cibo era andato a male. Altre volte, però, il Maestro era molto affettuoso e amorevole, e diceva di causare al discepolo un gran numero di problemi.

Un giorno il signore Shiva apparve al discepolo e disse: "Sono molto compiaciuto della tua devozione e dedizione al tuo

Maestro. Ti concedo una grazia." Ma il discepolo non voleva chiedere niente senza prima ricevere il permesso del suo guru e così corse dal Maestro, s'inchinò di fronte a lui e disse: "Mio riverito Guru, posso chiedere al Signore Shiva il favore di rimuovere la tua malattia?"

Il guru rispose in tono arrabbiato: "Tu non sei un mio discepolo ma un mio nemico! Desideri farmi soffrire di più facendomi rinascere? Non vuoi che esaurisca il mio prarabdha adesso e raggiunga la liberazione in questa vita?"

Il discepolo tornò tristemente dal Signore Shiva e disse: "Signore, perdonami, ma il mio Maestro non mi permette di chiedere l'unica cosa che desidero. E, per quanto mi riguarda, non c'è niente che io voglia per me stesso."

Passarono gli anni e il discepolo, che era la personificazione della devozione, continuava a servire il Maestro con lo stesso amore e risoluto abbandono. Un giorno, mentre si stava recando in città per elemosinare cibo, gli apparve il Signore Vishnu che disse: "Figlio mio, sono molto compiaciuto della tua devozione e dedizione al tuo Maestro. Sono pronto a concederti qualunque favore tu chieda. Non hai chiesto niente al Signore Shiva, non deludere anche Me."

Il discepolo chiese al Signore: "Sebbene io non ti abbia mai servito e non mi sia nemmeno ricordato di Te tutti i giorni, come fai a dire che sei soddisfatto del mio servizio?"

Il Signore Vishnu gli sorrise e disse: "Non c'è differenza fra Dio ed il guru. Dio e il guru sono una cosa sola. È il servizio verso il tuo Maestro a farmi contento."

Il discepolo chiese di nuovo al Maestro il permesso di esprimere un desiderio. Il guru gli disse: "Se vuoi un favore per te stesso, fa' pure, ma non chiedere niente per me."

Il discepolo tornò dal Signore Vishnu e disse: "Signore, accordami più conoscenza e saggezza, in modo che io possa capire meglio come servire il mio Maestro secondo i suoi desideri. La maggior parte delle volte, a causa della mia ignoranza, non riesco a capire cosa preferisca. Signore, concedimi la conoscenza, in modo che io possa servire bene il mio guru." Il Signore Vishnu fu soddisfatto e disse: "Così sia."

Quando il discepolo tornò dal Maestro, questi gli chiese quale favore avesse richiesto al Signore. Il discepolo descrisse l'accaduto.

All'improvviso, tutti i sintomi della lebbra scomparvero dal corpo del Maestro ed egli riacquistò immediatamente la vista: sorrise al discepolo, che era sbalordito, e lo abbracciò.

Il mahatma si era auto-imposto la lebbra e la cecità per mettere alla prova la devozione e la dedizione del suo discepolo più giovane. Essendo stabilito permanentemente nella Verità suprema, il Maestro non aveva mai avuto nessun prarabdha da esaurire. Benedì il discepolo con il dono della conoscenza suprema e disse: "Sono molto contento della tua devozione. I discepoli che servono il loro Maestro con la stessa devozione e dedizione che hai dimostrato tu nei miei confronti, saranno sempre protetti da ogni male e pericolo. Possano tutti i discepoli e i loro discepoli nei tempi a venire essere benedetti grazie a te."

Figli, adesso siete come dei bambini. Giocate e ridete con Amma, godendovi la sua compagnia. Ma non capite cosa Amma stia facendo, o chi sia veramente Amma. Guardate soltanto la Madre esteriore. Quasi nessuno è interessato alla Coscienza suprema che sta dietro; non avete l'urgenza di conoscere il Sé all'interno. In realtà non volete la vera Madre.

Quando un bimbo piange, la madre gli mette un succhiotto in bocca e lui lo ciuccia. Ciò di cui un bambino affamato ha davvero bisogno è il latte. Ma qui, voi bambini vi sentite contenti con un succhiotto. Il mondo esterno è come un succhiotto. Figli, voi vi accontentate di giochi e risate. Vi divertite con gli oggetti dei sensi. Amma viene dove voi, figli, state giocando e vi mette in bocca qualcosa da mangiare. Ma poiché siete così impegnati nei vostri giochi, non apprezzate il valore del cibo che la Madre vi dà. Non farete progressi se continuerete soltanto a girovagare visitando templi e luoghi sacri.

Figli miei, dovete coltivare uno spirito d'innocenza. Saranno la vostra innocenza e purezza di cuore a salvarvi. Tutto è possibile con la fede e la fiducia di un bambino.

Domanda – Ma non abbiamo più quell'innocenza, vero, Amma? Non abbiamo perso il cuore di bambino?

Madre – No, non avete perso l'innocenza. È ancora lì, dentro di voi. Non diventate forse spontaneamente come bambini quando giocate con un bimbo? Vi mettete al suo livello. Quando imboccate un bambino, non aprite anche voi la bocca, per essere imboccati, proprio come lui? Quando giochiamo con i bambini, ci dimentichiamo di ogni cosa, diventiamo come loro e siamo felici. Ci dimentichiamo del nostro egoismo perché diventiamo una cosa sola con il loro cuore innocente.

Ma spesso la testa blocca la strada al cuore. Dobbiamo abbandonare la mente razionale e tuffarci profondamente nel cuore. Abbracciate il cuore, figli miei. Se per terra viene lasciato un misto di sabbia e zucchero, arrivano le formiche e si mangiano solo lo zucchero, gustandone la dolcezza. Ma un essere umano, che funziona con l'intelletto, non è in grado di farlo. Con l'intelletto rovina tutto. Per assaporare la dolcezza, dobbiamo aprire il cuore.

Domanda – Amma, senza rendercene conto, andiamo dove ci dice la mente. Come possiamo fare?

Madre – Figli miei, fino ad ora avete riposto la vostra fede nella mente. Ma la mente è come una scimmia che salta di ramo in ramo, da un pensiero all'altro, e continuerà a farlo fino all'ultimo momento. La mente sarà presente fino alla fine. Fare della mente la vostra compagna è come avere per amico uno sciocco: creerà sempre qualche problema e voi non troverete mai nessuna pace. Se stiamo in compagnia degli sciocchi, lo diventeremo anche noi. È insensato riporre fiducia nella mente e seguirla. Non restate intrappolati dalla mente. Bisognerebbe sempre tenere a mente la meta finale, la realizzazione del Sé. Non dovremmo lasciarci sviare da nessuna distrazione lungo il cammino.

Vi portate dietro tutto il vostro *samskara,* e quindi dovete procedere poco per volta, passo dopo passo. È un processo lento che richiede fede e sicurezza. È importante rimanere distaccati dai propri pensieri e rifiutare di farsi trasportare dalla mente.

Domanda – Amma, per quanto mi sforzi, nella mente continuano a sorgere brutti pensieri.

Madre – Non temere. Non dare alcuna importanza a tali pensieri quando nascono. Immaginiamo di fare un pellegrinaggio in pullman. Osserviamo lo scenario attraverso il finestrino: a volte è molto bello, a volte no. Ma per quanto interessanti siano le cose che vediamo, ce ne dimentichiamo non appena il pullman le ha superate. Non lo fermiamo ogni volta che vediamo qualcosa di bello. Apprezziamo la bellezza, ma continuiamo il nostro viaggio senza fermarci, mantenendo la mente focalizzata sulla meta. Altrimenti non arriveremo mai. Dobbiamo concentrarci sulla nostra destinazione. Lasciate passare i pensieri e le vasana che sorgono nella vostra mente proprio come il panorama osservato dal finestrino del pullman. Non lasciatevi catturare da loro. In questo modo, non avranno una grande influenza su di voi.

La mente è divisa in due "parti": una rimane concentrata sulla meta e desidera intensamente la realizzazione. L'altra osserva soltanto il mondo esterno. Tra le due c'è una battaglia in corso. Se non vi identificate con i pensieri che sorgono nella mente e non gli concedete alcuna importanza, non ci sono problemi.

In questo momento la vostra mente assomiglia ad uno specchio sul ciglio della strada, che riflette tutto ciò che passa. Allo stesso modo, la mente si dirige all'esterno verso tutto ciò che vede o sente.

Però a noi manca una qualità che invece lo specchio possiede: anche se esso riflette ogni cosa in modo chiaro, niente lo coinvolge; tutto svanisce non appena si allontana dal suo campo. Lo specchio non ha attaccamento nei confronti di niente. La nostra mente dovrebbe essere così. Dovremmo immediatamente lasciar andare qualsiasi cosa vediamo, ascoltiamo o pensiamo, come una scena di passaggio lungo la strada. Non bisognerebbe essere attaccati a nulla. Dovremmo sapere che i pensieri che nascono e muoiono appartengono alla mente ma non hanno alcun effetto sul Sé. Vivete come semplici testimoni.

Se desiderate godervi la bellezza di un fiume che scorre rapido – non solo dell'acqua, ma anche dei pesci, di tutto ciò che dimora nell'acqua, di ogni cosa, inclusa la natura del fiume – la cosa migliore è sedersi sulla riva ad osservare. Se saltate in acqua, correte il rischio di esser portati via dalla corrente e anche di annegare; e non sarete in grado di sperimentare la bellezza del fiume. In modo simile, vivete come testimoni, senza farvi catturare dal flusso della mente. Imparate a mantenere il distacco.

Dovremmo controllare la mente ed avere il potere di fermarla – come i freni di un'auto nuova che controllano la velocità e fermano il veicolo quando è necessario.

Le persone hanno fede nella propria mente ma non nel Maestro spirituale. Ma fidarsi della mente è come mettersi nelle mani di uno sciocco. La mente è sciocca, le piace riflettere soltanto la superficie di tutto ciò che vede, senza comprendere la verità più profonda.

Il *satsang* è molto importante, vi aiuterà a sviluppare il potere della discriminazione e vi porterà la pace; ma è necessario anche lo sforzo personale. Il sentiero che dobbiamo percorrere è pieno di ostacoli. Bisogna essere sempre vigili, come se stessimo attraversando un ponte in disuso da molto tempo e ricoperto di fango scivoloso. Rischiamo di cadere in ogni momento, e quindi dobbiamo fare attenzione ad ogni passo. Se ci capita di cadere, dobbiamo rialzarci. La caduta in realtà avviene affinché possiamo esercitarci a rialzarci. Vittorie e sconfitte sono la natura stessa della vita. D'ora in poi, fate ogni passo con maggiore cautela. Non è bene rimanere passivi in una situazione difficile o negativa. Sappiate che il rischio di cadere rimarrà fino all'ultimo momento, fino ad un istante prima della liberazione.

Quando nella nostra mente sorgono desideri, rabbia e gelosia dobbiamo usare la nostra discriminazione. Siate vigili mentre procedete, figli miei, poiché potreste cadere in ogni istante.

Domanda – Nel caso dovessimo cadere, Amma ci aiuterà a rialzarci?

Madre – Sappiate che Amma è sempre con voi. Abbiate fede. Figli miei, non c'è bisogno di aver paura. Ma da parte vostra sono necessari lo sforzo e la perseveranza. Se chiamate Amma con fede ed innocenza, lei è sempre pronta ad aiutarvi. Se cadete, rialzatevi. Trasformate la caduta in un'ascesa.

Domanda – I mahatma che hanno realizzato il Sé hanno preferenze o avversioni?

Madre – No, in quello stato ogni cosa è uguale; non ci sono preferenze. C'è solo il testimone che osserva. Un mahatma è padrone della sua mente e può sempre dire di no. Se il mahatma vuole giocare, usa la mente per farlo, ma sa controllarla e fermarla in qualsiasi momento. La mente di un mahatma assomiglia ai freni di un'automobile di lusso: quando li premi, anche ad alta velocità, l'auto si blocca immediatamente, senza slittare.

Le persone comuni sono controllate dalla loro mente, si muovono secondo i suoi ordini. Al contrario, un mahatma ha la propria mente saldamente in pugno; la mente non ha alcun potere su di un mahatma. Egli è semplicemente il testimone di tutto. Amma sta parlando di veri mahatma, non di coloro che vanno in giro affermando di essere liberi da tutti i legami, mentre nutrono ancora dentro di sé collera e desideri.

Il Signore dello Yoga, protettore del dharma

Domanda – La personalità del Signore Krishna permea tutta la storia della cultura indiana. È difficile però riuscire a capire molte delle sue azioni, alcune delle quali potrebbero addirittura sembrare ingiuste. Cosa può dire Amma a questo proposito?

Madre – Per chiunque abbia davvero compreso l'Essere supremo, Sri Krishna, non ci sono dubbi sulle sue azioni. La sua vita continuerà ad essere un modello per la gente delle epoche a venire, proprio come lo è stato in passato. La sua gloria è insuperabile. La storia della sua vita è fonte di gioia ed ispirazione per persone di ogni ceto, classe e cultura.

Se un ristorante propone solo un tipo di cibo, attirerà unicamente coloro a cui piace quella particolare cucina. Ma se offre un'ampia scelta di piatti, verranno attirati tipi diversi di persone e ci sarà qualcosa per ognuno di loro. Gli insegnamenti del Signore Krishna sono adatti a tutti: Egli non venne sulla terra per una particolare categoria della società; mostrò a tutti, anche a prostitute, ladri e assassini, il sentiero verso il progresso spirituale.

Il Signore ci ispira a seguire il nostro dharma. Il suo non è un invito a comportarsi ingiustamente o a persistere in azioni

adharmiche. Krishna ci sprona a vivere secondo il nostro dharma in modo risoluto per poi avanzare nella vita verso la meta ultima.

Il Signore non ci chiede di perdere tempo a rimuginare e a piangere sugli errori passati. Tutt'altro: ci insegna a correggere i nostri errori e a procedere. Non esiste peccato che non possa essere lavato via dalle lacrime del pentimento. Ma una volta che sappiamo ciò che è giusto, non dobbiamo continuare a ripetere gli stessi errori. La mente deve sviluppare la forza necessaria per rimanere sulla retta via. Il Signore ci ha mostrato come farlo. Ha indicato la via migliore per ognuno di noi. Ci ha insegnato come progredire dal livello in cui siamo. Il sentiero di una persona non necessariamente è adatto a qualcun altro. Questo non significa che ci siano difetti nel Signore o nei suoi insegnamenti, dimostra soltanto che Egli ha tenuto conto delle differenze nel *samskara* delle persone.

L'Essere supremo, Sri Krishna, venne a risollevare tutti. La gente critica alcune delle sue azioni solo perché non si sforza veramente di capirlo. Osservando il panorama da terra, possiamo vedere valli e colline, campi e foreste. Ma se guardiamo la stessa scena dall'alto, vedremo un'unica distesa verde. Quindi, in realtà, tutto dipende dal nostro punto di vista. Se analizziamo le azioni del Signore secondo la prospettiva corretta, possiamo chiaramente vedere che ogni sua azione aveva lo scopo di elevare spiritualmente le persone. Se invece osserviamo con occhi offuscati dai dubbi, tutto ci sembrerà sbagliato. Coloro che vedono il mondo in questo modo non riescono a cogliere i lati positivi di nessuno. Questa non è colpa di Dio; ciò è dovuto ad un difetto del loro samskara interiore. Ma il Signore Krishna indicò la via del progresso spirituale anche a queste persone. Se l'India è decaduta tanto, è proprio perché gli insegnamenti del Signore non sono stati assimilati nel modo corretto.

Una bambina riceve un regalo di compleanno splendidamente confezionato con una carta dai colori sgargianti. Affascinata dall'incarto, non si preoccupa nemmeno di aprire il pacchetto e non trova il regalo di valore che c'è all'interno. Questo è ciò che è successo alla gente nei confronti del Signore Krishna. Alcuni sono stati affascinati dai miracoli che ha compiuto, altri nelle sue azioni hanno visto soltanto errori e l'hanno criticato. Nessuna delle due parti ha afferrato la vera essenza; entrambe si sono fatte sfuggire il Signore! Sia gli uni che gli altri hanno buttato via il frutto e si sono messi a litigare per la buccia! Non erano pronti per afferrare il messaggio della sua vita. Invece di riversare le nostre lodi o critiche sui mahatma, dovremmo assimilare il messaggio della loro vita gloriosa. In questo modo, noi stessi potremo condurre una vita di pace e beatitudine, e diventare un modello per il mondo.

Domanda – Durante la guerra del Mahabharata, il Signore non deviò forse dal sentiero della verità in molte occasioni?

Madre – Non possiamo capire o assorbire veramente il significato delle azioni del Signore con la nostra mente limitata. Ogni sua azione, ogni suo gesto, erano fermamente radicati nel dharma. È impossibile comprendere le azioni di un mahatma da un punto di vista ordinario. Solamente con una profonda contemplazione e un cuore puro possiamo intuire anche solo vagamente il significato delle azioni di un mahatma.

Un mahatma non ha ego. È come un uccello; le leggi del traffico stradale non valgono per gli uccelli in cielo. Ma le persone che hanno ancora l'ego devono invece vivere secondo determinate regole.

Il Signore si comportò sempre nel modo appropriato ad ogni particolare circostanza. Egli aveva un solo obiettivo: ristabilire il dharma. Riconosceva la posizione dei singoli, ma quando si occupava della società, le accordava la massima importanza. Osservate lo Sri Krishna della *Bhagavad Gita*. Lui, che rivelò il suo insegnamento sul Sé supremo, non partecipò certo alla guerra per un interesse personale.

Domanda – Durante una guerra, migliaia di persone perdono la vita. Il Signore Krishna non appoggiò quindi la violenza quando esortò Arjuna a combattere?

Madre – Il Signore Krishna non voleva la guerra. Il suo era un atteggiamento di estrema tolleranza. Ma quando la tolleranza di un potente incoraggia qualcuno a far del male agli altri e ad indulgere nella violenza, allora la tolleranza diventa una violenza anche più grande. Se la nostra tolleranza rende un altro più egoista, è meglio abbandonarla. Ma bisogna fare attenzione a non nutrire alcun sentimento di vendetta o risentimento nei confronti di quella persona. Non dobbiamo essere contro la persona, ma soltanto contro le azioni sbagliate che la persona commette.

Il Signore non nutriva alcun odio nei confronti di Duryodhana. Voleva solamente che lui abbandonasse i suoi metodi malvagi. Questo era necessario per il benessere della gente e del paese. È soltanto perché non c'era altro modo per raggiungere quell'obiettivo che l'Essere supremo, Sri Krishna, diede il suo consenso alla guerra. Lui, che era in grado di distruggere il mondo intero, fece la promessa solenne che non avrebbe usato armi, ma che avrebbe partecipato soltanto come cocchiere. Ciò non dimostra forse che Egli non aveva alcun interesse nel combattere?

Se Duryodhana avesse offerto ai Pandava anche solo una casa in cui vivere, Sri Krishna avrebbe acquietato i Pandava e li avrebbe convinti ad accontentarsi. Ma i Kaurava rifiutarono di dimostrare anche quel minimo di compassione[12]. Furono i Kaurava, Duryodhana in particolare, a spingere gli altri alla guerra.

Quando una nazione è nelle mani di un governante che è la personificazione dell'ingiustizia, ciò potrebbe causare la distruzione del mondo. Persone simili dovrebbero essere allontanate dal potere il prima possibile, con qualsiasi mezzo necessario. Questo significa dimostrare compassione nei confronti della società. Quando si taglia un albero velenoso, magari vengono distrutte anche delle pianticelle adiacenti. Quando si pianta un albero da frutta, può darsi che sia necessario sradicare alcune piccole piante per far posto all'alberello. Ma considerate quanto sarà utile alla società l'alberello quando crescerà e diventerà un grande albero. Inoltre molte altre piante cresceranno rigogliose alla sua ombra. Vista da questa prospettiva, la distruzione iniziale di alcune piante, se pur a malincuore, è una perdita accettabile e non è una violenza nel vero senso della parola.

Se si fosse permesso a Duryodhana di vivere, egli avrebbe invaso altri regni e ucciso un numero di persone maggiore di quelle che morirono nella guerra del Mahabharata. Le sue azioni, inoltre, avrebbero recato in futuro un danno ancora più grande alla società e alla civiltà. È di gran lunga preferibile proteggere il dharma, anche a costo di qualche vita, che permettere a persone adharmiche di governare indeterminatamente, a costo di molte più vite e a costo della completa degenerazione del dharma. Questo è ciò che fece Sri Krishna: Egli protesse il dharma. La guerra era l'unica opzione disponibile se si voleva che il dharma sopravvivesse. Ciò che fece il Signore era assolutamente appropriato. Se avesse agito per il proprio tornaconto, qualcuno potrebbe

---

[12] Metà del regno apparteneva ai Pandava. Dopo essere ritornati da 12 anni di esilio, i Pandava si aspettavano che venisse loro restituita la metà del regno, ma il cugino Duryodhana rifiutò.

magari criticarlo; ma nessuna delle sue azioni era egoista. Egli non agì per se stesso o per la propria famiglia. Il motivo, dietro tutto quello che fece, era la protezione e la salvaguardia del dharma, per permettere alla gente di vivere con gioia e serenità.

Domanda – È giusto che il Signore abbia esortato Arjuna a combattere?

Madre – Il Signore ci ha insegnato a vivere con la comprensione del dharma e dell'adharma. Ci ha insegnato che anche la guerra è accettabile se non c'è altro modo per proteggere il dharma. Ma Lui non ha mai agito in modo impulsivo. Ha dimostrato che bisogna arrivare alle armi soltanto se i nemici rifiutano di seguire il sentiero del dharma, persino dopo aver offerto loro ampie opportunità di correggere i propri errori.

Ogni persona ha il proprio dharma e dovrebbe essere disposta a vivere conformemente; altrimenti sia l'individuo che l'intero ordine sociale ne subiranno le conseguenze negative. Un mahatma non desidera il male di nessuno, e non ha un particolare attaccamento verso qualcuno. L'unico desiderio delle grandi anime è che nella società sia rispettato il dharma. Esse lavorano per questo obiettivo, secondo le circostanze che prevalgono in quel momento.

Se la stanza di una casa ha preso fuoco, consiglieresti alle persone di rimanere sedute a meditare? No. Li esorteresti a gettare dell'acqua sul fuoco per spegnerlo il prima possibile. Se necessario, non esiteresti a tagliare alcune piante o rami di alberi e ad usarli per cercare di estinguere il fuoco. Sarebbe la cosa giusta da fare in una situazione simile. Questo è ciò che fece Krishna. Una persona coraggiosa, che dopo una ponderata riflessione ha adottato il giusto modo d'agire, non si darebbe mai alla fuga, poiché ciò significherebbe andare contro il dharma.

Un mahatma dà più importanza al benessere della società che alla felicità o alla tristezza di una singola persona. Se si fosse permesso a Duryodhana e ai suoi alleati di prosperare, la società sarebbe sprofondata nel male. Il Signore Krishna sapeva che il dharma poteva essere salvato solo eliminando quegli individui. Questa è la ragione per cui spronò Arjuna a combattere. Rimanere passivamente a guardare mentre il male avanza, senza prendere alcun provvedimento e senza preoccuparsene, è un male anche peggiore.

Fu Duryodhana a causare la guerra. Sri Krishna gli indicò diverse soluzioni per evitarla, ma Duryodhana rifiutò di accettare i suoi consigli.

I Kaurava si erano impadroniti di ogni loro possedimento usando mezzi illeciti. Avevano barato nella partita a dadi e si erano presi tutti gli averi dei Pandava. Questi, d'altro canto, si mantennero fedeli al principio della verità, senza mai abbandonarlo. Il Signore cercò di negoziare per loro, ma i Kaurava non cedettero. Krishna spiegò ai Kaurava che i Pandava non volevano tutto il regno; la metà sarebbe bastata. I Kaurava rifiutarono. A quel punto, il Signore chiese loro di dare ai cinque Pandava una casa ciascuno in cui poter vivere. Essi dissero di no. E una casa sola? Il Signore era disposto ad accettare anche così poco. Infine, solo quando i Kaurava diventarono così arroganti da dichiarare che non avrebbero dato ai Pandava nemmeno lo spazio di terra da poter pungere con uno spillo, il Signore Krishna accettò l'inevitabilità della guerra. Quali sarebbero state le conseguenze per la società se si fossero tollerate persone così adharmiche? Ricordiamoci poi che non si trattava di persone comuni, ma dei regnanti del paese! Se questo fosse caduto nelle mani di tali governanti, ne sarebbe risultata una completa rovina. Il bene e il dharma sarebbero scomparsi da quella terra, con conseguente decadenza del popolo e del paese. Il dharma di un mahatma consiste nell'eliminare l'adharma, ristabilire il dharma e proteggere le persone. Per raggiungere questo obiettivo, Krishna adoperò i Pandava come suoi strumenti.

I governanti dovrebbero considerare i propri sudditi come fossero i loro amici e i loro parenti. Ma i Kaurava li consideravano come dei nemici. Che cosa ci si può aspettare di buono da dei capi che trattano ingiustamente persino i propri cugini?

Il Signore Krishna era infinitamente disposto al perdono. Partì per consigliare i Kaurava sul dharma. Ma quando giunse alla corte reale, essi cercarono di disonorarlo. Permettere a persone simili di agire indisturbate, per qualsiasi ragione, significherebbe perpetrare una grande ingiustizia nei confronti della società e del dharma.

Il Signore provò con tutti i quattro mezzi tradizionali: la conciliazione, la benevolenza, il rimprovero e la punizione. Solo dopo aver constatato il fallimento di tutti questi metodi, Egli fece ricorso alla guerra per eliminare i responsabili dell'adharma.

C'era un volta un Maestro spirituale che aveva un discepolo arruolato nell'esercito. Scoppiò una guerra contro un'altra nazione. Ma il discepolo non aveva mai combattuto contro un vero nemico. Avendo ascoltato molti racconti terribili, si spaventò non appena sentì la parola "guerra". Fu così che disertò, andò dal Maestro e gli disse che non aveva più intenzione di lavorare e che voleva diventare un sannyasi. Il nemico avanzava. Il Paese sarebbe stato in pericolo se non ci fossero stati abbastanza soldati per difenderlo. Il Maestro sapeva che il suo discepolo voleva diventare un rinunciante soltanto per paura e non per vero distacco. Perciò infuse coraggio nel discepolo e lo rimandò sul campo di battaglia. Il Maestro non fece così perché aveva degli interessi personali nella guerra, ma perché in quel particolare momento il dovere del discepolo era di combattere, visto che era un soldato. Non è mai giusto comportarsi da codardi e darsi alla fuga; né potrà mai una persona a cui manca il coraggio raggiungere la liberazione prendendo i voti monastici. Il Maestro insegnò al discepolo quale fosse il dharma a lui appropriato e gli diede la forza per adempiervi.

Sarebbe giusto dire ad un soldato sul campo di battaglia di rinunciare a tutto e di diventare monaco, perché quello è il sentiero che conduce alla liberazione? I soldati hanno la responsabilità di salvaguardare la sicurezza del loro paese. Se non compiono il loro dovere, tradiscono sia se stessi sia la nazione. Quando la sicurezza di un paese è a rischio, il dharma di un soldato non è di lasciare il mondo e diventare monaco, ma di combattere il nemico. Se in quel frangente il soldato decide di rinunciare ad ogni cosa, non ci riuscirà: la natura non lo permetterà.

I grandi maestri spirituali nascono per rendere la gente consapevole del dharma e per condurre il mondo verso la rettitudine. Se i soldati non compiono il loro dovere, il paese sarà in pericolo e la popolazione ne soffrirà. Per evitare questo, l'unico consiglio che un vero Maestro può dare ad un soldato è di compiere correttamente il proprio dovere. Ciò non significa che i grandi maestri appoggino uccisioni e violenze. Semplicemente, incoraggiano le persone a seguire il sentiero del dharma appropriato in quella particolare situazione. Quindi, dovremmo esaminare tutte le circostanze quando valutiamo le parole e le azioni di un mahatma.

La situazione di Arjuna non era diversa da quella del soldato della storia. Anch'egli espresse l'intenzione di rinunciare a tutto. Il suo desiderio nasceva dall'attaccamento che provava verso gli amici e i parenti che erano schierati sull'altro lato del campo di battaglia. A quel punto, però, il dharma di Arjuna non era di rinunciare al mondo, ma di combattere nella guerra. Il suo desiderio di rinuncia non derivava da una lucida comprensione

dell'eterno e del relativo; derivava dall'attaccamento. Il Signore
lo sapeva, e perciò esortò Arjuna a combattere.

Il Signore non disse ad Arjuna di partecipare alla battaglia per
amore della guerra in sé. Lo spronò a seguire il proprio dharma.
Se il Signore avesse voluto la guerra, avrebbe potuto convincere
i Pandava a combattere molto tempo prima, senza bisogno di
aspettare. Se si devia dal proprio dharma per attaccamento o per
paura, o per qualsiasi altra ragione, si crea un effetto dannoso
per la società e l'intera nazione. I mahatma lo sanno, e quindi
esortano le persone a seguire il sentiero del dharma adatto alle
circostanze.

Coloro che conoscono il Sé sono sempre compassionevoli e
desiderano veder prosperare la società nella pace e nell'armonia,
evitando discordie e conflitti. Ciò può essere conseguito solo se
prevale il dharma. Questo è il modello che Sri Krishna, l'Essere
supremo, ci presenta.

Domanda – Sebbene si dica che tutti erano uguali agli occhi di
Krishna, il Signore non aveva un attaccamento particolare verso
i Pandava?

Madre – Nessuna azione del Signore nasceva dall'attaccamento.
Una persona che non prova attaccamento verso i propri parenti,
inclusi i figli, potrebbe forse essere attaccato a qualcun altro?
Krishna non perse l'equanimità nemmeno quando, in seguito,
i suoi figli e parenti si misero a combattere tra loro e morirono
a causa della loro arroganza. Non ci fu alcun cambiamento
nell'espressione del suo volto. Nessuna persona può illuminare il
sentiero del dharma per il mondo se conserva la minima traccia
di attaccamento. Una mente offuscata dall'attaccamento non può
distinguere tra giusto e sbagliato.

Il Signore non mostrò alcuna preferenza tra Duryodhana
ed Arjuna quando si recarono entrambi a chiedere il Suo aiuto

prima della guerra. Diede loro quello che volevano. Quando Duryodhana chiese l'esercito di Krishna, il Signore glielo concesse senza alcuna esitazione. Arjuna non chiese altro che il Signore stesso. Arjuna non esitò nella sua decisione nemmeno quando Sri Krishna gli spiegò che in battaglia Egli non avrebbe impugnato le armi. Fu grazie alla devozione disinteressata e all'abbandono di Arjuna, e non per un senso di attaccamento, che il Signore si schierò con i Pandava.

Ad una persona viene offerta dell'acqua, ma essa la rifiuta e allontana il boccale. Un'altra persona, tormentata dalla sete, desidera intensamente dell'acqua e ne riceve tanta quanta ne desidera. Può questo essere definito attaccamento da parte di chi offre l'acqua? Duryodhana non voleva il Signore; voleva il suo esercito. Arjuna non desiderava affatto le armi del Signore; voleva solo il Signore. Krishna esaudì i desideri di entrambi.

Il Signore mantenne la promessa e divenne il cocchiere di Arjuna. Quando, sul campo di battaglia, Arjuna prese rifugio nel Signore come suo discepolo, il Signore rivelò ad Arjuna il suo dharma, con le parole della *Bhagavad Gita*. In questo modo, quando l'origine delle proprie azioni è libera da attaccamenti, la conoscenza del Sé diventa la guida che indica il cammino. Il Signore mostrò sia ad Arjuna che a Duryodhana la sua forma cosmica. Duryodhana la derise considerandola un trucco di magia. Ma Arjuna credette, e si abbandonò ai piedi del Signore. La fede e l'umiltà di Arjuna guadagnarono ai Pandava la vittoria.

Soltanto grazie alla presenza di Sri Krishna tra loro, i Pandava riuscirono a perdonare i Kaurava per le loro gravi ingiustizie. Se non ci fosse stato Krishna, i Pandava avrebbero distrutto Duryodhana da tempo. Il sentiero del dharma non è lastricato da impulsività o arroganza, ma dalla massima tolleranza ed umiltà. Questo è ciò che il Signore ha mostrato al mondo con l'esempio dei Pandava.

Domanda – È giusto ricorrere alla violenza, anche se lo si fa per proteggere il dharma?

Madre – Nel giudicare se un corso d'azione è violento o meno, non dobbiamo soltanto esaminare l'azione in sé. È l'attitudine dietro l'azione che è importante.

Una donna assume una ragazza per le pulizie di casa e le dà molto più lavoro di quanto sia in grado di svolgere. Nonostante la ragazza si impegni energicamente, non riesce a sostenere tutta quella mole; finisce in lacrime per esser stata sgridata dalla padrona e non ha nessuno che la consoli. La stessa donna dà uno schiaffo alla figlia perché spreca tempo a giocare invece di fare i compiti; questa si siede in un angolo della stanza e piange. Entrambe le ragazze – la figlia e la domestica – sono in lacrime. Lo schiaffo dato alla figlia non può essere definito violenza, perché la madre l'ha punita con l'intenzione positiva di migliorare il suo futuro. Questa non è violenza, ma un'espressione d'amore nei confronti della figlia.

Anche se la donna non ha picchiato la domestica, il suo comportamento è stato crudele. In effetti è stato una forma di violenza. Una vera madre si comporterebbe così verso la propria figlia? Qui, allora, dobbiamo fare attenzione alle diverse attitudini dietro queste due azioni.

Un paziente che soffre di una malattia incurabile muore durante un'operazione. Ciò nonostante, tutti lodano il dottore per aver tentato fino all'ultimo di salvargli la vita. Da qualche altra parte un ladro, con lo stesso tipo di coltello usato dal dottore durante l'operazione, pugnala una guardia che cerca di fermarlo. Mentre l'azione del dottore è stata non-violenta (*ahimsa*), quella del rapinatore è violenta (*himsa*).

Quando c'è cibo più che a sufficienza per un pasto, sarebbe una forma di violenza uccidere un pollo solo per avere una portata in più ed accrescere il piacere del pranzo. Anche raccogliere un fiore di cui non si ha bisogno è un atto di violenza.

È l'attitudine dietro un'azione che la rende violenta o non-violenta. Il male fatto a qualsiasi essere vivente per egoismo, per aumentare la nostra felicità o le nostre comodità, è una forma di violenza. Ma se dobbiamo infliggere del dolore ad una persona malvagia per il benessere della società, questa non può essere considerata violenza. Questa è la ragione per cui la guerra del Mahabharata è detta la guerra del Dharma.

Domanda – Sri Krishna ha ucciso Kamsa, suo zio. Come si fa a giustificare una cosa simile?

Madre – Quando leggiamo dei libri sacri, come i Purana, non dobbiamo prendere i racconti semplicemente alla lettera. Dobbiamo penetrare al di sotto della superficie e cercare di comprenderne i princìpi di fondo. Il ricorso alle storie è come usare le proprie dita per insegnare ad un bambino cieco a leggere il Braille. Le storie forniscono soltanto uno strumento per afferrare i princìpi. Ad ognuna di esse è intrecciato l'atma tattva. Soltanto quando riconosciamo l'essenza più profonda riusciamo a trarre il pieno beneficio da queste storie.

Sri Krishna voleva rendere ogni persona degna della beatitudine eterna, della realizzazione del Sé. Ma quello stato può essere raggiunto soltanto attraverso il sentiero del dharma. Alcune persone che mancano di discriminazione provano avversione anche solo per la parola 'dharma'. Kamsa era una di queste. Per quanti consigli ricevesse dagli altri, gli mancava la maturità mentale per accettarli. Chi abbandona il sentiero del dharma non potrà mai raggiungere la conoscenza del Sé.

Il Signore Krishna venne sulla terra sia per i virtuosi che per i peccatori. La sua missione comprendeva anche condurre i peccatori verso Dio. Fece tutto il possibile per infondere un senso del dharma in coloro che erano sulla strada sbagliata. Ma essi erano ebbri della nozione che il corpo fosse il sé e rifiutarono di abbracciare il dharma. Al Signore restava soltanto una scelta: distruggere il loro corpo, che era l'ispirazione di tutte le loro azioni malvagie e che sosteneva i loro sensi diretti all'esterno. Quindi lasciò che ciò accadesse. Era l'unico modo per convincerli dell'impermanenza del corpo e della natura eterna del Sé. Soltanto attraverso quest'esperienza avrebbero potuto giungere alla comprensione che essi erano in realtà destinati ad una beatitudine eterna, che si trova al di là della portata dei sensi.

Talvolta una madre getta i vestiti del figlio perché sono troppo sporchi per essere lavati. Lo fa soltanto per poter vestire il bambino con degli abiti nuovi. La considerereste un'ingiustizia? Nel caso di una persona adharmica che minaccia la vita degli altri e il benessere della società, quando tutti gli altri metodi falliscono, l'ultima risorsa può essere di liberare quella persona dal suo corpo. Quando quell'anima otterrà un corpo nuovo, potrà forse rendersi conto della grandezza del dharma e procedere sul giusto cammino verso la meta ultima. Quando un banano è infestato da una malattia incurabile, viene tagliato fin quasi alla base. Ciò impedisce ai nuovi germogli di essere infettati. Le nuove piante cresceranno sane e daranno buoni frutti.

Il Signore sapeva che Kamsa non avrebbe mai aderito al sentiero del dharma in quella vita. Aveva la mente ed il corpo completamente immersi nell'adharma. Quel corpo se ne doveva andare, e uno nuovo doveva essere acquisito. Quando Kamsa morì per mano del Signore, lasciò il corpo con gli occhi fissi su Krishna e con la mente focalizzata su di Lui. In questo modo tutti i suoi peccati furono lavati via. Il più grande desiderio di Kamsa era, in verità, di morire per mano del Signore. E il Signore esaudì il suo desiderio. Ma anche se apparentemente Sri Krishna uccise Kamsa, ciò che accadde in realtà non è così evidente. Il Signore sollevò l'anima di Kamsa fuori dal corpo e creò le circostanze adatte perché potesse raggiungere il Sé supremo. Distrusse l'ego di Kamsa ed elevò la sua anima fino allo stato supremo.

Immaginate di aver disegnato dei leoni e dei leopardi sul muro. Se cancellate questi disegni, gli animali non esistono più; rimane solo un muro pulito. Il muro serviva come supporto alle forme di quegli animali. Se vogliamo, possiamo anche disegnare daini e conigli sullo stesso muro. Dunque, si è verificata veramente la morte dei leoni e dei leopardi? I daini ed i conigli sono mai nati? In realtà, sono cambiate solo alcune linee sul muro e le forme sono cambiate con loro. Il muro sottostante continua ad esistere. In modo simile, il Signore distrusse soltanto la natura egocentrica in Kamsa, ma non distrusse il Sé in lui. Questo andrebbe capito.

Domanda – Alcune azioni di Krishna, come il furto delle vesti delle *gopi* e la *rasa-lila*, non sono improprie per un'incarnazione divina?

Madre – Coloro che criticano il Signore per aver rubato quei vestiti possono soltanto essere definiti ignoranti, poiché Sri Krishna all'epoca aveva solo sei o sette anni. Il suo scopo era di rendere tutti felici. Voleva infrangere le limitazioni artificiali dell'orgoglio e della vergogna, e risvegliare ogni anima all'Essere supremo. Un bambino in braccio a sua madre non pensa ai propri vestiti. Ognuno di noi dovrebbe sviluppare l'attitudine di essere un tenero bambino di Dio. Verso Dio dovremmo coltivare un atteggiamento di completa innocenza, non macchiato dalla coscienza corporea. Dio non può essere raggiunto senza aver abbandonato il senso dell'orgoglio e della vergogna. Senza rinunciare alla nostra coscienza corporea non possiamo elevarci al livello del Sé.

Nei tempi antichi, generalmente le donne del Kerala non si coprivano il seno. La gente non lo trovava affatto strano. Ma come reagirebbero le persone al giorno d'oggi? Similmente, l'abbigliamento estivo comunemente adottato nei paesi occidentali sembrerebbe offensivo a noi in India. Ma siccome in occidente predomina tale abitudine, la gente, essendovi abituata, non ci trova niente da obiettare. Anche gli indiani che al momento ne sono disturbati cambierebbero atteggiamento se abitassero in occidente per un po' di tempo. Alcuni di loro potrebbero addirittura adottare quel tipo di abbigliamento.

I sentimenti di orgoglio e di vergogna sono creazioni della mente. Soltanto spezzando le catene che tengono prigioniera la mente possiamo raggiungere i piedi del Signore.

Amma non sta dicendo che dovremmo tutti smettere di indossare degli abiti! Vuol soltanto dire che nulla dovrebbe impedirci di ricordare costantemente Dio. Ciò di cui abbiamo bisogno è liberarci da tutti i legami che distolgono la nostra mente dal pensiero di Dio.

La rasa-lila non ha avuto luogo sul piano ordinario dei sensi, nel modo in cui lo interpretano le persone al giorno d'oggi. Durante la rasa-lila le gopi sperimentarono la beatitudine dell'unione dell'anima individuale con l'Essere supremo. Grazie al loro amore divino, il Signore apparve ad ognuna delle gopi. Con il suo potere, Egli benedì tutte le gopi concedendo loro la visione del Sé.

La rasa-lila è qualcosa che una mente immersa nei piaceri dei sensi non può nemmeno immaginare. Soltanto quando la mente ed i sensi sono liberi da tutti gli attaccamenti agli oggetti dei sensi si può sperare di sperimentare anche solo una frazione infinitesimale della beatitudine divina che le gopi provarono durante la rasa-lila.

Ogni gopi, nel suo rapporto con il Signore Krishna, aveva l'attitudine dell'amante verso l'Amato (*madhura bhava*). Questa attitudine esiste anche nel cristianesimo. Le suore si considerano spose di Cristo. Ciò scredita forse Gesù? Rappresenta la relazione tra l'anima individuale e l'Essere supremo. Solo coloro che osservano le cose con occhi mondani potrebbero vederci delle colpe.

Il Signore non perse alcuna opportunità per condurre persone di tutti i tipi alla beatitudine eterna. Attraverso ogni possibile situazione, cercava di ravvivare la fiamma del Sé dentro di loro e di aggiungere il combustibile del Suo amore alla luce del Sé che brillava nel loro cuore. Il Signore è il responsabile della creazione ed è anche Colui che libera l'anima dalla creazione. La liberazione è possibile solo se la coscienza corporea viene eliminata. Questo è l'obiettivo della sua incarnazione come Krishna.

Domanda – Nella *Gita*, il Signore Krishna dice che, qualsiasi cosa succeda, non dovremmo mai abbandonare il nostro dharma. Se è così, come fa una persona a lasciare la sua professione per un lavoro più redditizio?

Madre – A quei tempi, molte persone credevano di poter raggiungere la liberazione semplicemente rinunciando ad ogni *karma* e ritirandosi nella foresta per vivere come sannyasi. In risposta, il Signore proclamò che non è necessario abbandonare tutto, ma che le persone dovrebbero compiere il loro dovere nel mondo, fermamente radicate nel proprio dharma. Il Signore insegnò che non dobbiamo abbandonare i nostri doveri, ma che si arriva alla liberazione compiendo quei doveri con l'atteggiamento giusto.

Esiste un'altra dimensione in questo concetto di dharma. Un bambino nato nella famiglia di uno scultore può facilmente diventare uno scultore, perché le circostanze favoriscono quella potenzialità. Molto probabilmente il bambino è nato con lo stesso dono. Il talento del padre o della madre gli è stato trasmesso per eredità. Ad un tale bambino possono bastare dieci giorni per afferrare quello che altri imparerebbero in un anno. In questo modo, se si svolgono con determinazione l'arte o il mestiere ereditati, c'è un grande potenziale per progredire. Persone che provengono da altri campi dovranno imparare tutto da zero.

In passato, nella maggior parte dei casi la gente svolgeva il proprio lavoro in casa; non lavorava in un ufficio o in fabbrica. Tutti i membri della famiglia prendevano parte al lavoro. Le persone intraprendevano la professione di famiglia dopo aver ricevuto la loro istruzione in un *gurukula*. L'appartenenza ad una delle quattro caste[13] principali veniva stabilita in base alla professione scelta e non in base alla nascita. Nessuno nasce già parte di una determinata casta o religione; siamo tutti semplicemente figli di Dio. Soltanto quando le persone crescevano venivano divise nelle varie caste a seconda del lavoro svolto. A quei tempi, un bambino nato nella casta degli *kshatriya* aveva il diritto di diventare un brahmino e un bambino di una famiglia brahmina poteva diventare uno kshatriya. Chi lavorava con il legno era considerato un falegname e anche se era nato in una famiglia di brahmini e cresciuto come un brahmino, continuava ad essere conosciuto come falegname. Fu in seguito alla decadenza delle regole del Sanatana Dharma, che il principio di nascita divenne l'unico criterio per decidere l'appartenenza ad una casta.

Nei tempi antichi, la gente non lavorava solo per guadagnare uno stipendio. Lo scopo della vita di tutti era la realizzazione del Sé ed il proprio lavoro era un mezzo per raggiungere quello stato. Nella perfezione del loro lavoro, le persone avevano un assaggio dell'esperienza di Dio.

Se tutti vogliono lavorare soltanto per un guadagno economico, l'armonia dell'ordine sociale andrà perduta; prevarranno l'egoismo e l'avidità.

A quell'epoca, non esisteva l'usanza di pagare ai lavoratori un salario prestabilito. Ai lavoratori veniva dato il denaro di cui

---

[13] Le quattro caste principali: *brahmini* (sacerdoti e insegnanti dei Veda), *kshatriya* (guerrieri), *vaishya* (mercanti) e *sudra* (lavoratori).

avevano bisogno ed essi erano soddisfatti di quello che ricevevano. Tra i lavoratori e il loro datore di lavoro esisteva un rapporto affettuoso; essi si rispettavano a vicenda. Erano completamente soddisfatti sia coloro che pagavano lo stipendio sia coloro che lo ricevevano. Questa abitudine scomparve quando la gente incominciò a diventare più egoista. L'atteggiamento dei datori di lavoro cambiò fino a diventare: "Meno denaro, più lavoro," e i lavoratori incominciarono a pensare: "Meno lavoro, più denaro."

Si dice che quando si visita un tempio non si dovrebbero contare i soldi che si offrono alla divinità; bisognerebbe darne una manciata. Oggigiorno la gente mette da parte le monetine cosicché, anche se ne offre una manciata, si tratta sempre di poche rupie.

Oggi la maggior parte dei genitori vuole che i propri figli diventino ingegneri e dottori affinché siano rispettati in società e guadagnino molti soldi. Pochi genitori prestano attenzione alla vera indole del bambino. Se nel campo dell'istruzione lo spirito di competizione prevalente è sano, ciò aiuterà i bambini a progredire e a sviluppare il proprio talento. Invece, al giorno d'oggi la competizione è causa di tensione tra gli studenti. Quando non riescono a raggiungere i loro obiettivi perdono la forza mentale e passano il resto della vita nella disperazione. La disperazione spinge molti di loro al suicidio. Non bisogna permettere che succedano cose del genere. Lo scopo dell'istruzione e di trovare un lavoro dovrebbe essere il nostro sviluppo spirituale e il servizio verso il mondo. Questo obiettivo ci aiuterà a progredire in qualsiasi campo. Anche se ci capita di fallire, saremo motivati a riprovarci e non resteremo in preda alla disperazione, sprecando la nostra vita.

Quando scegliamo un determinato campo per il nostro lavoro, dovremmo cercare di acquisire la massima esperienza in quell'area. Bisognerebbe perseverare in quel campo e arrivare al successo nella vita. Lo scopo della vita non è diventare milionari, ma godere della beatitudine eterna. Ciò nonostante, un capofamiglia ha il dovere di mantenere la famiglia. Quando accettiamo di essere pagati per il nostro lavoro, il nostro unico scopo dovrebbe essere di guadagnare ciò di cui abbiamo bisogno.

In passato, la gente lavorava duro, si teneva il denaro necessario per sé e per la propria famiglia e dava il resto ai poveri. Oggi la gestione economica è una delle professioni più ambite nella società. Il commercio è necessario per il progresso economico del paese, ma il guadagno personale non dovrebbe essere l'unico obiettivo degli affari; bisognerebbe tenere in considerazione anche il progresso della nazione. Eppure, vediamo così tanti commercianti e industriali che accumulano ricchezze sufficienti non solo per se stessi, ma per mille generazioni future! Contemporaneamente, tutt'intorno a loro un numero enorme di povera gente fatica a racimolare i soldi necessari per un solo pasto. Quasi nessuno pensa a questi fatti. L'obiettivo della maggior parte delle persone di oggi è di ricavare più profitto possibile per se stessi, anche a spese altrui.

Se lasciate il vostro settore di lavoro e ne scegliete un altro, significa che non siete soddisfatti del vostro lavoro. Ma non necessariamente troverete soddisfazione in un'impresa futura, perché la soddisfazione dipende dalla mente e non dalle azioni o dalle situazioni esterne. Se le persone lasciano la propria professione spinti dal desiderio di guadagnare in misura spropositata, dimostrano solamente la propria avidità. Se non cambiano attitudine, queste persone non saranno mai soddisfatte nella vita. Ma per coloro che hanno controllato la propria mente ogni situazione sarà favorevole. Essi apprezzeranno qualsiasi ambito lavorativo. Niente li farà sentire insoddisfatti. Dovremmo coltivare questo stato mentale, qualsiasi lavoro facciamo.

Se lasciamo un tipo di lavoro per incominciarne un altro, potremo sentirci temporaneamente soddisfatti, ma non è detto che ciò duri. Un serpente che giace congelato nella neve sembra innocuo. Ma lascia che si riscaldi un po' e ti rivelerà presto la sua vera natura, sibilando e attaccandoti. In modo simile, la mente manifesterà la sua vera natura non appena si presenteranno le circostanze, e tu perderai la pace mentale. Per dominare la mente non bisogna viziarla e darle tutto ciò che vuole. Dobbiamo controllarla e dirigerla verso il vero obiettivo. Quindi, il Signore consigliò Arjuna di rimanere ligio al suo dovere per aver successo nella vita. Puoi fare qualsiasi lavoro ti piaccia, ma è l'atteggiamento che deve cambiare. Allora, anche combattere sul campo di battaglia diventa un'offerta sacra (*yajna*). Questo è stato il consiglio di Sri Krishna. Non ci ha incoraggiato a lasciare il nostro lavoro per qualche ragione egoista; né ci ha consigliato di aprire il nostro terzo occhio chiudendo gli altri due. Il Suo esempio ci insegna a guardare attraverso il terzo occhio tenendo aperti gli altri due. In altre parole, Sri Krishna ci insegna ad affrontare la vita senza perdere di vista l'unità che sta alla base di tutto.

Domanda – Sebbene Sri Krishna avesse fatto voto di non impugnare le armi durante la battaglia, in realtà lo fece. Non fu una cosa sbagliata?

Madre – Ogni parola ed azione di Sri Krishna erano per il bene degli altri, e mai per se stesso. Come poteva usare le armi quando Arjuna e Bhishma, entrambi suoi devoti, combattevano in fazioni opposte? Così, si rifiutò di combattere. Quando Bhishma scagliò migliaia di frecce nella sua direzione, Egli semplicemente sorrise. Quando quelle frecce acuminate gli riempirono il corpo di ferite sanguinanti, Egli le ricevette come petali offerti in adorazione. Bhishma, che era un devoto, un grande guerriero ed un uomo che diceva solo la verità, aveva solennemente giurato di indurre il

Signore ad usare la sua arma. Incapace di far vacillare il Signore nella sua decisione, Bhishma incominciò a lanciare frecce contro Arjuna, che era proprio dietro il Signore. Arjuna era vulnerabile ed incapace di difendersi dall'assalto di frecce. Il suo carro cominciò a barcollare. Arjuna era in grave pericolo. Senza perdere un istante, il Signore scese con un balzo e si lanciò verso Bhishma con il *sudarshana chakra*[14] in mano. Così in una sola mossa, sebbene fu costretto a venir meno alla sua promessa, il Signore fece avverare il voto di Bhishma solo per proteggere Arjuna. Con quest'azione, Krishna soddisfò entrambi i devoti. Poiché Arjuna era suo devoto, era sua responsabilità proteggergli la vita. E siccome anche Bhishma era suo devoto, il suo compito era di far avverare le parole di Bhishma, proteggendone l'onore. A questo scopo, il Signore era disposto a sacrificare la propria reputazione quale personificazione della sincerità. Questo dimostra la sua incomparabile compassione.

Il flusso della grazia di Dio verso il devoto non dipende dal dharma o dall'adharma, né è governato dalla legge di causa ed effetto. La grazia di Dio non è limitata da nessuna regola. Questa è la ragione per cui i saggi lodano Dio come "l'Oceano di compassione non-causata (spontanea, senza una ragione)".

Domanda – Che importanza hanno Rama e Krishna in quest'epoca scientifica?

Madre – Tutti celebrano in modo entusiasta le conquiste della scienza. È vero che le scoperte scientifiche hanno contribuito enormemente al progresso dell'umanità. Hanno aiutato ad aumentare le nostre comodità materiali e il nostro senso di benessere. Recarsi da un luogo all'altro è oggi molto più facile che in passato. Un viaggio per il quale occorrevano diversi giorni, oggi può durare solo alcuni minuti. Il tempo risparmiato può essere utilizzato per

---

[14] Disco divino, potentissima arma di Vishnu.

altri scopi. Usando un computer una persona sola può portare a termine dei lavori che una volta ne richiedevano cento. È vero che abbiamo fatto un grande progresso a livello materiale. Ma, contemporaneamente, la mente della gente si è indebolita. Quante persone che fruiscono in pieno del progresso tecnologico sono in grado di dormire serenamente la notte? Amma ha incontrato un infinito numero di persone che vivono in case con l'aria condizionata, e che però non riescono a dormire senza sonniferi. Questo non prova forse che le innovazioni tecnologiche da sole non possono dare la pace della mente? Guarda quanti milionari si suicidano. Manca loro qualcosa dal punto di vista materiale? Sicuramente, se avessero pace mentale non si toglierebbero la vita. Al giorno d'oggi molte persone hanno tutto a livello materiale, ma non ciò di cui hanno veramente bisogno: pace e felicità.

Nei tempi antichi, la gente non aveva problemi d'insonnia, anche se non esistevano lussi come l'aria condizionata. Oggi, chi è abituato al ventilatore e ai condizionatori d'aria, non può farne a meno. Se per una notte manca la corrente, e questi apparecchi non funzionano, la gente non riesce a dormire. Le cellule di chi passa tutto il tempo in stanze con l'aria condizionata senza respirare aria fresca, vengono gradualmente danneggiate da quell'atmosfera. Essa distrugge anche le difese naturali del corpo. Certe persone devono bere il tè al mattino, altrimenti hanno il mal di testa. Abbiamo sviluppato tante cattive abitudini. La mente è la sola causa di tutto questo. Il nostro corpo e la nostra mente, che una volta erano forti perché vivevamo in armonia con la natura, si sono indeboliti. Molto tempo fa, la gente viveva in perfetta armonia con la natura e non veniva disturbata dai mutamenti climatici o da altri cambiamenti in natura. Ma oggigiorno le persone si isolano dal loro ambiente naturale; vivono in mondi separati, artificiali e individuali. Non si rendono conto che la loro costante ricerca di piaceri temporanei le fa sprofondare in un dolore senza fine.

I nostri antenati sperimentavano contentezza e felicità maggiori nella vita. Erano più sani e vivevano più a lungo. Esistono ancora oggi enormi e magnifiche strutture in pietra, incluse le torri dei templi, che testimoniano la forza fisica della gente di una volta. Oggi, ci sono persone forti abbastanza da sollevare anche una sola di quelle pietre? A quei tempi non esistevano molte macchine e la gente sapeva come vivere in armonia con la natura.

La scienza, che ha lo scopo di aumentare le comodità materiali delle persone e di agevolarle, sta invece distruggendo l'umanità. Nelle mani di persone egoiste, la tecnologia viene usata per sfruttare altri esseri umani. Invece della pace e dell'amore, sono la competizione e la violenza a prosperare nel mondo. Perché i raggiungimenti della scienza possano essere di beneficio a tutti, la gente deve imparare ad amare, ad essere compassionevole e a coltivare qualità nobili.

Oggi, ogni scoperta scientifica aumenta l'arroganza delle persone. "Chi credete di essere per discutere con noi? Guardate il progresso del nostro paese!" Questo è diventato l'atteggiamento di ogni governante. Giorno dopo giorno, si verificano sempre più conflitti tra le persone e tra le nazioni. La gente sembra sempre più desiderosa di abbandonare i lidi dell'amore per dirigersi verso le acque agitate dell'arroganza.

Amma non sta assolutamente criticando o sminuendo le scoperte scientifiche, ma queste non dovrebbero prosciugare in noi le sorgenti dell'amore. Abbiamo migliorato il mondo esterno, ma il mondo interiore sta sfiorendo. Una volta le persone ricevevano l'addestramento necessario per tenere la mente sotto controllo in ogni circostanza. Non dovevano affrontare la vita indebolite da cose insignificanti. Se si cade nell'acqua alta, non si può sopravvivere se non si sa nuotare, per quante cose si possano aver imparato. Allo stesso modo, per quanto si aumentino le comodità materiali, non si può godere della pace mentale senza aver addestrato la mente.

In futuro, le persone diventeranno molto deboli se non saranno in grado di trovare conforto in se stesse, perché non ci sarà quasi più nessuno ad amarle in modo disinteressato. Coraggiosi sono coloro che in ogni circostanza trovano la pace all'interno della loro mente, e non coloro che dipendono dagli altri o dagli oggetti materiali per la propria felicità. Questo è ciò che Sri Rama, Sri Krishna e altre incarnazioni divine c'insegnano.

Da giovane principe, il Signore Rama era il prediletto dei genitori, degli insegnanti e della gente del suo paese. Viveva immerso nello splendore di corte quando, all'improvviso, una mattina fu mandato in esilio nella foresta e fu costretto ad abbandonare ogni cosa. Le comodità della vita di palazzo non erano più disponibili. Non c'erano più cibo delizioso, un letto di seta su cui dormire, né attendenti che gli facessero vento. Eppure, Egli visse nella foresta con la stessa pace mentale che aveva a palazzo. Nella sua mente, che era in perfetta armonia con la natura, il regno e la foresta erano la stessa cosa. Il Signore Rama non trovò alcuna difficoltà ad adattarsi alle circostanze nel momento in cui esse cambiarono, perché la sua mente era pienamente sotto il Suo controllo. Essendo un *atmarama*, Egli trovava la beatitudine solamente all'interno di se stesso.

Si riscontra la stessa qualità anche nella vita dei Pandava. Essi vissero seguendo i consigli di Krishna. Non litigarono tra loro nemmeno una volta. Neppure le prove più difficili della vita riuscirono a spezzare la loro unità e il loro amore reciproco.

Oggi, quando tre persone vivono sotto lo stesso tetto, si comportano come se vivessero su tre pianeti diversi; non c'è un vero legame tra loro, né unità di cuori. L'egoismo della gente è diventato davvero grande. Se in circostanze simili la nostra mente non è abbastanza forte, la percentuale di malattie mentali e di suicidio aumenterà.

C'era un tempo in cui un filo d'amore univa le persone l'una all'altra. Oggigiorno le persone si attaccano l'una all'altra con la fragile colla dell'egoismo, che può cedere ad ogni istante, non lasciando nient'altro che le tenga unite.

Siamo immersi in una cultura che incoraggia le emozioni ed i pensieri impuri. L'unica preoccupazione della gente è come gratificare i sensi. Tutti gli sforzi sono diretti verso questo fine, che richiede molto denaro. Per acquisire questo denaro, spesso le persone ricorrono alla corruzione, il che comporta un aumento del crimine e della violenza. In questo mondo di momentanea gratificazione dei sensi, rimane poco posto per un senso di fratellanza o per qualità materne, e di conseguenza nella società si diffonde l'irrequietezza. Ciò mette a repentaglio la sicurezza di tutti i paesi e distrugge anche l'armonia della natura.

In un'epoca come questa, la vita e gli insegnamenti del Signore Krishna sono più importanti che mai. Che cosa impariamo studiando i Suoi insegnamenti? Capiamo che i piaceri dei sensi e la gratificazione personale non possono mai renderci felici, e che la vera, eterna beatitudine si trova soltanto dentro di noi. Egli non si stanca di ripeterci questa verità. Però, Egli non nega del tutto i piaceri sensoriali, semplicemente ci ricorda che il significato e lo scopo della vita sono altri.

Dovremmo evitare tutti gli eccessi. Bisognerebbe mangiare soltanto per soddisfare la fame. Gli esperti suggeriscono che per mantenere una buona salute, solo la metà dello stomaco dovrebbe essere riempita di cibo, lasciando un quarto per l'acqua e l'ultimo quarto vuoto. La scienza spirituale spiega anche come mantenere la salute mentale; non è che non dovremmo gioire degli oggetti sensoriali, ma non bisognerebbe mai diventare schiavi dei sensi o delle abitudini della mente. Dovremmo essere i padroni della nostra mente e dei nostri sensi. Oltre ai divertimenti e ai piaceri, è importante anche praticare un certo grado di rinuncia. Il cioccolato è dolce, ma se ne mangiamo troppo ci farà star male. Quindi, dovremmo praticare il controllo, anche se vorremmo esagerare. C'è un limite per tutto, ed è per il nostro bene. L'autocontrollo non limita mai la libertà. Cosa succederebbe se per le strade tutti guidassero come pare a loro, affermando che il codice della strada limita la loro libertà? Le regole stradali sono essenziali per la sicurezza di tutti. In modo simile, è necessario osservare certe regole spirituali se vogliamo provare felicità e gioia durature.

Osservando la situazione da ogni punto di vista, possiamo chiaramente vedere che applicare i princìpi spirituali nella nostra vita quotidiana è l'unico modo di apportare dei cambiamenti fondamentali nel mondo d'oggi. Il nostro intelletto si è espanso, ma il nostro cuore si sta prosciugando. La vita del Signore Krishna ci offre l'esempio ideale da seguire per sfuggire alla nostra condizione attuale, per dar sollievo alle nostre menti e ai nostri cuori infuocati, e per ricucire il filo spezzato dell'amore.

Il Signore Krishna concilia sia l'aspetto spirituale che quello materiale della vita. Non ci chiede di rinunciare ad un aspetto per l'altro. Quando per l'albero è arrivato il momento di dare i frutti, i petali dei fiori cadono spontaneamente. In modo simile, quando in noi cresce la consapevolezza della meta, il nostro attaccamento ai piaceri dei sensi diminuisce naturalmente. Rinunciare ai piaceri non è così importante come il coltivare l'atteggiamento giusto verso quei piaceri. Soltanto quando l'aspetto spirituale e quello materiale della vita sono in equilibrio, come le due ali di un uccello, ci può essere armonia nella società.

Il Signore Krishna diede istruzioni specifiche a diversi tipi di persone, appartenenti ad ogni categoria della società: a sannyasi, brahmachari, persone sposate, soldati, re, e anche ai più materialisti. Egli insegnò al mondo il modo migliore per ognuno di raggiungere la realizzazione, indipendentemente dal proprio contesto sociale e culturale o dalle condizioni di vita. Questa è la ragione per cui Krishna è chiamato *Purnavatar*, un'incarnazione completa del Divino. Non venne soltanto per i sannyasi. La sua vita fu un perfetto esempio di come restare illesi in mezzo al fuoco della mondanità. È come tenere un pezzo di cioccolato in bocca senza salivare.

Fuggire dalle responsabilità della vita, ritirarsi nella foresta e restare seduti ad occhi chiusi non è così difficile. Ci sono pochi intralci nella foresta che possano creare delle difficoltà. Il Signore non c'insegna a fuggire da questo mondo pieno di sofferenza. Ci mostra come aver successo nella vita rimanendo tra gli ostacoli. Il Signore non ci consiglia di rinunciare alle nostre relazioni per raggiungere la realizzazione del Sé. Egli spiega che dovremmo rimanere liberi da ogni attaccamento pur mantenendo relazioni affettuose ed assolvendo le nostre responsabilità familiari.

La scienza spirituale ci insegna come affrontare ogni situazione con un sorriso. Un vero *yogi* mantiene la pace della mente in qualsiasi situazione critica. Coloro che desiderano raggiungere questo stato non devono far altro che contemplare la vita del Signore Krishna, il modello perfetto.

La fiamma di una lanterna rimane immobile quando è in un cilindro di vetro, protetta dal vento. Non c'è niente di lodevole in questo. Una persona veramente spirituale, invece, dovrebbe essere come una fiamma non protetta, splendente come il sole ed immobile anche nella tempesta più furiosa. Se desideriamo raggiungere questo stato, il Signore Krishna dovrebbe essere il nostro modello. Egli ci indica il metodo per armonizzare i due aspetti della mente, quello spirituale e quello materiale, e per progredire verso la perfezione.

La liberazione che il Signore promette non è qualcosa da raggiungere dopo la morte; è raggiungibile qui, in questo mondo, mentre si è ancora nel corpo. In tutta la sua vita, il Signore Krishna dovette affrontare varie situazioni critiche che affiorarono come onde, una dopo l'altra. Ma anche in quei casi, la sua espressione non fu mai rannuvolata dal dolore. Egli affrontò ogni situazione difficile con un sorriso.

Per Sri Krishna, l'Essere supremo, la vita fu un affascinante canto di gioia dall'inizio alla fine. Persino la persona più affranta si sentì piena di beatitudine in sua presenza. Proprio come le tenebre non hanno posto sotto il sole, non c'era spazio per il dolore alla presenza di Sri Krishna. Egli era la personificazione della beatitudine. In sua compagnia tutti gioivano, dimenticandosi ogni cosa. In sua presenza si assaporava la beatitudine del Sé. Ancora oggi, dopo tutto questo tempo, il semplice pensare a Lui non ci colma forse di beatitudine?

Le persone trovano da ridire nel gioco divino del Signore perché la loro mente rimane attaccata ai sensi. I nostri tentativi di misurare la gloria infinita del Signore con la nostra piccola mente sono come la rana nel pozzo che cerca di misurare l'oceano.

Se sappiamo abbandonare il nostro modo critico e dubbioso di vedere le cose, e osservare invece con apertura e amore la vita di Sri Krishna – una vita dolce dall'inizio alla fine – scopriremo che nella sua vita non c'è niente da rifiutare, e che ogni momento deve essere abbracciato. Soltanto quando si aprirà l'occhio interiore dell'amore divino, potremo sperimentare un successo completo e una pace perfetta in questa vita e per sempre.

Le donne e la società

Domanda – Quali dovrebbero essere il ruolo e lo status delle donne nella società?

Madre – Le donne dovrebbero avere lo stesso status degli uomini e parte uguale nel dirigere e gestire la società. Quando la posizione delle donne assume dimensioni più ridotte, la società perde la sua armonia. Uomo e donna occupano un posto identico nella creazione di Dio. Proprio come una metà del corpo è indispensabile quanto l'altra, l'uomo e la donna hanno la stessa importanza. Una metà non può affermare di essere più importante dell'altra. Quando si dice che la donna è il lato sinistro dell'uomo, va da sé che l'uomo è il lato destro della donna. La differenza tra uomo e donna è principalmente sul piano fisico.

Proprio come l'uomo, la donna ha un ruolo unico nella società. Ognuno dovrebbe capire quale sia il proprio e comportarsi di conseguenza. Quando le donne cercano di appropriarsi del ruolo degli uomini, o quando gli uomini controllano quello delle donne con la forza, si crea scontento e mancanza di pace nei singoli individui e di conseguenza nella società.

Le ruote di destra e quelle di sinistra di un'automobile sono di uguale importanza. I passeggeri possono giungere a destinazione soltanto se le ruote di entrambi i lati procedono simultaneamente. In modo simile, nella vita di famiglia, soltanto quando marito e moglie vivono insieme in armonia, saranno in grado di raggiungere la vera meta, l'unione con il Sé.

Nell'antica cultura dell'India le donne godevano di una posizione altamente rispettata. *Matru devo bhava*[15] fu l'ideale che l'India diede al mondo. La nostra cultura insegna agli uomini a considerare tutte le donne come la propria madre. Ogni uomo passa nove mesi nel grembo di sua madre prima di nascere. Sarà dunque naturale per un uomo di buon senso considerarla con rispetto: tutte le donne dovrebbero essere trattate con lo stesso riguardo.

La donna costituisce le fondamenta della famiglia: può svolgere un ruolo più importante dell'uomo nel mantenerne la pace, l'armonia e la prosperità, perché come donna è particolarmente dotata di amore, perdono ed umiltà. Sono queste qualità della donna a tener unita la famiglia. La mascolinità indica una risoluta forza di volontà; ma questa non basta per mantenere un rapporto armonioso tra i membri di una famiglia: tutti dovrebbero coltivare amore, pazienza, umiltà ed un'attitudine al perdono verso gli altri membri. All'interno di una famiglia sorgono conflitti quando la donna cerca di adottare un'attitudine mascolina, o quando l'uomo cerca di imporre il proprio ego alla donna.

L'India è la terra della rinuncia, non dei piaceri dei sensi. I nostri antenati cercarono e trovarono la fonte dell'eterna beatitudine. Non caddero nell'errore moderno di sprecare la vita e la salute alla ricerca di piaceri passeggeri. La posizione che una persona acquisiva nella società era determinata dalle sue azioni, qualità e dharma. La meta suprema era per tutti la realizzazione del Sé. La gente era pienamente consapevole della meta e del sentiero per arrivarci: ciò portava soddisfazione. Ma in seguito, chi era insoddisfatto, cercò di appropriarsi delle posizioni altrui. Quando c'è insoddisfazione interiore, nasce il conflitto. L'ordine sociale

---

[15] L'attitudine di considerare la madre (la donna) come divina.

in India era pienamente in grado di condurre tutti alla felicità perfetta e alla realizzazione del Sé. A quei tempi l'uguaglianza tra uomo e donna e la posizione della donna nella società non erano argomenti di dibattito o di discordia.

Il vero posto di una donna nella società non è certo in ultima fila. È come quello dell'uomo: in prima fila. La domanda da porsi è se oggi le venga o meno accordato questo posto.

Domanda – Manu[16] non dice forse che una donna deve essere protetta dal padre quando è bambina, dal marito quando è giovane e dal figlio quando è vecchia, e che una donna non è adatta ad essere indipendente?

Madre – Il vero significato di questa affermazione è che una donna merita di essere protetta, non che le si debba negare la libertà. Manu afferma che è responsabilità dell'uomo proteggere la donna in ogni circostanza. Ciò dimostra che a quei tempi le donne godevano di una posizione elevata nella società. Una donna non dovrebbe aver bisogno di ricevere la libertà da nessuno; è un suo diritto naturale fruire della stessa libertà di un uomo. Ma – dice Manu – è dovere dell'uomo assicurarle protezione. Una società che nega alle donne la loro libertà si avvia verso la propria distruzione.

Quando Amma sente qualcuno criticare questa dichiarazione di Manu, pensa alla protezione che la polizia offre ai ministri quando viaggiano. Solo perché vengono protetti, i ministri non sono liberi? Essi godono di piena libertà e possono viaggiare ovunque. I poliziotti hanno semplicemente il compito di garantire questa libertà. Allo stesso modo, la nostra società, che concedeva una totale libertà alle donne, riservava agli uomini la responsabilità di assicurar loro protezione e sicurezza. La società indiana

---

[16] Vedi Glossario.

conferiva questa posizione di rispetto alla donna perché lei è la luce che guida la famiglia e quindi, in ultima analisi, l'intera società.

Domanda – Qual è l'opinione di Amma riguardo al dibattito sulla parità tra uomo e donna?

Madre – Dovremmo parlare di unità tra uomo e donna e non così tanto della loro parità. È difficile per uomo e donna raggiungere l'uguaglianza a livello fisico. Da un punto di vista mentale, c'è una certa dose di mascolinità nelle donne e un elemento di femminilità negli uomini. Le donne non dovrebbero imitare ciecamente gli uomini. Se, ad esempio, cercano di imitarli giocando d'azzardo, bevendo e fumando, non fanno che scavare la fossa alle qualità materne. Al contrario, hanno bisogno di coltivare l'elemento maschile all'interno di se stesse, così come gli uomini dovrebbero coltivare l'aspetto materno dentro di loro. Questa è perfezione. Attraverso la crescita interiore di tali opposti, sia l'uomo che la donna procederanno verso la pienezza e la perfezione.

Le culture materialistiche considerano il rapporto tra uomo e donna limitato per lo più al livello fisico; la cultura indiana, invece, ci ha insegnato a ritenerlo come un legame a livello spirituale.

Oggigiorno, ciò che molti vogliono in nome della libertà alle donne sposate è in effetti soltanto la libertà dalle responsabilità di una vita di famiglia. Una libertà illimitata, senza alcuna responsabilità, favorirà solo il desiderio di piaceri materiali. Come si fa a mantenere la pace e l'armonia in famiglia quando c'è rivalità tra i partner? Quando invece un uomo e una donna procedono insieme con amore, comprensione reciproca e la buona volontà ad adattarsi alle esigenze dell'altro, ciò che si sviluppa fra loro non è uguaglianza, ma unione, l'unione di Shiva e Shakti. In tale mondo regna la gioia. Dimenticando tutte le differenze, uomo e donna diventano una cosa sola. Uno compensa le mancanze dell'altro; con l'amore trascende la collera dell'altro e con la tolleranza accetta le sue debolezze. In questo modo, entrambi godono di un'autentica libertà. Nella vita le persone hanno bisogno di questa miscela di qualità femminili e maschili. Il potere femminile è di complemento all'uomo, e quello maschile alla donna. In una relazione, ciascuno ha bisogno del sostegno, dell'incoraggiamento e dell'ispirazione dell'altro. Non sono un peso l'uno per l'altro, ma si sostengono e proteggono a vicenda. Per realizzare questo ideale, è necessario comprendere la spiritualità. Essa ci aiuta a trascendere i conflitti esterni e a realizzare la nostra unione interiore, l'essenza del Sé.

Domanda – Si dice che in India alle donne sia stata negata la parità. Le donne indiane non erano forse condannate ad essere relegate negli appartamenti interni della casa?

Madre – La storia dell'India differisce da quella di altre nazioni sotto molti aspetti. La civiltà indiana è più antica di ogni altra. Le donne una volta occupavano un posto d'onore nella nostra società. Perfino durante i rituali vedici, uomini e donne avevano uguali diritti nel compiere i sacrifici e, quando un uomo li celebrava, lui e sua moglie godevano dello stesso status. Le donne contribuirono addirittura a diversi *mantra* vedici. Nei tempi antichi, una donna aveva lo stesso diritto dell'uomo di scegliere qualsiasi professione. Donne come Maitreyi e Gargi occupavano posti d'onore nelle assemblee dei dotti. A quei tempi, l'India aveva anche delle donne guerriere. Se studiamo i consigli dati nel *Ramayana* da donne come Sumitra, Tara e Mandodari, ci renderemo conto che, per quanto riguarda il dharma, le donne rappresentavano una forza decisiva. Come si fa a dire che in una tale civiltà fosse negata la libertà alle donne?

Vero è che l'India è stata influenzata di tanto in tanto dai cambiamenti culturali avvenuti in paesi stranieri. Ce ne possiamo rendere conto studiando attentamente la sua storia. Per secoli, l'India è stata costretta a sottostare al dominio straniero. Gli stranieri che governarono l'India consideravano le donne niente più che oggetti di piacere. Per sottrarsi a persone simili, spesso le donne dovevano restare confinate nelle loro case. Gradualmente, elementi di decadenza si insinuarono anche nella nostra cultura; ciò fu causa di ingente rovina per la grande civiltà che un tempo fioriva in India.

Mentre per tradizione l'India abbracciava la gioia e l'immortalità della rinuncia, i dominatori che invasero il paese consideravano i piaceri dei sensi e la loro soddisfazione come l'obiettivo della vita. Come poteva esserci armonia tra popoli di mentalità così diverse? Con l'arrivo degli occidentali cambiò anche il sistema scolastico. L'istruzione nei gurukula scomparve. Lo scopo dell'istruzione passò dallo sviluppo della capacità di far affidamento su se stessi allo sviluppo della dipendenza dagli altri. Nelle scuole scomparvero gli insegnamenti sul dharma, come il *Matru devo bhava, pitru devo bhava, acharya devo bhava*[17.] L'egoismo e la competizione sostituirono la verità e la rinuncia. Le donne, che inizialmente avevano cercato rifugio negli appartamenti privati delle loro case per fuggire dai conquistatori stranieri, ora furono costrette a rimanervi dalle nuove generazioni di uomini, la cui caratteristica predominante era l'egoismo. Queste nuove generazioni distorsero i codici morali e i precetti scritturali per adattarli ai propri interessi egoisti. La società ne subisce ancora oggi le conseguenze. La ragione di base delle esperienze soffocanti che le donne hanno dovuto subire deriva dall'influenza di altre culture. Costringere una donna a soffrire non appartiene alla cultura indiana; proviene da una cultura *rakshasica* (demoniaca). Ricordiamoci che le lacrime di Sita ridussero Lanka[18] in cenere.

---

[17] L'attitudine di considerare divini la madre, il padre, e l'insegnante.
[18] Amma si riferisce all'epica antica *Ramayana*, scritta dal saggio Valmiki. Sita era la moglie del Signore Rama, un'incarnazione divina. Dopo che essi

Domanda – Quando Amma dice che la completezza è raggiunta con l'unità del maschile e del femminile, intende dire che la completezza non può essere raggiunta con il *brahmacharya*?

Madre – Parlando dell'unione di uomo e donna, Amma non intende a livello fisico. Ciò che rende qualcuno un uomo o una donna è l'elemento maschile o femminile predominante in quella persona. L'uomo e la donna hanno in sé entrambi gli elementi. Se in una donna predomina la natura mascolina, diciamo che, sebbene sia una donna, sembra un uomo. Analogamente, se osserviamo un uomo in cui predomina l'elemento femminile, diciamo che sembra una donna. È chiaro che non lo diciamo riferendoci al loro corpo.

La donna non è consapevole della mascolinità dentro di sé e la cerca all'esterno, in un uomo. Allo stesso modo, l'uomo non cerca di coltivare le qualità del perdono, della compassione e dell'affetto che ha nascoste in sé. Immagina che si possano trovare soltanto in una donna. Sia l'uomo che la donna dovrebbero risvegliare le qualità e le capacità complementari all'interno di se stessi. La completezza è l'unione degli elementi maschili e femminili dentro di noi. Questo è il significato dell'immagine *ardhanarisvara*. Soltanto attraverso quest'unione interiore possiamo sperimentare una beatitudine illimitata.

Lo scopo del brahmacharya è di realizzare che sia l'aspetto femminile che quello maschile sono contenuti dentro di noi, e che la natura del nostro vero Sé trascende qualsiasi dualità. Non possiamo farne l'esperienza senza una pratica spirituale costante. Ma la gente al giorno d'oggi non ha la pazienza necessaria: considera

furono mandati in esilio nella foresta, Sita fu rapita dal demone Ravana e portata a Lanka. Rama inviò i suoi aiutanti a cercarla. Il grande devoto di Rama, Hanuman, il dio scimmia, la trovò a Lanka. Dopo aver visto Sita, Hanuman ridusse in cenere parte della città. Alla fine dell'epica, Ravana è ucciso dal Signore Rama e Sita viene liberata.

reale tutto ciò che vede nel mondo esterno e rincorre il miraggio dei piaceri sensoriali, consumandosi in questo inseguimento.

Domanda – Cosa pensa Amma delle donne che inseguono elevate qualifiche d'istruzione?

Madre – Le donne dovrebbero raggiungere un livello d'istruzione elevato, pari a quello degli uomini e, se necessario, inserirsi nel mondo del lavoro. Un'istruzione adeguata è la base della giustizia sociale e di una cultura nobile.

Soltanto se una donna diventa indipendente grazie all'istruzione potrà incoraggiare, ispirare e consigliare il suo partner nella vita come una vera *sahadharmini*, cioè la moglie che nella vita procede a fianco del marito sul sentiero del dharma.

Inoltre, la ragione principale per cui oggi le donne sono costrette a soffrire nell'ambiente familiare e nella società, è la mancanza di indipendenza economica. Se riescono a trovarsi un'occupazione che assicuri loro un'entrata, la loro dipendenza finanziaria sarà eliminata. A causa dell'influenza della cultura moderna e di una generale ignoranza riguardo i princìpi spirituali, le persone hanno un'idea completamente materialistica della vita. Danno molta più importanza a questioni materiali come la ricchezza economica, piuttosto che all'unità spirituale tra maschile e femminile. Questo mutamento di attitudine è una delle ragioni per cui il numero di divorzi è in aumento. Le donne dovrebbero gettare oggi le fondamenta della loro sicurezza ed indipendenza economica; altrimenti, nello stato attuale delle cose, fino a quando una donna rimane poco istruita ed economicamente non autonoma, non sarà in grado un domani di mantenersi se ne sorge la necessità.

In occidente i legami familiari non sono molto solidi. Col passar del tempo, l'abitudine occidentale in base alla quale un uomo lascia la propria moglie per un'altra donna non sarà più

124

considerata sbagliata nemmeno in India. Oltre a dover prendersi cura delle proprie necessità, la donna dovrà anche assumersi la maggior parte della responsabilità di allevare i figli. Attraverserà molte difficoltà se in quelle circostanze non avrà ancora trovato una fonte di reddito stabile. Ma non può farlo senza un livello d'istruzione superiore.

Domanda – Ma non sembra che in passato le donne sentissero il bisogno di ricevere un'istruzione elevata.

Madre –Le circostanze di oggi sono completamente diverse da quelle di una volta. A quei tempi le esigenze di vita erano semplici; non c'era nessun bisogno che lavorassero sia il marito che la moglie. Inoltre, lo scopo dell'istruzione non era semplicemente il guadagno economico; era di rendere una persona in grado di raggiungere lo stato supremo, attraverso il risveglio del suo vero Sé. Le donne acquisivano questa conoscenza durante l'infanzia. La sposa diventava la padrona di casa ed era considerata la fonte di tutta la ricchezza e la prosperità del marito e della famiglia. Soltanto il marito lavorava per guadagnare le risorse necessarie ad affrontare le spese familiari. In questo contesto, la moglie non aveva la sensazione che il marito stesse limitando la sua libertà e la rendesse schiava; ed il marito, a sua volta, non aveva la sensazione che fosse la moglie a comandare in famiglia. Era l'amore, e non l'egoismo, a legarli l'uno all'altra. A quei tempi la donna considerava la gestione della famiglia, il servizio verso il marito ed i suoceri, nonché la cura dei figli, come il proprio dovere, il proprio dharma. Il marito, da parte sua, trovava la propria felicità nella sicurezza e nel benessere della moglie. In una famiglia così, non c'è posto per i conflitti; è una famiglia in cui regna la pace. La nostra pace deriva dalle qualità nobili secondo cui viviamo. La ricchezza, la posizione e lo status non possono assicurarci la pace. A quei tempi le donne non sentivano il bisogno di ricevere un'istruzione superiore o di assicurarsi un lavoro per aumentare le entrate.

Domanda – Ai giorni nostri, quando entrambi i genitori lavorano, come fanno a dedicare ai bambini l'attenzione di cui hanno bisogno?

Madre – Se si rendono conto di quanto ciò sia importante, trovano sicuramente il tempo per i figli. Per quanto impegnate siano nel loro lavoro, le persone riescono comunque a prendersi dei giorni di permesso quando si ammalano, non è vero?

Le donne devono fare attenzione fin dall'inizio della gravidanza. Una donna incinta deve evitare qualsiasi situazione che possa creare tensione, perché lo stress vissuto durante la gravidanza potrebbe causare dei problemi di salute al bambino che porta in grembo. Questo è il motivo per cui una donna incinta dovrebbe fare il possibile per essere felice, compiere pratiche spirituali, frequentare degli ashram e seguire i consigli di maestri spirituali.

Le madri dovrebbero capire quanto sia importante allattare i figli al seno. Il latte materno è il latte dell'amore; prende vita dall'amore della madre per il proprio bambino. Contiene anche elementi nutritivi facilmente digeribili. È ideale per la salute del bambino e per rinforzare la sua memoria. Nulla è paragonabile al latte materno.

Quando il bambino è abbastanza grande da poter ricordare le cose, i genitori dovrebbero cominciare ad impartirgli insegnamenti morali attraverso storie e ninnananne. Nel passato, il nucleo familiare generalmente comprendeva anche i nonni e altri parenti. Oggi le persone considerano come un peso i propri genitori anziani. Traslocano e mettono su casa per conto proprio appena possibile. Così facendo, i loro figli vengono privati del terreno ricco e fertile dei rapporti di famiglia. I bambini si perdono anche le numerose storielle che il nonno e la nonna potrebbero raccontar loro. La crescita dei bambini viene ostacolata come quella di una pianticella piantata in un vaso, incapace di far crescere radici profonde e sviluppare pienamente il proprio potenziale. Nel mondo di oggi, sarebbe meglio affidare la responsabilità dei bambini agli anziani della famiglia. Essi si prenderebbero cura dei loro nipoti con più amore ed affetto di quanto potrebbero offrire una qualsiasi baby-sitter o bambinaia. Inoltre la presenza dei bambini aggiungerebbe gioia alla vita dei nonni nella loro vecchiaia.

È in braccio alla madre che i bambini imparano le prime lezioni su come distinguere tra giusto e sbagliato. La loro personalità viene modellata dalle influenze che essi assorbono fino all'età di cinque anni. In questo periodo, generalmente i bambini passano la maggior parte del tempo con i genitori. Oggigiorno, in seguito alla crescente popolarità degli asili, i bambini si perdono molto dell'amore, dell'affetto e della generosità della madre. Le persone che si prendono cura di loro negli asili sono stipendiate; tra queste, molte hanno a casa i propri figli da amare e coccolare. Con un bambino di qualcun altro una madre non ha lo stesso legame emotivo che prova col figlio. Così, proprio nel momento in cui il carattere del bambino ha bisogno di essere plasmato, la sua mente si chiude. Come ci si può aspettare che in seguito questi figli provino un senso di responsabilità tale da prendersi cura dei loro genitori che invecchiano, quegli stessi genitori che li avevano affidati a bambinaie stipendiate proprio quando avevano bisogno di crescere nel calore dell'amore materno? Ci sarebbe da stupirsi se questi figli non pensassero di mettere i loro genitori in case di riposo per anziani.

È la madre che guida il bambino. Oltre a nutrirlo d'amore e d'affetto, ha anche la responsabilità di aiutare il figlio a sviluppare delle qualità nobili. La madre è in grado di farlo dieci volte meglio del padre. Da qui il detto: 'quando un uomo è buono, è di beneficio ad una persona, ma quando lo è una donna, è di beneficio a tutta la famiglia'.

Nei bambini che crescono senza ricevere abbastanza amore, spesso prevale una natura animalesca invece di un cuore gentile. Ciò è inevitabile se i genitori non hanno alcun valore spirituale. I genitori dovrebbero fare una distinzione tra i bisogni meno importanti e le assolute necessità della vita. Bisognerebbe essere soddisfatti di uno stile di vita semplice. I genitori dovrebbero trascorrere molto tempo con i propri figli, anche se ciò significa assentarsi, a volte, dal lavoro. Amare davvero un bambino non significa portarlo al parco dei divertimenti; significa trovare il tempo per insegnargli i veri valori. Soltanto se questi valori penetrano profondamente nei bambini, essi avranno la forza di rimanere stabili, senza indebolirsi di fronte alle circostanze avverse.

I bambini hanno bisogno di godere dell'amore e dell'affetto della madre per lo meno fino all'età di cinque anni. Dai cinque ai quindici anni, i figli hanno bisogno sia d'amore che di disciplina. Si possono mantenere pace e armonia nella società soltanto se tutti i genitori si sforzano di coltivare dei valori davvero positivi nei figli.

L'integrità di ogni individuo è il fondamento di una cultura nobile per l'intera nazione. Il bambino di oggi deve svilupparsi fino a diventare domani una personalità matura. Domani raccoglieremo ciò che seminiamo oggi.

Domanda – Oggigiorno i genitori possono mandare i loro figli ad essere istruiti nei gurukula, come in passato?

Madre – Il materialismo ha rimpiazzato l'antica cultura spirituale. La cultura consumistica di oggi, orientata verso la ricerca del piacere, ha messo radici così profonde che non è più possibile tornare indietro. È due volte più forte della nostra cultura tradizionale.

Siamo arrivati al punto che non avrebbe senso pensare di poter sradicare il materialismo e riproporre il vecchio stile di vita. Tali tentativi creerebbero soltanto delle delusioni. Nel mondo di oggi dobbiamo concentrarci su come andare avanti impedendo, nello stesso tempo, il totale declino dei nostri valori tradizionali.

Il costo della vita è aumentato tremendamente, ed è difficile mantenere una famiglia se non lavorano sia il marito che la moglie. Ciò che preoccupa maggiormente i genitori è l'istruzione dei figli. A volte è impossibile ricevere una buona istruzione senza affidarsi a scuole private. Ma i costi di iscrizione e le altre spese da sostenere sono onerosi. Per mantenere la propria reputazione, le scuole private insegnano in modo meccanico. L'unico criterio per stabilire il successo di uno studente sono i voti degli esami e ciò ha ben poco a che vedere con qualsiasi vera conoscenza, saggezza o purezza di comportamento.

Il sistema educativo moderno sottopone i bambini ad un'enorme pressione. Una macchina nuova non dovrebbe mai essere guidata troppo velocemente; bisognerebbe portare gradualmente il motore al massimo regime, altrimenti lo si potrebbe danneggiare. Allo stesso modo, sottoporre una mente giovane a molta tensione, ne danneggia la salute e ne blocca lo sviluppo.

Oggi, nel nome dell'istruzione, carichiamo i nostri figli di un fardello più pesante di quanto non sia necessario in tale tenera età. In un periodo in cui i bambini dovrebbero ridere e giocare con gli amici, li forziamo a restare confinati in classe, proprio come uccellini in gabbia. Se il bambino non riesce a prendere i voti migliori fin dalla scuola materna, i genitori si preoccupano e si lamentano. Ma è il bambino che deve attraversare tutta quella sofferenza, non i genitori. Se chiedete ai bambini perché stanno studiando, la maggior parte risponderà: "Per diventare ingegnere o dottore". I genitori li spingono verso quell'obiettivo fin dalla prima elementare. Raramente essi incoraggiano i figli ad imparare il vero obiettivo della vita e a vivere di conseguenza.

Considerate lo scopo dell'istruzione. È vero che con il sistema educativo moderno si può prendere una laurea, trovare un buon lavoro e guadagnare dei soldi. Ma basta questo per raggiungere la pace mentale? Oggigiorno, l'unico scopo dell'istruzione consiste nell'acquisire denaro e potere. Ma, figli miei, non dimenticatevi che la purificazione della mente è il vero presupposto di pace e felicità nella vita. Soltanto attraverso una comprensione della spiritualità possiamo raggiungere il più alto livello di perfezionamento. Se, oltre a fornir loro un'istruzione moderna, non aiutiamo i nostri figli a coltivare la purezza mentale e dei nobili valori, alleveremo dei Ravana (demoni) e non dei Rama (dèi).

Se si cammina dieci volte su un prato erboso, si traccerà un sentiero ben definito. Ma per quante volte si cammini su una roccia, non si formerà nessun sentiero. Analogamente, quando si insegnano ad una mente giovane dei valori nobili, essi rimarranno profondamente impressi. Quando il bambino cresce, questi valori lo guideranno.

La creta può essere modellata in qualsiasi forma si desideri prima di essere posta nella fornace. Ma una volta cotta, la forma non si può più cambiare. Perciò, dovremmo insegnare dei valori nobili ai nostri figli prima che la loro mente si sia irrigidita, per l'esposizione al calore del mondo materiale. Sfortunatamente, le occasioni che ci permettono di formare il carattere dei nostri figli stanno diventando sempre più rare. Questa è la ragione per cui Amma pone l'accento su questo punto.

Domanda – Perché oggi i rapporti familiari si stanno indebolendo?

Madre – L'avidità e il desiderio di sperimentare i piaceri sensoriali stanno diventando sempre più forti, a causa dell'influsso della nostra cultura materialistica. L'influenza morale che un tempo la donna aveva sull'uomo è scomparsa. Con il tempo, le persone sono diventate egoiste nel loro desiderio smodato di guadagni materiali. Le mogli hanno incominciato a sentirsi forzate alla sottomissione da parte dei mariti. Sono sorti collera reciproca e conflitti. I genitori, che avrebbero dovuto aiutare i figli a sviluppare un buon carattere, hanno invece gettato i semi velenosi dell'egoismo e della competizione. Oggi vediamo queste qualità negative nella loro forma peggiore. Sono germogliate, cresciute e hanno esteso le loro ramificazioni da tutte le parti. Per liberarci da queste cattive qualità, è necessaria, più che la cosiddetta parità tra uomo e donna, una comprensione da parte dell'uomo e della donna del proprio ruolo all'interno della famiglia. I soldi, da soli, non bastano a garantire la pace. Nessuno è mai stato in grado di sviluppare un carattere puro o forza interiore grazie ai soldi. Come fanno i genitori, che per primi non sono soddisfatti, ad infondere e coltivare nei figli valori come la comprensione reciproca e il perdono? A causa dell'incapacità dei genitori di educare in modo corretto i propri figli, il potere delle forze distruttive nella società diventa sempre più forte con il passare delle generazioni. Se desideriamo cambiare questo stato di cose, i genitori devono coltivare i princìpi spirituali nella loro vita.

Un bambino può forse ricevere amore dalla società in vari modi. Ci possono essere molte persone affettuose nei suoi confronti, ma niente può eguagliare l'amore di una madre. Un'automobile funziona con la benzina, ma ha bisogno della batteria per partire. Per il bambino, l'amore dei genitori è come una batteria. L'amore dei genitori ricevuto nell'infanzia ci dà la forza per affrontare tutte le circostanze nella vita con il controllo della mente.

Dietro all'amore ricevuto dal mondo c'è egoismo. Si ama la mucca per il latte che fornisce, non per vero amore. Per quanto latte ci abbia dato, quando non ne ha più è destinata al macello.

Se il marito o la moglie non cedono ai desideri dell'altro, arriva subito il divorzio. Ma l'amore di una madre per il suo bambino non affonda le radici nell'egoismo.

Oltre a ricevere un'istruzione e a trovare un lavoro, dovremmo anche acquisire una comprensione dei princìpi spirituali. Quando metteremo su famiglia, la nostra conoscenza di quei princìpi ci aiuterà a compiere ogni passo sul sentiero giusto. Figli miei, questo è l'unico modo di trovare la pace. Anche dopo aver mangiato in abbondanza, abbiamo comunque bisogno della pace della mente per poter dormire bene.

Se costruiamo una casa in una zona paludosa senza prima gettare delle solide fondamenta, persino un po' di vento potrebbe farla crollare. In modo simile, se basiamo la nostra vita familiare sul materialismo, i rapporti potrebbero frantumarsi quando la famiglia deve affrontare problemi anche minimi. Ma se costruiamo la nostra vita di famiglia sulle solide fondamenta della spiritualità, potremo affrontare qualsiasi tempesta. Questo è il beneficio di condurre una vita familiare basata su una comprensione dei veri princìpi spirituali. I genitori non dovrebbero mancare di spiegare ai figli questi princìpi e di dare loro stessi l'esempio.

Nei paesi economicamente avanzati, nonostante la ricchezza, le malattie mentali sono in aumento. Soltanto comprendendo ciò che è eterno e ciò che è transitorio possiamo procedere nella vita senza perdere l'equilibrio e la pace della mente. Altrimenti, l'avanzata del materialismo che sperimentiamo oggi causerà anche in India un aumento delle malattie mentali. Amma vi fa un esempio. C'era una famiglia composta da tre persone, padre, madre e figlio. Il padre era un ufficiale e la madre un'assistente sociale. Il figlio, uno studente universitario, era fanatico del cricket. La famiglia possedeva un'automobile sola. Una sera, il padre doveva recarsi ad una riunione. Mentre avviava il motore, uscì sua moglie. Era stata invitata ad un matrimonio e voleva usare la macchina. Ne scaturì una discussione. In quel momento, arrivò il figlio dicendo che quella sera c'era una partita di cricket e che aveva bisogno dell'auto per andarci. Tutti e tre incominciarono a litigare e presto si trovarono ad urlare l'uno all'altro. Alla fine, si fece troppo tardi per tutti. Non avevano fatto altro che litigare tra loro. Se, invece, avessero cercato di venirsi incontro, non ci sarebbe stato bisogno di discutere. Avrebbero potuto andare tutti e tre insieme. Il marito avrebbe potuto accompagnare la moglie al matrimonio, lasciare il figlio al campo di cricket e andare poi alla sua riunione. Ma a causa dell'ego, tutti e tre persero i loro appuntamenti. Tra loro, invece dell'armonia, esistevano solo collera e risentimento.

Adesso, figli miei, diamo un'occhiata alla nostra vita. Non sprechiamo molto tempo in questo modo, discutendo per questioni poco importanti?

Dobbiamo afferrare questo punto. Coltivare uno spirito di umiltà e adattarsi reciprocamente alle esigenze degli altri rafforzerà giorno dopo giorno i nostri rapporti familiari. In una vera famiglia c'è un senso di mutua accettazione tra marito e moglie. Ciò espande il mondo che i due condividono, e quel mondo diventa ancora più vasto se hanno dei bambini. Ma i confini non dovrebbero fermarsi lì. Quel mondo dovrebbe espandersi sempre di più, fino ad includere tutti gli esseri senzienti e non-senzienti. Questo è lo scopo ultimo della vita familiare. Questo è il modo in cui l'uomo e la donna possono scoprire la propria perfezione. Un mondo in cui regna tale amore, che include tutto e tutti, è un mondo di felicità permanente. È una vita senza liti o dispute sul passato, una vita senza preoccupazioni inutili per il futuro. Ogni persona vive non con il pensiero "per me", ma con il pensiero "per te"! Dio arriva spontaneamente a benedire l'altare di una famiglia in cui risplende la luce dell'amore.

Parlando con un gruppo di occidentali

Un gruppo di devoti tedeschi si recò all'ashram per ricevere il darshan della Madre. La maggior parte di loro svolgeva pratiche spirituali da anni. Ciò che segue è la loro conversazione con Amma.

Domanda – Quanto tempo dovrebbe passare tra un pasto e la meditazione?

Madre – Figli miei, non meditate subito dopo aver mangiato. Aspettate almeno un paio d'ore dopo un pasto principale. Se avete fatto un pasto leggero, lasciate passare mezz'ora prima di cominciare la vostra pratica. Quando vi sedete per meditare, la vostra mente si dirige verso la parte del corpo su cui state cercando di concentrarvi: quando ci si concentra sul cuore o sull'area tra le sopracciglia, molta della nostra energia scorre verso il punto di concentrazione, e ne rimane una quantità insufficiente per la digestione. Di conseguenza, potrebbe verificarsi un'indigestione, con disturbi come vomito e mal di testa. Quindi, incominciate a meditare solo dopo aver lasciato trascorrere il tempo necessario per la digestione.

Domanda – In che modo dovremmo ripetere il nostro mantra?

Madre – Quando ripetete il mantra, concentratevi sulla forma della vostra Divinità prediletta[19] oppure sul suono del mantra. Mentre lo recitate, è bene visualizzare mentalmente ogni sillaba del mantra; potete anche focalizzare la mente sul suono prodotto. Ripetere il mantra è utilissimo per controllare i nostri pensieri. Il mantra è il remo che usiamo per remare verso l'Essere supremo.

Oggi, la vostra mente è rivolta verso la pluralità. La ripetizione di un mantra vi aiuterà a liberare la mente da questa pluralità e a centrarla su Dio. Amma ha visto molte persone preoccupate perché non riescono a visualizzare la loro Divinità Prediletta mentre fanno *japa*. Se non riuscite a vedere la Divinità, è sufficiente ricordare il Suo nome e continuare a ripetere il mantra. Concentratevi sulle lettere o sul suono. Durante la meditazione, se riuscite a focalizzare la vostra mente sulla forma, è già abbastanza; a quel punto non è necessario ripetere il mantra. Ma la recitazione dovrebbe continuare ininterrottamente nella vostra mente: quando lavorate, camminate, siete seduti, viaggiate o qualsiasi cosa stiate facendo. In questo modo, la mente riposerà sempre in Dio in modo sottile. Non preoccupatevi se non raggiungete una concentrazione totale. Per lo meno potete prestare attenzione al suono del mantra.

Ogni volta che recitate il mantra, potete immaginare di offrire un fiore ai piedi della vostra Divinità prediletta. Tenendo gli occhi chiusi, cogliete un fiore dal vostro cuore, portatelo ai piedi della Divinità e posatelo lì. Se ciò non vi è possibile, concentratevi sul suono del mantra o sulla forma delle lettere del mantra. Qualsiasi metodo scegliete, non lasciate che la mente vaghi, tenetela stretta alla vostra Divinità prediletta.

Domanda – È necessario ripetere il mantra durante la meditazione?

---

[19] Quando la Madre si riferisce alla Divinità prediletta, intende qualsiasi aspetto del Divino sia per noi Dio; per esempio la Madre Divina, Krishna o Gesù.

Madre – No, non è necessario, se siete in grado di fissare la mente sulla forma.

Domanda – Come facciamo a focalizzare la mente sulla forma della nostra Divinità prediletta durante la meditazione?

Madre – Visualizzate la forma della vostra Divinità prediletta ripetutamente dalla testa ai piedi e dai piedi alla testa. Potete immaginare di camminare attorno alla Divinità, di correre e scherzare con Lei; o che la Divinità stia scappando da voi e voi la rincorrete cercando di raggiungerla. Potete immaginare di essere seduti sulle sue ginocchia e di darle un bacio, o di pettinarle i capelli, o che Lei stia pettinando e accarezzando i vostri. Tutte queste visualizzazioni hanno lo scopo di tenere la mente legata alla vostra Divinità prediletta.

Quando visualizzate la forma divina, pregate, per esempio così: "O Madre, guidami!", "O Padre, guidami!", "Luce Eterna, guidami!" o "Oceano di Compassione, guidami!"

Pensate a quanto lontano può andare la mente in un secondo! Queste visualizzazioni servono a fermarla. Nel Vedanta potrete non trovare queste cose, ma soltanto facendo questi passi potrete sperimentare ciò di cui parla il Vedanta.

Domanda – Come facciamo a recitare il mantra o a ricordare la forma della nostra Divinità prediletta mentre lavoriamo? Non ci dimenticheremo di ripetere il mantra?

Madre – Immagina che tuo fratello sia in un letto d'ospedale in condizioni critiche. Saresti in grado di smettere di pensare a lui anche quando sei al lavoro? Penseresti costantemente a lui, qualsiasi cosa tu sia impegnato a fare. "Ha ripreso coscienza? Parla? Si sente meglio? Quando potrà venire a casa?" Non ci sarà altro nella tua mente se non tuo fratello. Ma sarai comunque in grado di lavorare. Allo stesso modo, se consideriamo Dio come il nostro parente più stretto, che veramente ci appartiene, non sarà difficile per noi ricordarci di Lui e ripetere il mantra.

Domanda – Tutti i brahmachari e le brahmacharini che vivono qui raggiungeranno la realizzazione?

Madre – I figli che sono venuti qui l'hanno fatto per due diverse ragioni. Ci sono coloro che hanno preso la decisione di venire perché hanno sviluppato un distacco totale verso le cose del mondo, e poi ci sono quelli che stanno imitando questo gruppo e sono venuti qui in seguito ad un entusiasmo iniziale. Ma anche loro, se si sforzano, possono assorbire questo samskara spirituale e progredire. Non è forse vero che anche tra coloro che conducevano una vita malvagia, alcuni hanno ripreso il giusto cammino grazie al satsang? Valmiki era un abitante della foresta che derubava e assassinava la gente. Attraverso il satsang e i suoi successivi sforzi divenne un grande saggio e il nostro primo poeta. Il satsang ebbe anche un grande effetto su Prahlada, che divenne il più grande dei devoti, nonostante fosse nato in una dinastia di *asura*[20].

---

[20] Quando la moglie del re demone Hiranyakashipu era incinta, i *deva* attaccarono gli asura. Hiranyakashipu a quel tempo stava compiendo delle severe austerità. I deva volevano uccidere il bambino che Kayadhu portava in grembo. Erano preoccupati che il bambino in futuro avrebbe potuto essere una minaccia per loro. Ma mentre Davendra stava rapendo Kayadhu, il saggio Narada intervenne e lo fermò. Narada sapeva che il bambino che stava per nascere era destinato ad essere un suo discepolo e sarebbe diventato famoso per la sua grande devozione al Signore Vishnu. Così Narada condusse Kayadhu al suo eremitaggio, e ogni giorno le parlava del Signore Vishnu e le raccontava storie meravigliose su di Lui. E il bambino che lei aveva in grembo assorbiva ogni cosa con interesse. Persino quando Kayadhu si addormentava per la stanchezza, il bambino rispondeva alle storie del santo! Quindi, mentre era ancora nell'utero, Prahlada entrò in contatto con le storie delle incarnazioni divine del Signore. Trascorse anche la maggior parte della sua infanzia nell'ashram di Narada.

Anche se alcune persone vengono qui solo per un entusiasmo iniziale, possono davvero cambiare se cercano di cogliere gli insegnamenti, assimilarli e applicarli alla propria vita. Non è forse possibile imparare tutto di un'arte attraverso una costante associazione con un maestro di quell'arte? Ma se non gli si sta vicino per osservarlo, non s'impara niente. In modo simile, stando qui all'ashram e partecipando alla vita dell'ashram, a tempo debito una persona può progredire e dentro di lei si creerà una disposizione spirituale. Se non si verifica alcun cambiamento anche dopo un lungo periodo di associazione, allora dovremo semplicemente accettare il fatto che questo è il karma di quella persona, ereditato dalle vite precedenti. È inutile dare la colpa a qualcuno.

In un certo villaggio, un sannyasi si sedeva ogni giorno sotto un albero, meditava e ripeteva un mantra. I paesani gli portavano frutti e dolci e gli offrivano i loro servigi. Un giovane che osservava la scena giorno dopo giorno, incominciò a pensare che la sua vita sarebbe stata sicuramente libera da problemi se fosse stato anche lui un monaco come quello. Quindi si recò in un villaggio vicino, indossò l'abito ocra dei sannyasi, si sedette sotto un albero e cominciò a ripetere un mantra. Nel giro di breve incominciarono ad arrivare delle persone a rendere i loro omaggi al sannyasi. Arrivarono in abbondanza vassoi di frutta e dolci. C'erano molte belle donne tra coloro che venivano a trovare il giovane. Dopo alcuni giorni egli scomparve. Era sparito con una di quelle donne.

Coloro che vengono qui soltanto per finzione non andranno molto lontano. Soltanto chi ha fede assoluta ed è capace di totale abbandono raggiungerà lo stato ultimo. Gli altri alla fine se ne andranno per la loro strada. Perché preoccuparsi di loro? Questo è un campo di battaglia. Se riuscite ad aver successo qui, potete conquistare il mondo intero; l'intero universo sarà sotto il vostro controllo.

Domanda – Se Dio è la causa di tutto, non è allora anche la causa delle numerose malattie che vediamo oggi?

Madre – Dio è la causa di tutto, ma ci ha anche detto come condurre la nostra vita; Egli ci parla tramite i mahatma. Che senso ha incolpare Dio per le difficoltà che sperimentiamo quando non obbediamo ai suoi insegnamenti?

Un ricostituente vi aiuta a ristabilirvi ma se bevete tutta la bottiglia in un sorso, senza ascoltare le istruzioni del dottore, potreste rovinare anche quel poco di salute che vi rimane. Se non sintonizzate correttamente la radio, vi darà soltanto fastidio. Quando la sintonizzate nel modo giusto, la musica vi darà un senso di piacere e soddisfazione. In modo simile, le persone soffrono perché non riescono a cogliere gli aspetti più importanti nella vita. È afferrando i punti chiave della vita che possiamo trovare la felicità, e questi princìpi si possono imparare con il satsang. Ascoltare discorsi spirituali può aiutarci a risolvere molti problemi. Ma se si vive accanto ad un Maestro spirituale che dimora nella Verità ultima e si seguono le sue istruzioni, la vita sarà sempre piena di gioia; non si sarà mai in pericolo. La vita di coloro che non imparano i veri princìpi della vita attraverso libri o discorsi spirituali, né godono della presenza di un Maestro spirituale, non potrà che avviarsi al peggio.

Molte delle malattie che vediamo oggi sono il risultato delle azioni egoiste dell'umanità. I pesticidi e i fertilizzanti usati per coltivare cereali e verdura sono tossici abbastanza da uccidere una persona se vengono inalati. Noi mangiamo alimenti derivati da questi raccolti, cibi tossici e adulterati, prodotti per ricavarne un profitto gigantesco. Come potrebbe la nostra salute non risentirne? Anche l'uso di alcolici e droghe è causa di molte malattie. Ma nemmeno le medicine che si usano per curare le malattie sono sane; sono anch'esse adulterate. Così, il comportamento disumano degli esseri umani è la ragione per cui oggi le malattie si stanno moltiplicando così tanto. Non possiamo incolpare Dio di questo. Dio non fa ammalare nessuno. E non fa nemmeno soffrire nessuno. Non ci sono imperfezioni nella creazione di Dio. Sono gli esseri umani a distorcere tutto. Dovremmo vivere secondo la volontà di Dio, in armonia con la natura. In questo modo la maggior parte delle malattie di oggi potrebbero essere eliminate.

Domanda – Oggi nemmeno i bambini sono liberi dalle malattie. Quali errori hanno commesso?

Madre – Sono spesso i genitori ad essere inavvertitamente la causa delle loro malattie. Dopotutto, i bambini nascono dal seme di genitori che vivono nutrendosi di cibo avvelenato.

Come potrebbero, dunque, essere sani? Oggi persino il latte di mucca contiene delle sostanze tossiche. Le mucche mangiano erba e altri tipi di foraggio trattati con pesticidi.

I figli di alcolizzati e di tossicodipendenti non saranno certo sani. Potrebbero addirittura avere delle malformazioni, perché il seme del padre può non avere avuto gli elementi necessari per creare un corpo sano. Anche i figli di chi fa un uso eccessivo di medicine allopatiche sono predisposti alle malattie. È a causa delle azioni negative che queste anime hanno commesso nelle loro vite precedenti che ora devono rinascere come figli di tali genitori. In questo modo, devono subire anche le conseguenze delle azioni negative dei loro genitori. La nostra felicità e il nostro dolore dipendono entrambi dalle nostre azioni. La causa prima di ogni cosa risiede nel karma. Se compiamo le nostre azioni con grande cura e vigilanza, non dovremo sperimentare sofferenza. Potremo essere sempre felici.

Sono le persone a creare le proprie difficoltà. Sperimentano i frutti degli errori che hanno commesso, non di quelli che non hanno commesso. Oggi, la gente non vive come parte della Creazione di Dio; vive in un mondo di propria creazione e ne sperimenta i frutti. Quindi non possiamo biasimare Dio e dire che è colpa sua. Finché continueremo a seguire il sentiero di Dio non avremo di che preoccuparci; non sapremo nemmeno cosa sia la sofferenza.

Domanda – Le Scritture parlano di reincarnazione. Su che basi un'anima individuale ottiene un nuovo corpo?

Madre – Ogni anima individuale riceve una nuova nascita in accordo con il proprio samskara precedente. L'ottenimento di una nascita umana dipende dal samskara raggiunto dall'anima individuale nella sua vita precedente. Se una persona compie delle buone azioni e conduce una vita pura, può in verità diventare Dio. Ma se una persona persiste a vivere come un animale, nonostante sia nata come essere umano, dovrà di nuovo rinascere in una forma di vita inferiore.

C'è un'aura che circonda il nostro corpo. Proprio come registriamo della musica o una conversazione su nastro, l'aura registra ogni nostro pensiero ed azione. La registrazione sull'aura avviene in parti diverse a seconda del tipo d'azione: le buone azioni sono catturate dall'aura dalla vita in su, e le azioni cattive nella parte inferiore. Se una persona ha compiuto principalmente buone azioni, dopo la morte ascende ad un livello superiore. L'anima raggiunge il mondo degli antenati o rinasce a seconda dei limiti stabiliti dalle sue azioni. Ma se una persona ha compiuto prevalentemente cattive azioni, l'aura di quell'anima precipita a terra e si trasforma in cibo per vermi ed insetti, e l'anima rinascerà sotto forma di uccello o animale.

Quando si schiude un uovo sano, fuoriesce un uccellino. Se l'uovo è cattivo, non ci sarà nessun uccellino: l'uovo rotto marcisce a terra e viene mangiato da vermi e insetti.

Vivere soltanto per la felicità di oggi condurrà solo al dolore di domani.

Se sputate verso l'alto restando sdraiati per terra perché siete troppo pigri per alzarvi, lo sputo ricadrà su di voi. In modo simile, per ogni azione ci sarà una reazione corrispondente da parte della natura. Questo è certo.

Domanda – Se abbiamo compiuto molte azioni nelle nostre vite passate, perché adesso non ce ne ricordiamo?

Madre – Siete in grado di ricordarvi di tutto ciò che avete fatto da piccoli? Non riusciamo nemmeno a ricordare tutte le cose che abbiamo fatto in questa vita! Una canzone imparata a memoria ieri, oggi può essere dimenticata. Come potete allora aspettarvi di ricordare ciò che è successo in una vita precedente? Ma quando la vostra mente diventerà sottile attraverso la pratica spirituale, saprete ogni cosa. Quando parliamo dei frutti delle azioni compiute in vite passate, si intendono anche i frutti delle azioni compiute inconsapevolmente in questa vita.

La felicità e il dolore che sperimentiamo adesso sono il risultato delle nostre azioni passate, sia di vite precedenti, che di questa stessa vita. Se usiamo la nostra intelligenza e agiamo in modo corretto, possiamo vivere contenti. Possiamo diventare i figli della beatitudine.

Domanda – Quando ci capita di toccare qualcuno con il piede, dovremmo toccare quella persona con la mano e poi portarci la mano alla fronte. Non è tutta una superstizione?

Madre – Queste pratiche sono state istituite dai nostri antenati per coltivare delle buone abitudini nelle persone. Ad un bambino diciamo: "Se racconti delle bugie diventerai cieco." Se ciò fosse vero, quante persone oggi sarebbero in grado di vedere? Ma dicendo così, siamo in grado di correggere l'abitudine del bambino di raccontare bugie. Quando urtiamo qualcuno con il piede, ci viene richiesto di toccare quella persona e mostrare rispetto. Lo scopo è di coltivare in noi l'umiltà. Una persona che mette in pratica questo comportamento non penserà mai di dare un calcio a qualcuno nemmeno se fosse arrabbiata.

Esiste un'altra ragione per questa pratica. C'è un collegamento tra i piedi e la testa. Quando il piede urta qualcosa, vengono stimolati alcuni nervi cerebrali. Quando chiniamo la testa, riduciamo la tensione in quei nervi.

Ma, principalmente, queste pratiche ci aiutano a sviluppare una buona condotta.

Domanda – Madre, si può dividere la vita in due aspetti, quello spirituale e quello materiale? Quale dei due ci dà la felicità?

Madre – Figli miei, non c'è bisogno di considerare il lato materiale e quello spirituale della vita come separati. La differenza esiste soltanto nell'atteggiamento mentale. Occorre comprendere la spiritualità e vivere di conseguenza. Solo allora la vita sarà piena di beatitudine. La spiritualità ci insegna come vivere una vita di vera felicità. Potremmo dire che il lato materiale della vita sia il riso, e quello spirituale lo zucchero: la spiritualità è lo zucchero che addolcisce il budino di riso. È la comprensione della spiritualità a rendere dolce la vita.

Se si fa affidamento sul lato materialistico della vita, ci sarà sofferenza. Coloro che desiderano soltanto i piaceri materiali devono essere preparati a sperimentare anche la sofferenza. Dovrebbe pregare per necessità materiali soltanto chi è disposto a soffrire per ottenerli. Il lato materiale ci tormenterà e torturerà in continuazione. Ciò non significa che si debba rinunciare completamente alla vita del mondo. Amma sta soltanto dicendo che bisognerebbe avere una comprensione della spiritualità quando si vive nel mondo. In questo modo non si verrà indeboliti dalla sofferenza. In questo mondo, nessuno che sostiene di essere nostro parente o amico, ci appartiene veramente. Nessuno che afferma di far parte della nostra famiglia ne è davvero parte: solo Dio è la nostra vera famiglia. Chiunque altro potrebbe rivoltarsi contro di noi in qualsiasi momento. Le persone ci amano soltanto perché desiderano la propria felicità. Quando sopraggiungono malattie, dolore o difficoltà, dobbiamo affrontarli da soli. Quindi, sviluppiamo attaccamento solamente verso Dio. Se siamo attaccati al mondo, sarà difficile per noi riavere la nostra libertà. Quante innumerevoli vite una persona deve vivere prima di liberarsi dagli attaccamenti!

La vita andrebbe vissuta come se si stesse compiendo un dovere. In questo modo, non ci faremo sopraffare dalla tristezza se gli altri si mostrano ostili o ci abbandonano. Se qualcuno che abbiamo amato più della nostra stessa vita all'improvviso incomincia ad odiarci, non finiremo in pezzi, né ci sarà motivo per disperarci.

Se abbiamo un taglio sulla mano, non guarirà se restiamo soltanto a guardare piangendo. E non serve a niente piangere quando si perdono i propri averi o i propri cari: piangere non li riporterà indietro. Ma se riusciamo a capire e ad accettare il fatto che chi è con noi oggi, domani potrebbe lasciarci, allora possiamo vivere felici, liberi dal dolore, anche se qualcuno si rivolta contro di noi o ci abbandona. Ciò non significa che non dobbiamo amare nessuno; al contrario, dovremmo amare tutti. Ma il nostro amore dovrebbe essere disinteressato. Bisognerebbe amare senza alcuna aspettativa. Questo ci aiuterà ad evitare il dolore.

La vita nel mondo contiene sofferenza. Tuttavia, la vita può comunque darci la felicità se abbiamo una certa comprensione della spiritualità. Se ci tuffiamo in un mare agitato senza allenamento, potremmo venir sommersi dalle onde e addirittura annegare. Ma chi sa nuotare nel mare, riesce ad affrontare con facilità anche le onde alte. In modo simile, se facciamo in modo che la spiritualità sia il fondamento della nostra vita, possiamo procedere senza vacillare in qualsiasi circostanza, per quanto difficile sia. La mente trova felicità in un oggetto e ne detesta un altro. Alcune persone pensano di non poter vivere senza sigarette, mentre ad altre dà fastidio il fumo. Felicità e infelicità sono nella mente. Se la controllate e la dirigete verso il sentiero giusto, ci sarà soltanto felicità nella vostra vita. Per questo, vi occorre la conoscenza spirituale; e se vivete in conformità con quella conoscenza, non ci può essere sofferenza.

Cercate di recitare sempre il mantra. Parlate soltanto di Dio. Rinunciate ad ogni tipo di egoismo. Abbandonate tutto a Dio. Se sappiamo vivere in questo modo, non proveremo sofferenza.

Se ci affezioniamo così facilmente alle cose materiali, perché non possiamo sviluppare attaccamento per Dio? La nostra lingua sa parlare di qualsiasi cosa; perché non possiamo insegnarle a recitare il nostro mantra? Se riusciamo a farlo, non solo noi stessi, ma anche le persone che ci stanno attorno troveranno la pace.

La maggior parte delle persone discute dei propri problemi con chiunque abbia intorno. Ciò non risolve i loro problemi; rende soltanto infelici anche coloro che devono stare ad ascoltarle. È come un serpente piccolo che cerca di inghiottire uno più grosso.

Essere immersi nel mondo significa dimenticare Dio; vuol dire non volere altro che la propria felicità, affidandosi per questo agli oggetti materiali, ed essere costretti a soffrire la maggior parte della vita per qualche piccolo frammento di piacere. È così che le persone perdono la propria pace mentale e hanno un effetto negativo anche su chi le circonda. Essere altruisti e abbandonare ogni cosa a Dio, sapendo che in realtà tutto gli appartiene: questa è spiritualità. Coloro che vivono in questo modo non solo provano pace interiore loro stessi, ma la diffondono anche nel cuore di chi li circonda.

Domanda – Madre, hai detto che la nostra devozione non dovrebbe essere motivata da desideri, ma che dovrebbe affondare le sue radici nella comprensione dei princìpi spirituali. Per quale ragione?

Madre – Si può progredire veramente soltanto attraverso la devozione che si fonda sui princìpi essenziali. Dovremmo imparare a condurre la nostra vita sul sentiero giusto. La devozione ci insegna come fare. Nella vita di un vero devoto c'è soltanto beatitudine. Ma se la devozione non è accompagnata da una comprensione dei princìpi spirituali, tutta la nostra vita sarà in disarmonia. Una vita simile non ci darà alcuna felicità. Questa è la ragione per cui Amma dice che quando si venera Dio bisognerebbe avere una comprensione dei princìpi spirituali e pregare di avere vera devozione.

Oggi le preghiere della maggior parte delle persone sono interamente motivate dai desideri. La loro devozione non si basa su alcuna vera comprensione; vanno al tempio quando vogliono qualcosa e fanno il voto di offrire a Dio qualcosa in cambio se ottengono ciò che vogliono. Questa non si può chiamare devozione. La felicità non si può raggiungere in questo modo. Amano Dio se raggiungono il loro scopo, lo odiano se non ci riescono. La loro vita è contraddistinta da una fede insicura, intermittente.

In un paese c'erano due coppie sposate da dieci anni. Nessuna delle due aveva figli. Una coppia era così triste per questo fatto che cominciò a pregare Dio. Pregava ogni giorno per avere un bambino. Poi una notte il marito fece un sogno. Un essere divino gli apparve e gli chiese: "Se riceverete un figlio, sarete soddisfatti?" Egli rispose: "Senza un figlio, non sarò mai felice. Se solo avessi un bambino, sarei sempre contento." L'essere divino lo benedì e scomparve. Di lì a poco, la moglie rimase incinta. Erano entrambi fuori di sé dalla gioia. Ma la loro felicità non durò a lungo, perché incominciarono a preoccuparsi per il nascituro. Il loro pensiero costante era: "Gli organi e gli arti del bambino saranno intatti? Nostro figlio sarà sano? Sarà bello?" In passato avevano pregato Dio mossi dal desiderio di avere un figlio, ma adesso non avevano più nemmeno un momento per pensare a Lui. Tutti i loro pensieri erano per il bambino che stava per nascere e finirono per non avere mai un attimo di pace.

Il bambino arrivò. Era un maschietto sano e i genitori erano molto felici. Incominciarono a risparmiare soldi per la sua istruzione. Quando diventò più grande, il bambino iniziò ad andare a scuola. Ogni mattina, quando usciva per la scuola, i genitori si preoccupavano per lui. E se qualcuno gli fa del male? E se cade da qualche parte? Non riuscivano a rilassarsi finché il figlio non tornava a casa. Con il passare del tempo il ragazzino divenne ostinato e monello. Rifiutava di obbedire ai suoi genitori e non s'interessava agli studi. Ora tutte le preoccupazioni del padre e della madre erano rivolte al futuro del ragazzo. Ma con la crescita le sue cattive abitudini si intensificarono. Tutti si lamentavano del suo comportamento. Quando arrivò all'università, iniziò a bere. Era sempre a chieder soldi ai genitori; divenne un'abitudine quotidiana. Non esitava ad insultarli e addirittura picchiarli. Adesso, ogni giorno i genitori temevano il momento in cui sarebbe tornato a casa. Il figlio vendette tutti gli averi dei suoi genitori, uno dopo l'altro. Un giorno, quando si rifiutarono di dargli dei soldi, il ragazzo li minacciò con un coltello. Temendo per la propria vita, per dargli quello che voleva dovettero chiedere del denaro in prestito, dal momento che non possedevano più niente di proprio. Quando non furono in grado di saldare i debiti, la gente del posto divenne ostile nei loro confronti e smise di prestar loro denaro. Alla fine, quando i genitori non gli erano più di alcuna utilità, il ragazzo li abbandonò ed essi non lo videro più. Avevano vissuto soltanto per il figlio e adesso lui se n'era andato; i loro vicini li odiavano ed essi avevano perso tutto. Potevano solo piangere. Nella loro vita non restava che la disperazione.

Se è soltanto la felicità materiale che vogliamo, dobbiamo anche essere preparati a sopportare i dispiaceri che l'accompagnano.

Anche l'altra coppia aveva pregato Dio, ma non per avere un bambino. Pregavano per amore di Dio. La loro devozione era basata su un vero amore per Dio. Il fatto di non aver bambini non li preoccupava. Questa era la loro preghiera: "Non abbiamo figli. Quindi, Signore, fa' che consideriamo tutti come figli tuoi! Avremo dei figli se è la volontà di Dio. Perché preoccuparsene? Dovremmo pregare Dio per avere devozione." Questa era l'attitudine della coppia, che aveva una vera comprensione della spiritualità. Erano consapevoli di ciò che è eterno e dello scopo della vita, recitavano costantemente il loro mantra, nel tempo libero raccontavano con gioia storie che trattavano di Dio e cantavano bhajan con i loro parenti ed amici. Ogni giorno pregavano di poter amare e servire tutti e davano anche una parte delle loro entrate ai poveri. Dio era contento della loro devozione disinteressata. E pur non avendolo chiesto, furono benedetti dalla nascita di un figlio. La loro devozione continuò inalterata anche dopo che nacque il figlio. Sebbene fossero riconoscenti e felici, alla sua nascita essi non si lasciarono prendere da una gioia eccessiva. Continuarono a condurre una vita dedita a Dio, raccontarono al figlio storie spirituali e gli insegnarono a pregare e a cantare bhajan fin da bambino. Di conseguenza, il ragazzo sviluppò una natura benevola e tutti gli volevano bene. I genitori erano molto affettuosi con il figlio, ma non gli erano eccessivamente attaccati; restavano fermamente uniti solo a Dio. All'avvicinarsi della vecchiaia, essi non si aspettavano compagnia da nessuno: Dio era il centro della loro vita. Ma molte persone vennero da loro e li servirono con amore e riverenza, perché erano attratte dalla devozione innocente della coppia e dal loro amore disinteressato verso tutti. Grazie al loro altruismo, essi godettero di una vita felice. Furono pieni di gioia sia prima che dopo la nascita del figlio. E poiché pregavano in questo modo: "Dio, fa' che consideriamo tutti come figli tuoi", ebbero in dono molto più di un figlio; vennero date loro molte persone che li amavano e servivano.

Entrambe le coppie avevano *bhakti,* ma la devozione di una coppia era *kamya bhakti*[21], mentre la bhakti dell'altra coppia era devozione immotivata: solo per amore dell'amore.

Per la prima coppia, il figlio era tutto; pensavano che sarebbe stato con loro per sempre. Consideravano Dio solo uno strumento per esaudire i loro desideri; non appena ebbero quello che desideravano, si dimenticarono di Dio. E quando il figlio li lasciò, furono sopraffatti dalla disperazione.

Ma la seconda coppia sapeva che soltanto Dio è vero ed eterno in questo mondo illusorio. Sapevano che nessuno è disposto ad amare un altro più della propria felicità. Sapevano anche che un figlio, un compagno, la ricchezza o qualsiasi altra cosa non li avrebbero accompagnati oltre la morte. Perciò, il loro unico obiettivo era di realizzare il Sé, che è il solo eterno. Ed essi vissero in sintonia con quest'obiettivo. La loro devozione affondava le radici nel *tattva.* Essi non soffrivano se qualcuno voltava loro le spalle. Amavano anche coloro che li avevano in antipatia. Poiché avevano affidato la propria vita a Dio, erano felici.

Figli miei, la devozione dovrebbe essere basata soltanto sul nostro desiderio per Dio. Allora Dio ci darà tutto; non ci sarà bisogno di preoccuparci di chi si prenderà cura di noi nella vecchiaia. Nessun devoto sincero è mai morto di fame o ha mai sofferto perché non c'era nessuno che si prendesse cura di lui. E perché pensare a cosa succederà al corpo dopo la morte? Il corpo

---

[21] Devozione motivata dal desiderio.

comincerà a puzzare poco dopo. Verrà sepolto o cremato. Non c'è bisogno di sprecare la propria vita a preoccuparsi di cose simili.

Perché essere in ansia pensando al domani? Quello che è successo anche solo un attimo fa è come un assegno annullato. Non serve a niente perdere la propria forza continuando a pensarci. Vivete l'oggi con grande attenzione e vigilanza, e il domani vi sarà amico.

La devozione è importante, ma pregare e poi criticare gli altri non è devozione. Chi ha devozione non prova gelosia o ostilità verso gli altri. Dovremmo cercare di vedere Dio in tutti: questa è devozione. Compiere delle buone azioni con grande attenzione è anch'essa devozione. Ciò che Amma chiama devozione è la capacità di discernere tra l'eterno e l'effimero. Questo è ciò di cui abbiamo bisogno.

Domanda – Non è Dio che ci fa fare sia le cose giuste che quelle sbagliate?

Madre – Se hai davvero la consapevolezza che è Dio a farti fare tutto, allora quello che dici è vero. In questo caso, quando sperimenti il beneficio di una buona azione o la punizione per un'azione negativa, dovresti essere altrettanto in grado di pensare: "È Dio che dà ogni cosa."

Non è Dio responsabile dei nostri errori, siamo noi. Incolpare Dio dei problemi che sorgono a causa della nostra ignoranza equivale a dare la colpa alla benzina quando con l'auto urtiamo qualcosa a causa della nostra guida distratta. Dio ci ha indicato chiaramente come dovremmo vivere in questo mondo. Non possiamo incolpare Dio per le conseguenze che derivano dal non seguire le sue istruzioni.

Domanda – Nella *Bhagavad Gita* si dice che dovremmo compere le nostre azioni senza alcun desiderio per i loro frutti. Come possiamo lavorare senza desiderare i frutti del nostro lavoro?

Madre – Il Signore disse questo per permetterci di vivere una vita libera dalla sofferenza. Compite le vostre azioni con grande cura e attenzione, e senza esser consumati dall'ansia per i risultati. I risultati adeguati arriveranno di conseguenza. Se studiate, fatelo con attenzione. Non avete bisogno di preoccuparvi se passerete o no l'esame. Se state costruendo una casa, fatelo con cura seguendo il progetto, senza tormentarvi chiedendovi se la casa starà in piedi oppure no. Compite delle buone azioni, e non potranno che seguire dei buoni risultati. Se vendete del riso di buona qualità, senza sassolini, tutti lo compreranno. Questo è il frutto dei vostri sforzi nel selezionare dei buoni chicchi, e poi scottarli, seccarli e mondarli. Ma se adulterate il riso per trarne più profitto, prima o poi riceverete la punizione che vi meritate e perderete anche la pace mentale. Quindi compite le vostre azioni con cura e attenzione, con l'attitudine che tutto quello che fate è un'offerta a Dio. Riceverete i frutti delle vostre azioni nella misura giusta, né più né meno, sia che vi preoccupiate o no dei risultati. Perché dunque sprecare tempo a pensarci? Non sarebbe più opportuno, invece, usare quell'energia per compiere l'azione nel modo migliore? O non sarebbe meglio focalizzare la mente su Dio invece di perdere tempo?

Domanda – Se il Sé è onnipresente, non dovrebbe essere presente nel corpo anche dopo la morte? Perché allora si verifica la morte?

Madre – Solo perché una lampadina si fulmina non significa che non ci sia elettricità. Se spegniamo un ventilatore, non sentiamo il flusso dell'aria, ma l'aria non scompare. O immaginiamo di gonfiare un palloncino, legarlo e farlo salire in cielo. Se il palloncino scoppia, l'aria non smette di esistere; è sempre lì. In modo simile, il Sé è presente dappertutto. Dio è ovunque. La morte avviene non a causa dell'assenza del Sé ma a causa di un guasto irreparabile dell'*upadhi*[22]. La morte è la distruzione dell'upadhi; non ha niente a che fare con alcuna deficienza del Sé.

Domanda – È possibile raggiungere lo stato di realizzazione del Sé solo svolgendo la pratica spirituale, leggendo dei libri e ascoltando dei discorsi, senza l'aiuto di un Maestro spirituale?

Madre – Non si diventa meccanici semplicemente imparando dai libri. Bisognerà fare un apprendistato con un meccanico esperto. Si deve osservare ciò che fa e imparare da lui. In modo simile, per essere consapevoli degli ostacoli che possono sorgere durante la pratica spirituale e poterli superare per giungere alla meta, c'è bisogno di un Maestro spirituale.

Le istruzioni per l'uso di una medicina sono sull'etichetta. Ma comunque non dovreste prenderla senza prima consultare un medico. L'etichetta vi dà solo istruzioni generiche. Il medico decide come la medicina dovrebbe essere impiegata, tenendo in considerazione la salute e la costituzione di ciascun paziente. Se non seguite le prescrizioni del dottore, la medicina potrebbe farvi più male che bene. In modo simile, leggendo dei libri e ascoltando discorsi spirituali potete imparare delle cose sulla spiritualità e sulle pratiche spirituali; ma per superare certe difficoltà che possono sorgere e per raggiungere la meta tramite la pratica spirituale, avete bisogno di un Maestro spirituale.

Quando una pianticella viene trapiantata da un posto all'altro, bisognerebbe prendere anche un po' di terriccio del luogo originario, in modo che per la piantina non sia troppo difficile mettere le radici e adattarsi alla sua nuova casa. Senza un po' della terra d'origine, sarà difficile per la pianta abituarsi a quella nuova. La presenza di un Maestro spirituale è come la terra del luogo d'origine.

---

[22] Mezzo, strumento; in questo caso la Madre si riferisce al corpo.

All'inizio, per un aspirante è molto difficile perseverare nella sua sadhana. La presenza del Maestro dà al discepolo la forza necessaria per trascendere tutti gli ostacoli e restare saldamente radicato nella vita spirituale. Un albero di mele ha bisogno di un clima particolare per crescere nel modo giusto. Ha bisogno anche d'acqua e di fertilizzanti in determinati momenti. Tutti gli insetti nocivi che lo infestano devono essere eliminati. In modo analogo, il Maestro crea le circostanze adatte alla pratica spirituale del discepolo e lo protegge da tutti gli ostacoli.

Il guru indica quale forma di pratica spirituale vi si addice. Egli decide quale sentiero spirituale dovreste seguire; se la vostra pratica spirituale dovrebbe essere quella della discriminazione (tra l'eterno e il transitorio), il servizio disinteressato, lo yoga, un certo tipo di meditazione, o la ripetizione del mantra e la preghiera. Alcune persone non hanno la costituzione fisica necessaria a fare yoga, e ci sono persone che non dovrebbero meditare troppo a lungo. Cosa accadrebbe se lasciassimo salire 125 persone su un autobus che ne può accogliere soltanto 25? Non si può far funzionare un piccolo macinino allo stesso modo di un frullatore ad uso industriale; se lo fate funzionare senza sosta, si surriscalda e si rovina. Il Maestro suggerisce la giusta pratica spirituale secondo lo stato fisico, mentale ed intellettuale di ognuno.

Il Maestro conosce la natura della vostra mente e del vostro corpo meglio di quanto non la conosciate voi stessi. Egli vi dà istruzioni a seconda delle vostre capacità. Se ignorate queste cose e incominciate a compiere pratiche spirituali seguendo delle informazioni che avete trovato da qualche parte, senza ricevere la guida giusta, potreste perdere l'equilibrio mentale. Se una persona medita per un tempo eccessivo, la testa si può surriscaldare e gli può venire l'insonnia. Il guru, a seconda della natura di ciascuno, ci istruisce su quale parte del corpo concentrarci durante la meditazione (per esempio il cuore o il punto tra le due sopracciglia) e per quanto tempo meditare.

Quando partite per un viaggio, se siete accompagnati da una persona che vive nella zona verso cui siete diretti e che conosce tutte le strade per arrivarci, giungerete velocemente a destinazione. Altrimenti un viaggio di un'ora potrebbe durarne dieci. Anche se avete una mappa, potreste comunque perdervi in una zona sconosciuta. Potreste finire in un'area pericolosa. Ma non c'è niente da temere se con voi c'è qualcuno che conosce la strada. Il ruolo del Maestro spirituale può essere paragonato a quello di una simile guida. Il guru conosce benissimo tutti i vari sentieri del viaggio spirituale. Ci potranno essere degli ostacoli ad ogni passo della vostra pratica spirituale; senza un Maestro che vi guidi vi sarà difficile mantenere la pratica quando sorgono delle difficoltà.

Se ricevete l'iniziazione da un satguru, potete progredire molto rapidamente. Non potete fare lo yogurt semplicemente aggiungendo latte al latte; al latte dovete aggiungere un po' di yogurt. L'iniziazione al mantra data da un satguru è una cosa simile; risveglia il potere spirituale dell'aspirante.

Domanda – Obbedire a un Maestro spirituale non è una forma di schiavitù?

Madre – È difficile eliminare l'ego soltanto attraverso la sadhana. Per rimuovere l'ego, bisogna seguire certi passi consigliati da un Maestro qualificato. Quando chiniamo il capo di fronte ad un Maestro spirituale, non ci stiamo concentrando sulla persona, ma sui princìpi che il guru personifica. Ci inchiniamo a quell'ideale, in modo da poter raggiungere anche noi il suo livello. Soltanto attraverso l'umiltà possiamo ascendere. C'è un albero all'interno di ogni seme. Ma se rimane in magazzino affermando di essere un albero, diventerà soltanto cibo per topi! La sua vera natura emerge quando il seme s'inchina e penetra sottoterra.

L'ombrello si apre quando si preme il bottone. Allora può proteggere le persone dalla pioggia e dal sole.

Da bambini, quando abbiamo obbedito, rispettato e onorato i nostri genitori, gli insegnanti e le persone anziane, ci siamo sviluppati; siamo diventati più saggi e abbiamo coltivato qualità e abitudini positive. In modo simile, attraverso l'obbedienza al Maestro, il discepolo si eleva fino ad un alto livello di coscienza, e diventa il re dei re.

Il vero Maestro è davvero la personificazione della rinuncia. Arriviamo a comprendere cosa siano la verità, il dharma, l'altruismo e l'amore perché il guru vive queste qualità. Il Maestro è la vita di tali qualità. Obbedendo al satguru e cercando di emularlo, coltiviamo in noi stessi quelle qualità.

Quando saliamo a bordo di un aereo, i membri dell'equipaggio ci chiedono di allacciare le cinture di sicurezza. Non lo fanno per mettere in mostra la loro superiorità, ma solo per garantire la nostra incolumità. In modo simile, quando il Maestro istruisce il discepolo a praticare il controllo di sé e la moderazione, e ad obbedire a certe regole, è soltanto per lo sviluppo del discepolo. Il Maestro dà istruzioni al discepolo per proteggerlo da qualsiasi difficoltà possa presentarsi; sa che le cadute che il discepolo può sperimentare a causa dell'ego, potranno mettere in pericolo non solo lui, ma anche altri.

La gente obbedisce ai segni dei vigili. Ciò serve ad evitare numerosissimi incidenti. Il satguru salva il discepolo da situazioni che potrebbero condurlo alla rovina spirituale a causa del senso di 'io' e 'mio'. Il Maestro dà al discepolo il training di cui ha bisogno per evitare situazioni simili in futuro.

L'obbedienza ad un Maestro spirituale non è una schiavitù, tutt'altro. L'unico scopo del guru è la sicurezza del discepolo e la sua libertà finale. Il Maestro può davvero indicarci la strada. Un vero guru non considererà mai il discepolo come uno schiavo.

Il Maestro prova soltanto un amore illimitato per il discepolo. Ciò che desidera è di veder trionfare il discepolo, anche se deve scegliere volontariamente di dichiararsi in qualche modo sconfitto lungo il percorso. Un Maestro perfetto è una vera madre.

Domanda – Coloro che nella vita si affidano a Dio devono continuare a sforzarsi?

Madre – Figli miei, senza sforzo non si può aver successo nella vita. Rimaner seduti senza fare alcun sforzo, affermando che Dio si prenderà cura di tutto, è pura pigrizia. Tali persone dicono che sarà Dio a preoccuparsi di tutto, e tuttavia non si abbandonano completamente. Ogni qualvolta c'è bisogno di fare un lavoro, dicono che sarà Dio a prendersene cura. Ma non appena hanno fame, fanno lo sforzo di riempirsi la pancia, anche se significa rubare per procurarsi del cibo! Essi non attendono pazientemente che Dio gli porti da mangiare! Quando si tratta di fame e di altre questioni personali, il loro abbandono è solo a parole.

Dio si prende cura di ogni aspetto della nostra vita. Ciò non significa che raggiungeremo qualsiasi risultato stando seduti a braccia incrociate quando la situazione richiede un intervento. Dio non ci ha dato la vita, la salute e un intelletto perché noi sprecassimo il nostro tempo nella pigrizia! Dovremmo essere disposti a lavorare secondo le istruzioni di Dio.

Il fuoco può essere utilizzato sia per bruciare una casa che per cucinare del cibo. In modo simile, se non utilizziamo nel modo giusto quello che Dio ci ha dato, potremmo causare più male che bene. Ogni qualvolta è richiesto il vostro sforzo, agite di conseguenza, offrendolo a Dio. Soltanto allora otterrete i risultati più appropriati.

Un discepolo uscì a mendicare del cibo. Restò fuori tutto il giorno ma non ricevette nulla. Quella sera ritornò dal Maestro, stanco e affamato. Era arrabbiato con Dio per non aver ricevuto nessuna elemosina. Disse al guru: "D'ora in poi, non voglio più dipendere da Dio. Tu ci dici sempre che se ci abbandoniamo a Dio riceveremo tutto ciò che vogliamo. Perché dovrei prendere rifugio in un Dio che non sa darmi nemmeno un pasto? È stato un errore riporre la mia fiducia in Dio!"

Il Maestro gli disse: "Ti do 100.000 rupie. In cambio mi dai i tuoi occhi?"

Il discepolo rispose: "Senza i miei occhi sarei cieco! Chi venderebbe i propri occhi per del denaro?"

"Lascia perdere gli occhi, allora. Mi dai la lingua?"

"Come farei a parlare senza la lingua?"

"Allora dammi un braccio. O, se non puoi, mi accontento di una gamba. Ti darò 100.000 rupie!"

"Il mio corpo vale più del denaro. Nessuno vorrebbe perdere una qualsiasi parte del proprio corpo."

Comprendendo l'attitudine del discepolo, il Maestro disse: "Il tuo corpo è davvero inestimabile. Ma Dio te l'ha dato senza prendersi niente in cambio. Nonostante ciò tu critichi Dio. Dio non ti ha dato questo corpo dal valore inestimabile semplicemente perché tu stia seduto senza far niente. Sei tenuto a condurre una vita attiva, con grande attenzione e consapevolezza."

Tre uomini ricevettero ciascuno dei semi. Il primo li chiuse a chiave in una scatola. Il secondo se li mangiò immediatamente per sfamarsi. Il terzo uomo li piantò, annaffiò e coltivò.

Coloro che stanno seduti senza far niente, affermando che Dio si prenderà cura di tutto, sono come l'uomo che tiene i suoi semi in una scatola. Quei semi non sono di utilità a nessuno. Persone così sono semplicemente pigre. Sono un peso per il mondo. Non utilizzano gli strumenti che Dio ha dato loro: il corpo, la mente e l'intelletto.

L'uomo che si mangiò i semi fu in grado di placare temporaneamente la fame. È così che sono le persone materiali: il loro obiettivo è una felicità temporanea.

Ma l'uomo che capì come utilizzare i semi nel modo giusto, piantandoli e coltivandoli, fu in grado di sfamare se stesso e la sua famiglia con i frutti che ne risultarono. E da quei frutti poté ricavare molti altri semi, che piantò per provvedere anche alle necessità dei suoi vicini di casa. In modo simile, solo comprendendo il giusto uso degli strumenti che abbiamo ricevuto da Dio e utilizzandoli opportunamente, possiamo vivere una vita utile e raggiungere la vera meta.

Figli miei, abbandonarsi a Dio significa utilizzare questi strumenti che Dio ci ha dato e farlo con la giusta cura e attenzione. Restar seduti senza produrre il minimo sforzo è un grande peccato contro Dio.

Cosa disse il Signore Krishna nella *Gita*? Disse: "Arjuna, devi combattere pensando a me!" Non disse: "Non devi fare niente. Resta lì seduto e ti proteggerò." Se facciamo un passo verso Dio, Dio ne farà cento verso di noi. Ma solitamente non abbiamo l'abbandono necessario nemmeno per fare quel singolo passo.

Figli miei, non dimenticate che è Dio a fornirci l'abilità e le circostanze necessarie a fare uno sforzo. Ma il successo del nostro sforzo dipende anche dalla grazia di Dio. È quindi nostro dovere sforzarci e abbandonare a Dio i frutti, qualunque essi siano.

Dovremmo esser come un pezzo di legno nelle mani di Dio. Di volta in volta Dio potrà tagliarci a pezzetti, fare di noi un giocattolo, o usarci come combustibile per il fuoco. Il nostro abbandono a Dio dovrebbe essere tale da poter dire: "Che Dio faccia tutto quello che vuole. Accetterò con gioia qualsiasi cosa." Quando abbiamo questa attitudine, ciò che facciamo diventa un'azione giusta. Allora, né la vittoria né la sconfitta ci toccheranno; sperimenteremo pace interiore e contentezza.

Figli miei, dovremmo cercare di far conoscere agli altri i princìpi spirituali mettendoli in pratica nella nostra stessa vita. Non possiamo diffondere questa conoscenza tra la gente soltanto con le parole. Il tempo che la gente perde a parlare sarebbe sufficiente a mettere in pratica gli insegnamenti! Alle persone comuni piace emulare le azioni di chi gode di una posizione e uno status nella società. Questa è la ragione per cui è tanto importante che chi occupa una posizione elevata cerchi di essere un modello positivo per gli altri.

Un ministro del governo si recò un giorno in visita in un villaggio, che era il più sporco di tutta la nazione. Passò la notte ospite del sindaco. C'erano cumuli di immondizia dappertutto lungo le strade, e i canali di scolo all'aperto traboccavano di acqua di scarico sporca e stagnante. In tutta la zona aleggiava un terribile odore.

Il ministro chiese al sindaco perché l'area fosse così sporca. Il sindaco disse: "Le persone qui sono ignoranti. Non sanno niente di pulizia, né gliene importa. Io ho cercato di insegnargli, ma non vogliono ascoltare. Ho detto loro di pulire il villaggio, ma non lo vogliono fare. Così ci ho rinunciato." Il sindaco proseguì, continuando ad addossare la colpa agli abitanti del villaggio. Il ministro ascoltò pazientemente senza dire una parola. Cenarono e poi il ministro andò a dormire.

Quando la mattina dopo il sindaco si alzò, non riuscì a trovare il ministro da nessuna parte. Cercò in tutta la casa, ma di lui non c'era segno. Chiese ai domestici, ma nessuno lo aveva visto. Il sindaco era allarmato. Uscì di casa per cercare il ministro. Infine lo trovò: era per la strada che stava ripulendo la sporcizia tutto solo. Raccoglieva l'immondizia in un gran mucchio e la bruciava. Quando il sindaco vide questa scena, si vergognò. Si disse: "Come faccio a starmene qui con le mani in mano quando il ministro in persona sta lavorando in questo modo?" Così si unì a lui ed insieme cominciarono a dare una ripulita al paese. Quando i paesani uscirono per le strade, furono sorpresi nel vedere i due uomini fare questo tipo di lavoro. Sentirono che non avrebbero potuto restare semplicemente a guardare mentre il ministro e il sindaco ripulivano il paese. Così si unirono ai lavori. In un attimo tutto il villaggio fu pulitissimo. Tutta l'immondizia era stata rimossa e i canali di scolo erano liberi. Non c'era traccia di sporcizia. L'intero paese aveva un aspetto completamente diverso.

Figli miei, di solito ci vuole meno tempo a dimostrare qualcosa con l'azione che a farsi capire con le parole. Dovremmo essere pronti ad agire, senza aspettare di vedere se ci sarà qualcuno ad aiutarci. Se restiamo soltanto da parte a incolpare e criticare gli altri, lo facciamo con la nostra mente inquinata e la loro diventerà inquinata come la nostra. Quindi, figli miei, è necessario agire, e non soltanto parlare. Il cambiamento è possibile solo attraverso l'azione.

Domanda – Si dice che dovremmo essere equanimi quando riceviamo sia lodi che biasimi. Ma si dice anche che il Signore Vishnu fu molto contento quando gli esseri celesti cantarono le sue lodi. In quel caso allora il Signore non fu influenzato dalle lodi?

Madre – Il Signore non è mai lusingato dalle lodi. Egli è l'equanimità stessa. Lodi e insulti per Lui sono la stessa cosa. Anche se tu gettassi dello sterco di cane al Signore, egli ti darebbe del gelato in cambio. La sua mente è così. Questa è equanimità.

Il Signore insegnò ai *deva* una lezione. All'inizio, per farli soffrire un po', tenne gli occhi chiusi per qualche istante dopo il loro arrivo. Sebbene essi lo chiamassero varie volte, Egli non diede il minimo segno di essere consapevole della loro presenza. Infine essi lo pregarono con il cuore dolorante e, soltanto allora, il Signore aprì gli occhi. Come risultato delle loro preghiere, essi furono in grado di vederlo anche nei loro cuori. Non avevano pronunciato quei mantra per lodarlo o per ottenere qualcosa; avevano pregato come devoti che contemplano il Signore. Essi pregarono perché venisse loro rivelata la vera natura del Sé. E il Signore fu contento del cuore innocente dei suoi devoti. Se una cosa non viene dal cuore è impossibile far contento il Signore.

Domanda – Come vede il mondo un mahatma?

Madre – Una donna innamorata va ad assistere ad una commedia in cui recita il suo fidanzato. Guardando lo spettacolo, la donna si gode il modo in cui lui recita. Vede il personaggio attraverso di lui. Ma dietro al ruolo interpretato, vede sempre il suo innamorato, e questa è la ragione per cui ama la commedia. Ne è deliziata. In modo simile, ogni cosa che un mahatma vede al mondo è semplicemente un diverso ruolo interpretato da Dio. I mahatma vedono Dio dietro il mondo e dietro ogni singola persona.

Domanda – Possiamo cambiare il destino tramite il nostro sforzo personale?

Madre – Se compite le azioni come un'offerta a Dio potete trascendere il destino. Evitate la pigrizia a tutti i costi e fate del vostro meglio, senza lamentarvi del destino. Una persona che nella vita si rifiuta di compiere sforzi e poi dà la colpa al fato è soltanto pigra.

Due amici si fecero fare l'oroscopo. Ne risultò che erano entrambi destinati a morire per un morso di serpente. Da quel momento, uno di loro fu sopraffatto dall'ansia, e pensava in continuazione ai serpenti e alla morte. Si ammalò mentalmente, e in questo modo anche la sua famiglia perse la pace mentale. Ma il suo amico, a cui era stata fatta la stessa predizione, rifiutò di lasciarsi prendere da pensieri negativi e cercò invece delle soluzioni per evitare di farsi mordere da un serpente. Quando si rese conto di non poter fare più di tanto, prese rifugio in Dio. Ma decise comunque di usare l'intelligenza e la salute che Dio gli aveva dato e rimase nella sua stanza, prendendo tutte le precauzioni necessarie per prevenire il destino. Un giorno, nel momento in cui era destinato ad essere morso da un serpente, stava pregando quando all'improvviso qualcosa lo fece alzare di scatto. Così facendo urtò con il piede qualcosa di affilato e si tagliò. Nella stanza c'era la scultura di un serpente e il piede aveva urtato contro la sua acuminata lingua di metallo. L'incidente accadde nell'attimo preciso in cui era previsto il morso del serpente; ma il serpente non era vero, quindi non c'era veleno. Lo sforzo che l'uomo aveva fatto per affrontare la situazione, abbandonandosi contemporaneamente a Dio, aveva dato i suoi frutti. Ma l'altro uomo si rovinò la vita per il terrore ancor prima di essere morso dal serpente. Pertanto, dovremmo sforzarci e fare del nostro meglio, come un'offerta a Dio, senza incolpare il fato. In questo modo sapremo sopravvivere ad ogni ostacolo.

Domanda – Il Signore Krishna non avrebbe potuto far cambiare idea a Duryodhana ed evitare la guerra?

Madre – Il Signore rivelò la propria forma divina sia ai Pandava che ai Kaurava. Arjuna fu in grado di percepire la sua grandezza, ma Duryodhana no. Egli commise un peccato quando liquidò la visione come un trucco di magia di Krishna. Qualsiasi cosa faccia un mahatma, non sarà di beneficio a coloro che rifiutano di abbandonarsi. Le istruzioni spirituali si possono impartire soltanto secondo le qualifiche e il carattere dell'aspirante. A Duryodhana importava solo la realizzazione del corpo (ciò che la coscienza corporea gli poteva offrire). Non era pronto ad ascoltare nessuna verità spirituale. Non credeva che Krishna parlasse per il suo bene; pensava che il Signore fosse sempre parziale verso i Pandava. La guerra era l'unico modo per distruggere l'ego di un individuo così adharmico come Duryodhana.

Domanda – Non è inutile pregare prima che la mente sia diventata pura?

Madre – Figli miei, non pensate cose del tipo: "Ho commesso così tanti errori nella mia vita. Non posso pregare perché la mia mente non è abbastanza pura. Comincerò a pregare non appena la mia mente diventerà pura." Se decidete di fare una nuotata in mare solo dopo che tutte le onde si saranno placate, non comincerete mai a nuotare. Né imparerete mai a nuotare restando seduti sulla spiaggia; dovete entrare in acqua.

Immaginate un dottore che dica ad un paziente: "Venga da me soltanto dopo essere guarito!" A cosa servirebbe? Noi andiamo dal dottore per farci curare!

Dio purifica la nostra mente. Questa è la ragione per cui prendiamo rifugio in Lui. Solo grazie a Dio la mente può diventare pura.

Non c'è bisogno di provare rimorso per il tipo di vita che abbiamo condotto fino ad ora. Il passato è come un assegno annullato.

Di solito una matita ha una gomma incorporata in modo da poter cancellare velocemente ciò che abbiamo appena scritto. Ma possiamo cancellare solo una volta, perché se scriviamo di nuovo nello stesso punto e poi cancelliamo ancora, finiremo per strappare il foglio. Dio ci perdona per gli errori che commettiamo per ignoranza, ma ripetere lo stesso sbaglio dopo aver capito che si tratta di uno sbaglio, è il più grave tipo di errore. Dovremmo evitarlo.

Domanda – Si osservano degli stati di collera in molte persone che compiono pratiche spirituali. Come si può eliminare?

Madre – La collera non può essere trascesa soltanto con la meditazione o con la ripetizione del mantra. Coloro che passano tutto il tempo in solitudine, compiendo soltanto pratiche spirituali, sono come un albero nel caldo torrido di un deserto lontano. Il mondo non trae beneficio dalla sua ombra. Tali persone dovrebbero uscire e vivere nel mondo cercando di sviluppare l'attitudine di vedere Dio in tutto e tutti. Se si mettono delle pietre di forma diversa in un cilindro rotante, le pietre, sfregando l'una contro l'altra, perderanno la loro forma spigolosa e diventeranno belle e levigate. In modo simile, un aspirante dovrebbe uscire nel mondo, gettarsi nella mischia, per così dire, e sviluppare una mente matura. Soltanto coloro che escono vittoriosi in un mondo pieno di complessità possono dire di avercela davvero fatta.

Coraggiosi sono coloro che riescono a non arrabbiarsi in situazioni in cui la collera sarebbe prevedibile. Quando una persona che compie la sadhana in solitudine dice: "Io non mi arrabbio", non significa nulla e non è un segno di coraggio. Le vostre tendenze negative non moriranno soltanto per il fatto di compiere pratiche spirituali da qualche parte in solitudine. Un serpente ibernato non solleva la testa e non morde, ma non appena si riscalda sotto il sole, la sua natura cambia. Lo sciacallo nella foresta fa un voto: "D'ora in poi, non ululerò più quando vedo un cane." Ma non appena esce dalla foresta e intravede la coda di un cane, il suo voto svanisce. Dovremmo essere in grado di mantenere la nostra mente sotto controllo anche nelle circostanze più avverse. Lì è dove si può misurare il successo delle nostre pratiche spirituali. In una determinata fase della sua sadhana, un aspirante è come un bambino in castigo in una stanza, e spesso la sua rabbia aumenta. Questa difficoltà può essere superata compiendo le proprie pratiche alla presenza di un Maestro.

Domanda – Non è vero che alcuni dei saggi del passato erano soliti arrabbiarsi?

Madre – La loro ira distruggeva l'ego delle persone; era l'espressione della loro compassione. La collera di un saggio non può essere paragonata a quella di una persona comune. Lo scopo dell'ira del Maestro è di eliminare il *tamas* del discepolo. Se una mucca sta mangiando le vostre amate piante e voi vi avvicinate chiedendole con gentilezza: "Cara mucca, per favore, non mangiare quella pianta. Ti prego, va' via", la mucca non si muoverà. Ma se le urlerete in modo deciso, si sposterà. La vostra severità allontana la mucca, a cui manca il discernimento, da ciò che sta facendo di sbagliato. In modo analogo, la rabbia di un Maestro perfetto è solo apparente; non proviene da dentro. La sua collera è come un sapone che lava la mente del discepolo. L'unico obiettivo del guru è l'evoluzione del discepolo. Una corda bruciata o una buccia di limone bruciata sembrano avere una forma, ma si polverizzano non appena le si tocca. La collera di un saggio non è vera; è un atto deliberato inteso a riportare gli altri sul giusto cammino.

Conversazioni con la Madre

Domanda – Amma, noi andiamo al tempio e veniamo da te. È sufficiente per progredire spiritualmente o dobbiamo anche meditare e ripetere un mantra?

Madre – Figli miei, non pensate di poter trovare la pace mentale semplicemente venendo qui – anche se lo fate per anni – o visitando un tempio mille volte. È inutile incolpare Dio e lamentarsi di non aver tratto alcun giovamento dopo essersi recati al tempio per quarant'anni. Finché il vostro cuore non diventa puro, non ci sarà alcun beneficio. È inutile far visita all'ashram se continuate a pensare a cosa avete da fare quando tornate a casa e siete impazienti di andarvene. Quando fate visita al tempio o venite qui, ripetete il vostro mantra, fate l'*archana*, meditate o cantate i bhajan. Soltanto così ne trarrete beneficio. Sintonizzate i vostri cuori su Dio. Nessuno raggiunge la liberazione semplicemente recandosi a Benares e Tiruppati[23], immergendosi nelle acque sacre o facendo la circumambulazione di un tempio. Se la gente raggiungesse automaticamente la liberazione semplicemente

---

[23] Luoghi sacri in India. Tiruppati è uno dei luoghi di pellegrinaggio più importanti dell'India meridionale. Vi si trova un famoso tempio dedicato al Signore Venkateshwara (Vishnu).

andando a Tiruppati, allora tutte le persone che lì hanno degli affari sarebbero liberate, giusto? E non raggiungerebbero la liberazione anche tutti gli assassini e i rapinatori che si trovavano a Benares? Il nostro cuore dovrebbe purificarsi: soltanto così trarremo beneficio dal recarci in qualsiasi luogo. Ma ciò accade raramente oggigiorno.

Il cemento si solidifica bene soltanto se il "metallo"[24] usato è puro. In modo simile, solamente quando il nostro cuore è puro Dio può venire a risiedervi. La mente diventerà pura solo se la concentriamo su Dio, per esempio ripetendo un mantra, meditando o pregando.

Una stazione televisiva trasmette vari programmi ma per poterli ricevere dobbiamo sintonizzare la televisione in modo opportuno. Se non scegliamo il canale giusto, perché incolpare qualcun altro se non riusciamo a vedere niente? La grazia di Dio è sempre con noi. Ma per riceverla dobbiamo innanzitutto sintonizzarci sul regno di Dio. Se non ci diamo la pena di farlo, non serve a niente incolpare Dio. Finché non saremo in sintonia con il regno di Dio, dentro di noi ci saranno soltanto le note discordanti dell'ignoranza, e non una musica divina. Dio è pieno di compassione. Cerchiamo di modellare il nostro cuore: questo è ciò che serve.

Domanda – Amma, non ho trovato né pace né felicità nella vita: solo dolore. Non posso fare a meno di chiedermi perché continuare a vivere.

Madre – Figlia mia, è l'ego la causa del tuo dolore. Dio, che è la fonte stessa della pace e della felicità, esiste dentro di noi. Possiamo conoscere Dio soltanto compiendo una pratica spirituale e abbandonando l'ego. Immagina di lamentarti di non riuscire

---

[24] Pietre spezzate, dette 'metallo di strada', utilizzate nel cemento per costruire e riparare le strade.

più a fare nemmeno un passo sotto il sole, perché sei troppo esausta per il caldo; però, per tutto il tempo avevi un ombrello sottobraccio! Questa è la tua condizione attuale: se soltanto avessi aperto l'ombrello e ti fossi riparata, il sole non ti avrebbe sfinita. In te esistono forza e qualità spirituali, ma siccome non ne sei consapevole, provi dolore. Non si può incolpare la vita di questo. Tutto ciò che devi fare è eliminare l'ego e sostituirlo con Dio. Non c'è bisogno di andare da nessuna parte in cerca di pace. Verità e nobili ideali: questo è Dio. Ma non c'è posto per ideali simili in una mente piena del senso dell'"io". L'ego dovrebbe essere sradicato con l'aiuto dell'umiltà. Allora, grazie al potere che è in noi, proveremo pace. Riscaldando un metallo nel fuoco possiamo dargli la forma che vogliamo. In modo simile, offrendo il nostro ego nel fuoco di Dio, possiamo trasformarci nella nostra vera natura.

Domanda – Amma, possiamo davvero trovare la pace interiore svolgendo delle pratiche spirituali?

Madre – Non troverete la pace compiendo soltanto la sadhana. Dovete anche abbandonare l'ego. Solo allora trarrete beneficio dalla vostra pratica e otterrete la pace mentale. Vi potreste chiedere: "Tutte le persone che pregano Dio o cantano dei bhajan raggiungono la pace?"

La vostra mente diventerà forte se cantate o pregate, ma solo dopo aver compreso i princìpi spirituali. La pratica spirituale sarà di beneficio unicamente a coloro che, avendo studiato le Scritture o ascoltato discorsi spirituali, hanno raggiunto una certa comprensione di quei princìpi e vivono secondo tali insegnamenti. C'è la storia di un asceta che ridusse in cenere un uccello perché disturbava le sue pratiche spirituali. Aveva compiuto molte austerità, eppure alla sua collera bastò un istante per esplodere. Se si compie la sadhana senza una comprensione della spiritualità e

169

senza aver assorbito gli insegnamenti di una grande anima, tutto ciò che si ricaverà saranno collera ed arroganza.

Domanda – Ho pregato la maggior parte delle divinità che conosco. Ho adorato a turno Shiva, la Devi ed altri, recitando vari mantra. Eppure, non sento di aver tratto beneficio da niente di tutto ciò.

Madre – Una donna aveva molta sete ma non c'era acqua disponibile. Qualcuno le disse: "Scava qui e presto troverai dell'acqua." Quindi lei scavò in quel posto per un po', ma non ne trovò. Incominciò allora a scavare in un altro posto, ma non trovò acqua nemmeno lì. Si spostò da un'altra parte e scavò di nuovo, ma l'acqua non c'era. Così, continuò a scavare in svariati punti, ma senza risultato. Infine svenne per la stanchezza. Un passante la vide sdraiata a terra e le chiese cosa fosse accaduto. Essa rispose: "Sono esausta per aver scavato dappertutto in cerca d'acqua. Ora soffro più di prima perché, all'inizio avevo solo sete, ma adesso, dopo aver scavato, ho anche perso tutte le mie forze e sono sfinita." Il passante disse: "Se avessi avuto solamente un po' di pazienza e avessi continuato a scavare più a fondo in un unico posto, avresti trovato acqua più che a sufficienza fin dall'inizio. Invece hai scavato un po' in tanti posti diversi e ne hai ricavato solo frustrazione!" Questo è il risultato di pregare diversi dèi. Non ne trarrai beneficio. Se però, quando preghi, consideri tutti gli dèi come un solo ed unico Dio, allora non c'è problema. Il guaio sta nello spostare continuamente la propria attenzione da una forma all'altra.

Un uomo comprò una pianticella di una determinata varietà di mango, che avrebbe dovuto cominciare a dare frutti dopo tre anni. La piantò e la coltivò con tutte le cure ma, proprio quando l'albero stava per fiorire, lo sradicò ed al suo posto piantò un altra pianticella. Mancavano solo due giorni allo scadere dei tre anni!

L'uomo non ebbe la pazienza di aspettare, quindi come avrebbe potuto ricavarne dei frutti? In modo simile, tu non hai avuto la pazienza di aspettare il tempo necessario, figlia mia. Sei andata in tanti posti diversi, hai recitato vari mantra e hai meditato su diverse divinità. E quindi non ne hai ricavato alcun frutto. Inoltre, hai pregato Dio per avere prosperità materiale, e non per un vero desiderio di Dio. La devozione che punta a conseguire il successo materiale non è vera devozione. Figlia, tu hai meditato sugli oggetti che desideravi, non su Dio. Questa è la ragione per cui hai continuato a correre da un posto all'altro. Recitavi un mantra ma, quando non dava alcun risultato, passavi ad un altro. Quando anche quello non funzionava, passavi ad un altro ancora. Che cosa ne hai ricavato? Solo uno spreco di tempo!

Figlia, volevi solo l'oro del palazzo del re. Non amavi il re. Se avessi amato il re, avresti ricevuto sia l'oro che il re. Se avessi amato soltanto Dio, avresti ottenuto tutto.

Ma tu non amavi Dio. Volevi solo l'oro. Se avessi compiuto pratiche spirituali senza essere attaccata a nulla, se avessi rinunciato a tutti i desideri, abbandonato ogni cosa a Dio, e avessi avuto l'attitudine che tutto è volontà di Dio, a quest'ora saresti stata la regina dei tre mondi. Ma tu volevi soltanto le ricchezze materiali e così sei diventata come Duryodhana, che voleva soltanto il regno e il potere sui suoi sudditi. E cosa ottenne? Lui ed i suoi sostenitori persero tutto. E i Pandava? Consideravano il Signore il loro unico rifugio: grazie a questo atteggiamento, essi ricevettero sia il Signore che il regno. Quindi smetti di desiderare la felicità esterna! Quando avrai Dio, tutto verrà a te. Abbandona sinceramente ogni cosa. Compi le tue pratiche spirituali con pazienza. In questo modo non solo ne trarrai il frutto ma riceverai anche ricchezze materiali. È inutile aspettarsi dei risultati immediati dopo aver ripetuto il mantra per un poco soltanto. Devi avere pazienza e un'attitudine di abbandono.

Domanda – Amma, secondo alcuni è una debolezza piangere per Dio mentre si prega o si cantano i bhajan; essi dicono: "La nostra energia non va sprecata, proprio come quando parliamo?"

Madre – Un uovo viene distrutto dal calore del fuoco, ma si schiude al calore della chioccia. Anche se in entrambi i casi si tratta di calore, i risultati sono molto diversi, non è così? Le chiacchiere inutili prosciugano la nostra energia, mentre la preghiera e i canti devozionali rendono la nostra mente focalizzata e in questo modo acquisiamo forza. Come può questo essere un segno di debolezza? Più una candela si consuma, più la sua fiamma diventa luminosa. In modo simile, pregare e cantare con un cuore che si strugge per Dio ci porta allo stato della Verità Suprema. Piangere per Dio non è una debolezza.

Domanda – Amma, perdiamo la nostra forza attraverso i pensieri?

Madre – Con i pensieri spirituali acquisiamo potere e coltiviamo una mente forte. Dio rappresenta tutte le buone qualità, come il sacrificio di sé, l'amore e la compassione: quando pensiamo a Dio, queste virtù si risvegliano in noi e la nostra mente si espande. Ma quando pensiamo a cose materiali, la mente si immerge nella mondanità e vaga da un oggetto all'altro. I nostri sensi entrano in azione in risposta ad una mente girovaga; in noi si sviluppano delle cattive qualità e la mente si contrae. E quando non riusciamo ad ottenere ciò che desideriamo, ci indeboliamo ulteriormente e ci arrabbiamo, perdendo la nostra forza.

Ogni volta che si usa un accendino, esso si scarica un po'. In modo simile, ogni qualvolta parliamo di qualcosa che rafforza i nostri desideri mondani, la mente si indebolisce e si perde energia. Dall'altro lato, pensare e parlare di argomenti spirituali è come ricaricare una batteria. Quindi, nel primo caso perdiamo energia, nel secondo la acquistiamo.

Domanda – Si dice che una donna non dovrebbe recarsi al tempio o compiere *puja* durante il ciclo mestruale. È vero? Dio non è dappertutto? Di certo, Dio non è limitato in un luogo particolare.

Madre – Dio è onnipresente. Dio è ovunque, sempre. Ma dobbiamo considerare alcuni elementi come la purezza e l'impurità. La purezza esterna conduce alla purezza interiore. Durante il ciclo mestruale, la mente di una donna non è calma. Anche il suo corpo è stanco, come succede durante la gravidanza. Perciò in questi periodi dovrebbe riposare. Durante il ciclo, una donna generalmente non è in grado di pregare o di compiere una *puja* con la giusta concentrazione. Ma se ha la forza e la concentrazione, allora può fare una *puja* senza problemi.

Durante le mestruazioni nel corpo della donna si verificano molti cambiamenti. In questo periodo nel suo corpo ci sono dei germi nocivi. Uno dei figli americani di Amma inizialmente si rifiutò di crederci quando Amma ne parlò, ma ritornando in America trovò il risultato di un esperimento scientifico. Fu chiesto a varie donne di raccogliere dei fiori dalla stessa pianta. In quel momento alcune avevano il ciclo mestruale, altre no. I fiori raccolti dalle donne col ciclo appassirono più in fretta di quelli raccolti dalle altre. Soltanto dopo essere venuto a conoscenza di questo esperimento quel figlio credette a ciò che aveva detto Amma.

Amma ha incontrato molte persone e parla anche sulla base delle loro esperienze. Oggigiorno, la gente crede a qualcosa solo se la legge sul giornale. Anche se qualcuno gli dice di aver visto un bambino cadere nell'acqua, la gente non gli crede e dice: "Aspettiamo di vederlo sul giornale: allora ci crederemo."

È bene che la donna continui a ripetere il mantra durante il ciclo mestruale, ma è meglio non entrare in nessun tempio. Amma dice questo pensando alla purezza dell'atmosfera del tempio. Quando si visita un tempio, non si ha lo stesso atteggiamento di quando si va in ufficio o al ristorante. Tutto il concetto del tempio è diverso, e questa santità dovrebbe essere preservata.

Dio è come il vento. Il vento soffia sia sui fiori che sugli escrementi, indistintamente. Per Dio non ci sono differenze come purezza e impurità. Ma noi dobbiamo comunque essere consapevoli di queste differenze, perché soltanto così possiamo progredire.

Domanda – Amma, perché le persone continuano a soffrire anche dopo aver preso rifugio in Dio? Perché Dio non può esaudire i desideri di tutti?

Madre – Oggi la maggioranza delle persone si rifugia in Dio solo per soddisfare i propri desideri. Questo non è amore per Dio; è solo amore per gli oggetti del mondo. A causa dei loro desideri, che sono radicati nell'egoismo, le persone hanno poca compassione verso gli altri. Come può la grazia di Dio entrare nel cuore di qualcuno che non prova compassione per gli altri? Come fa perciò una persona così ad eliminare le proprie sofferenze? Se si prega Dio soltanto per la realizzazione dei propri desideri, non si troverà la libertà dalla sofferenza. Se volete porre fine alla vostra sofferenza, dovete pregare che abbiano fine i vostri desideri e crescano la fede e l'amore per Dio. Allora Dio soddisferà tutti i vostri bisogni. Nel palazzo del re, non dovremmo amare gli oggetti di poco conto; dovremmo amare il re. Preso il re, tutti i tesori nel palazzo saranno nostri. Quando preghiamo Dio, non dovremmo farlo per chiedere un lavoro, o una casa, o un bambino. Bisognerebbe pregare così: "O Dio, voglio che Tu sia mio!" Se abbiamo Dio, se riusciamo a guadagnare la sua grazia, allora tutti i tre mondi saranno ai nostri piedi. Riceveremo il potere di governare su quei mondi. Ma per ottenere questo, i nostri pensieri, parole e azioni devono essere buoni.

Figli miei, dovremmo pregare soltanto per Dio. Solo allora saremo completamente soddisfatti. Qualunque cosa cada nello zucchero diventa dolce. In modo simile, poiché Dio è beatitudine, la nostra vicinanza a Dio ci dà beatitudine. Se si cattura l'ape regina, tutte le altre api la seguiranno. Rifugiatevi in Dio e tutti i guadagni spirituali e materiali saranno vostri.

La fede e la devozione di coloro che si rivolgono a Dio per soddisfare i propri desideri aumenteranno soltanto finché i loro desideri saranno realizzati. Quando i loro desideri non vengono esauditi, essi perdono anche quel po' di fede che avevano.

Come si possono esaudire i desideri di tutti? Un dottore desidera avere molti pazienti, e ogni giorno prega per questo. Non perderebbe la fede se non avesse pazienti? Contemporaneamente, i pazienti pregano per la salute. La preghiera di un becchino è che ci siano sempre ogni giorno salme da trasportare, e la preghiera di un impresario di pompe funebri è la stessa. Ma gli altri? Pregano di non morire mai! Come si possono esaudire le preghiere di entrambe le parti? Un avvocato prega per avere delle azioni legali, mentre chiunque altro prega di non esserne mai coinvolto. Questo mondo contiene un numero infinito di contraddizioni simili. Sarebbe difficile esaudire contemporaneamente i desideri di tutti. Eppure, non è così difficile vivere contenti ed in pace in questo mondo fatto di contraddizioni. È necessario afferrare i princìpi della spiritualità e vivere di conseguenza, tutto qua.

Far crescere alberi di cocco non è difficile per chi ha studiato agraria. Se sono infestati da una malattia, egli sarà in grado di riconoscerla in fretta e di curarli. In modo simile, se avete familiarità con i princìpi spirituali e vivete in accordo con essi, saprete come procedere nella vita senza barcollare di fronte alle difficoltà.

Quando comprate un'apparecchiatura, ricevete un manuale d'istruzioni. Se non conoscete l'apparecchio e cominciate ad usarlo senza leggere le istruzioni, si può rompere. I mahatma e i testi spirituali ci insegnano come vivere in questo mondo nel modo giusto. Se seguiamo i loro insegnamenti la nostra vita sarà completa. Se non lo facciamo, sarà sprecata.

Domanda – Amma, diciamo che Dio è la fonte di ogni compassione. Perché allora Dio dà alla gente malattie terribili e la fa soffrire?

Madre – Dio non è la causa di nessuna malattia, e non punisce nessuno. È l'egoismo della gente a causare le malattie. Pensate a quanti sbagli commettono le persone a causa del proprio egoismo! E poi ne subiscono le conseguenze.

Le gente crea ambienti artificiali per aumentare le proprie comodità: si usano fertilizzanti chimici per aumentare il raccolto, e si aggiungono altri composti chimici per ottenere un prodotto più grande e più in fretta. Quando la coltiviamo con questi mezzi artificiali, la frutta non ci può offrire le sue qualità naturali. E nemmeno gli animali sono esclusi da questo tipo di trattamento. Le piante e gli animali sottoposti ad agenti chimici non sono gli unici a subirne gli effetti negativi. Soffrono anche gli esseri umani, che mangiano il cibo contaminato.

Anche gli stupefacenti causano malattie. Droghe come l'alcool e la marijuana distruggono certi elementi nello sperma dell'uomo e lo indeboliscono: molti bambini nati da questo sperma hanno malformazioni e problemi di salute. L'atmosfera inquinata di oggi è un'altra causa di malattie. L'aria e l'acqua sono contaminate da fumi tossici e da rifiuti. Respiriamo aria inquinata e beviamo acqua contaminata. Non c'è niente di puro al giorno d'oggi. E tutto ciò è stato provocato dall'egoismo degli esseri umani. A causare così tante malattie non è Dio, ma le azioni sbagliate della gente, che originano dall'egoismo e da un comportamento innaturale. Che senso ha incolpare Dio di questo?

A causa del suo crescente egoismo, l'umanità si sta scavando la fossa: le persone scavano nel posto in cui si trovano e cadranno in quel buco. Ma non se ne rendono conto. Coloro che vogliono il doppio di tutto, che si tratti di cibo o ricchezza, stanno in realtà rubando agli altri. A causa della loro avidità, gli altri non hanno a sufficienza per le proprie necessità. Gli egoisti non sperimentano alcuna pace né durante la vita né dopo la morte. Sono all'inferno mentre vivono e saranno in un inferno peggiore dopo la morte[25].

La natura ha perso il ritmo e l'armonia, ed è satura del respiro di esseri umani egoisti, che hanno perso l'onestà e la gentilezza. Oggi quando piove, piove a dirotto e quando c'è il sole, c'è un sole cocente. L'agricoltura non funziona nel modo in cui dovrebbe.

L'umanità ha il dovere di proteggere la natura. Ma a chi interessa oggigiorno? La nostra felicità attuale è come sputare in aria restando sdraiati a terra. Se continuiamo a voltare le spalle al nostro dharma e a far del male a Madre Natura, le conseguenze in futuro saranno dieci volte peggio di quelle attuali. Ma anche allora, le persone incolperanno Dio invece di cercare di migliorarsi!

Figli miei, la vera conoscenza è conoscere la mente, conoscere il Sé. Questo ci insegna a mettere in pratica i princìpi divini nella nostra vita. Oggi non c'è quasi nessuno che cerchi di acquisire questa saggezza. Eppure, è ciò che abbiamo bisogno d'imparare più di ogni altra cosa. Impara l'arte della caccia prima di andare a cacciare, così non sprecherai le tue frecce e non rischierai di diventare la preda di un animale feroce. Se capiamo come dovremmo vivere, la nostra vita può essere davvero piena di significato.

Se conoscete la strada prima di mettervi in viaggio, non vi perderete e non sarete costretti a vagare qua e là. Oppure, se disegnate un progetto prima di cominciare a costruire una casa, essa risulterà ben costruita. In modo simile, la pace riempirà la vita di

---

[25] Quello che Amma chiama 'inferno' non è uno stato eterno. È uno stato temporaneo in cui si soffre e si esaurisce il frutto delle proprie azioni negative.

coloro che hanno acquisito una vera comprensione della mente. Ma le persone egocentriche non hanno alcun interesse in ciò. Non hanno a cuore il benessere del mondo; a loro interessa solo la propria felicità, ma alla fine non proveranno nemmeno quella.

Figli miei, amare davvero Dio significa avere compassione per i poveri e servirli. Il mondo intero si inginocchierà di fronte a coloro che vivono in modo altruista e che abbandonano il proprio egoismo a Dio. Quando preghiamo, nel nostro cuore dovrebbe esserci soltanto Dio; non bisognerebbe concedere spazio a nient'altro. Amma ha visto persone che pregano al tempio e poi vanno di corsa al bar più vicino a farsi un bicchiere. Ha visto anche persone che, quando vengono a trovare Amma, si allontanano ogni dieci minuti per andare a fumare. Non sono nemmeno capaci di rinunciare a cose così insignificanti. Come possono allora aspettarsi di realizzare Dio?

Domanda – Persone diverse hanno un concetto di Dio diverso l'uno dall'altro. Che cos'è in verità Dio?

Madre – Non è possibile descrivere la natura di Dio o i suoi attributi. Dio dev'essere sperimentato. Siamo in grado di tradurre in parole il gusto del miele o la bellezza della natura? È solo assaggiando e guardando che possiamo conoscere le qualità di queste cose. Dio è al di là delle parole, al di là di tutte le limitazioni: è ovunque e in ognuno; è presente in ogni essere senziente e non-senziente. Non possiamo dire che Dio abbia una forma particolare, né che sia con precisione questo o quello. Ciò che chiamiamo Brahman è Dio. Brahman permea ogni spazio che riusciamo a concepire, ed anche oltre.

Domanda – Ma, per pensare a Dio, non dobbiamo averne un concetto?

Madre – Dio è al di là di tutti gli attributi. Non si può descrivere Dio. Tuttavia, per aiutare la nostra mente a comprenderlo, diciamo che Dio ha certe qualità. Esse sono riflesse in mahatma privi di ego quali Sri Rama e Sri Krishna, e includono la sincerità, il dharma, il sacrificio di sé, l'amore e la compassione. Queste qualità sono Dio. Quando si sviluppano in noi, giungiamo a conoscere la Sua natura. Ma queste qualità si rifletteranno in noi soltanto se abbandoniamo il nostro ego. Sebbene i fiori e i frutti siano contenuti nel seme, il seme deve andare sottoterra e il suo guscio, l'ego, deve rompersi prima che i fiori e i frutti possano emergere. Quando il guscio si spezza e il germoglio cresce fino a diventare un albero, tutti ne trarranno beneficio. Un albero continua a farci ombra anche mentre lo stiamo abbattendo.

Quando la vostra rinuncia sarà tale che il vostro cuore diverrà come uno specchio, conoscerete la forma di Dio e sperimenterete la sua bellezza. Allora gli attributi di Dio si rifletteranno in voi.

Domanda – Ma non si dice che Dio è privo di attributi?

Madre – Dio non ha attributi, ma le persone comuni hanno bisogno di un'upadhi per afferrare Dio. Supponi di aver sete e di aver bisogno d'acqua. Ti servirà un recipiente per raccoglierla; dopo aver bevuto potrai buttar via il contenitore. È molto difficile comprendere Dio come *nirguna*. Perciò Dio assume la forma in cui il devoto lo ha visualizzato. Per noi l'aspetto di Dio con attributi è più facile da concepire. Proprio come una scala ci aiuta a salire su un albero, l'upadhi ci aiuta a raggiungere la meta.

Una persona che non sa arrampicarsi su un albero può comunque raccogliere i manghi se ha un bastone lungo con un gancio all'estremità. In modo simile, abbiamo bisogno di uno strumento che ci aiuti a far emergere le buone qualità che abbiamo dentro di noi. È attraverso questi strumenti o simboli che si manifesta il potere di Dio. In realtà, Dio è privo di attributi. Immagina di dare una determinata forma ad un pezzo di cioccolato: ora vedi una forma, ma se esponi il cioccolato al calore, esso si scioglierà, e la forma svanirà.

Domanda – Si dice che Dio risieda nel nostro cuore. È vero?

Madre – Come possiamo dire che Dio, che è onnipotente e onnipresente, risiede all'interno di qualcosa in particolare? Immaginate di voler provare a comprimere un borsone in un bicchierino. Gran parte della borsa resterà fuori, nascondendo il bicchiere. Se immergiamo una brocca in un fiume, ci sarà acqua sia dentro che fuori la brocca. In modo simile, Dio non può essere confinato in una forma. Dio è al di là di tutte le forme. Allora, come si fa ad avere un qualche concetto reale di Dio, dal momento che è al di là di tutti i simboli, al di là di tutte le limitazioni? Per nostra convenienza, per aiutarci a visualizzare Dio, ci riferiamo a qualcosa definendola la dimora di Dio. Ci sono coloro che credono che Dio risieda nel cuore; per loro, Dio è nel cuore. Per qualcun altro che crede che Dio dimori in un determinato edificio, Dio è in quell'edificio. Dipende tutto dall'immaginazione di ognuno. Quando fu dato del veleno a Mira, lei lo considerò *prasad* di Dio, e il veleno cessò di essere tale. Prahlada vedeva Dio dappertutto, persino in una colonna e in un filo di paglia. Coloro che comprendono pienamente che Dio pervade ogni cosa Lo sperimenteranno realmente. Chi non ha questa fede non potrà mai realizzare Dio.

Domanda – Perché si dice che, tra tutti gli esseri viventi, Dio si rispecchia nel modo più chiaro negli esseri umani?

Madre – Soltanto gli esseri umani hanno il potere del discernimento. Quando una falena vede il fuoco, pensa che sia cibo, ci vola dentro e muore. Ma un essere umano usa la discriminazione. Gli esseri umani erano consapevoli dell'utilità del fuoco e impararono ad usarlo per cuocere il cibo; lo usarono per far luce di notte. Per chi ha il potere del discernimento, il fuoco è utile. Per gli altri, è pericoloso. Il fuoco è utile agli esseri umani, ma significa la morte per una falena. Così, nell'universo c'è un lato buono e uno cattivo in tutto; coloro che riconoscono il lato buono in ogni cosa comprendono veramente l'essenza di Dio. Tali esseri possono essere solo di beneficio al mondo.

Domanda – Amma, cosa s'intende con *moksha*?

Madre – Eterna beatitudine è moksha. Se ne può fare l'esperienza qui, sulla terra. Il paradiso e l'inferno esistono qui, sulla terra. Se compiamo soltanto buone azioni, saremo felici anche dopo la morte.

Coloro che sono consapevoli del Sé, gioiscono della beatitudine in ogni istante. Trovano questa beatitudine in se stessi; la sperimentano in ogni azione. Sono loro i coraggiosi: fanno solo del bene e non si preoccupano della vita o della morte; non si preoccupano della sofferenza che possono incontrare sul cammino o subire da qualcuno. Ovunque siano, vivono in armonia con la verità.

Se mettete un rinunciante in prigione, troverà della gioia anche lì. Persone così vedono Dio nelle azioni di tutti. Una prigione non li può limitare. Non si lamentano mai di nessuno. Vivono ogni istante nella consapevolezza del Sé.

Finché una rana è ancora un girino con la coda, può vivere solo nell'acqua. Quando la coda scompare, la rana può vivere sia in acqua che sulla terraferma. Non potete liberarvi dal *samsara* finché non perdete la vostra coda, ovvero l'ego. Quando perdete questa coda, sarete immersi nella beatitudine, sia che rimaniate nel corpo, sia che lo abbandoniate.

Se una palla di gomma cade in acqua, galleggia; e non ha problemi nemmeno sulla terraferma. Non è limitata da niente.

Allo stesso modo, la natura di coloro che vivono in uno stato di consapevolezza del Sé è speciale. Notte e giorno per loro sono uguali. La beatitudine dimora dentro di loro e non in un qualche oggetto esterno. La liberazione consiste in questo atteggiamento mentale.

Se si è nati in un corpo, è inevitabile provare felicità e dolore, perché questa è la natura della vita. La felicità e il dolore si alternano a seconda delle proprie azioni. La natura dell'acqua è freschezza e quella del fuoco, calore. Scorrere è la natura di un fiume. Il fiume continua a scorrere, non si ferma permanentemente da nessuna parte. In modo analogo, la felicità e il dolore sono la natura della vita. Se lo capite, potete accettare allegramente sia il piacere che la sofferenza quando si presentano. Chi ne è capace non viene toccato da nessun ostacolo che si presenta in questo mondo, ed è sempre felice. Questa è liberazione.

Due viaggiatori passarono la notte in una locanda vicino ad uno stagno. Uno di loro trovava insopportabile il suono delle rane e dei grilli. Vedendo il suo disagio, il compagno disse: "Rane e grilli la notte fanno rumore; questa è la loro natura. Non possiamo cambiare le loro caratteristiche innate. Quindi perché lasci che ti infastidiscano? Andiamo a dormire." Dopo aver pronunciato queste parole si addormentò. Ma l'altro uomo non riusciva a prendere sonno. Lasciò la locanda alla ricerca di un posto più tranquillo. Ma non riuscì a dormire da nessuna parte, perché ovunque andava c'era sempre un qualche rumore che gli dava fastidio. Il suo amico – che aveva ignorato il rumore sapendo che le rane gracchiano e i grilli cantano per natura – non ebbe alcun problema a dormire. In modo simile, quando capiamo che qualsiasi cosa gli altri dicano è dovuta alla loro natura, non avremo motivo di intristirci. Se sappiamo sviluppare quest'attitudine, possiamo superare felicemente qualsiasi ostacolo.

Oggigiorno le persone non sperimentano pace interiore a causa dei conflitti nella loro mente. Per evitare tali conflitti, bisogna acquisire la conoscenza della mente, ovvero la conoscenza spirituale. Per chi ha studiato agraria non è difficile piantare e coltivare degli alberi o trattare una pianta malata. Ma se si cerca di piantare degli alberi senza conoscere niente in materia, nove alberi su dieci probabilmente moriranno. In modo analogo, se ne comprendete il vero significato, la vostra vita non sarà sprecata. Quindi, acquisite la conoscenza spirituale; sperimenterete così la liberazione, sia qui sulla terra, sia dopo la morte.

Se quando viaggiate conoscete la strada, non perderete tempo. Altrimenti, impiegherete molto di più per arrivare. Se vi perdete e vagate di qua e di là, non sperimenterete nessuna pace mentale; vi preoccuperete costantemente, non sapendo se riuscirete ad arrivare a destinazione. È meglio viaggiare conoscendo bene la strada, perché così il viaggio sarà tranquillo e piacevole.

Molto tempo fa, assieme alla conoscenza pratica, nei gurukula si insegnava anche la saggezza spirituale. Coloro che ricevevano un training spirituale non avevano conflitti mentali o mancanza di pace interiore. Provava pace anche chi stava in loro compagnia. Non avevano avidità ed erano liberi dalle illusioni. Ma oggi la situazione è molto diversa. Le persone hanno imparato ad utilizzare dei condizionatori d'aria per gli ambienti, ma non sanno come "condizionare" la propria mente. Non riescono a dormire nemmeno in camere con l'aria condizionata. Hanno bisogno di pillole, alcool o droghe che li aiutino a dimenticare i propri problemi. Quando si possiede la conoscenza spirituale e la saggezza, non c'è bisogno di nessuna di queste cose. La vostra mente sarà sempre in pace, sia che viviate in una capanna o a palazzo, perché questa saggezza significa comprensione della mente.

Se si desidera sperimentare una pace senza fine, è necessario avere una comprensione di ciò che è eterno e ciò che è transitorio.

Quando diamo del latte ad un piccolo serpente, dobbiamo ricordarci che si tratta comunque di un serpente e che ci può mordere, perché prima o poi rivelerà la sua vera natura. Se quando ci rapportiamo alle persone comprendiamo la loro vera natura, non resteremo delusi. Quando si ha a che fare con il mondo, bisognerebbe essere consapevoli della sua vera natura.

Un direttore di banca sa che il denaro di cui è responsabile non gli appartiene. Perciò non si preoccupa se deve dare centinaia di migliaia di rupie ai suoi clienti. Sa che il suo compito è gestire il denaro. Molte persone lo contattano per avere dei prestiti, gli offrono cose di ogni genere e si comportano in modo molto affettuoso ed educato. Ma questo non è vero amore; quelle persone non gli sono veramente amiche. Sa che non esiterebbero ad accusarlo ingiustamente e a mandarlo in prigione se potessero trarne beneficio. Questa è la natura dell'amore delle persone: se dimostrano amore, è soltanto per la propria felicità. Ci rovinerebbero perfino la vita se ne ricavassero un vantaggio. Dio è l'unica vera famiglia che abbiamo; il Sé è il nostro unico amico. Se, nella vita, afferriamo questa verità, non avremo alcun problema; saremo in grado di percorrere il cammino verso la liberazione. Libertà da tutti gli attaccamenti: è questa la liberazione. Quindi, compite tutte le vostre azioni come un vostro dovere, senza alcuna aspettativa di liberazione. Semplicemente, mantenete la vostra mente fissa su Dio.

Domanda – Amma, cos'è maya?

Madre – Qualsiasi cosa non vi dia pace duratura, questo è maya. Nessuna delle cose che percepiamo attraverso i sensi ci può dare pace; può solo farci soffrire. In verità queste cose sono inesistenti, proprio come i sogni.

Un povero vinse una fortuna alla lotteria. Grazie alla sua nuova ricchezza, sposò una bellissima principessa e ricevette anche metà del regno. Un giorno lui e la principessa andarono a fare una cavalcata in montagna. All'improvviso si alzò un forte vento e i cavalli rotolarono giù dalla montagna. I cavalli e la principessa morirono, ma l'uomo riuscì ad aggrapparsi al ramo di un albero e a sopravvivere. L'uomo non correva più pericolo, quindi chiuse gli occhi e saltò giù. Ma quando riaprì gli occhi, non c'era nessuna montagna, né principessa, né cavalli e nessun palazzo! C'erano soltanto i muri e il pavimento della sua capanna. Non mangiava da due giorni, era svenuto per la fame e la stanchezza, e si era addormentato. Ed ora, al risveglio, si rese conto che tutto ciò che aveva visto era soltanto un sogno. Non soffrì per aver perso la principessa o il regno, perché sapeva che era stato tutto un sogno.

Durante il sogno, tutto era reale. Ma soltanto se vi svegliate dal sogno in cui siete adesso, conoscerete la Realtà.

Chi vive nei pressi di un campo crematorio non ha paura di attraversarlo. Per lui, è solo un posto in cui vengono bruciati i cadaveri. Ma altri, che non vivono lì, possono aver paura di camminare da quelle parti perché, per loro, è un luogo abitato da fantasmi. Se dovessero attraversare il campo di notte e per caso inciampassero in una pietra o vedessero volare una foglia, tremerebbero di paura. Ovunque posassero gli occhi, tutto si trasformerebbe in un fantasma. Vedendo un pilastro, lo prenderebbero per uno spettro e perderebbero i sensi. In modo simile, la gente si rovina a causa delle sue proiezioni errate su ogni cosa.

Un uomo che cammina in una foresta infestata dai serpenti urla di paura se per caso viene punto da una spina, perché pensa di esser stato morsicato da un serpente. Mostra persino tutti i sintomi caratteristici di quel tipo di morso finché non arriva il dottore e gli spiega che non è stato affatto morsicato. Molte persone hanno esperienze simili. Perdono le forze concentrandosi su ciò che non esiste. Questo è il modo in cui vivono le persone oggi, a causa della loro incapacità di vedere la verità.

Questa è la ragione per cui non dovremmo provare attaccamento per gli oggetti dei sensi, altrimenti sperimenteremo solo sofferenza. Questo è il motivo per cui a tutto ciò si da il nome di maya. Se consideriamo ogni cosa come l'essenza della Divinità, non dovremo soffrire affatto; ci sarà solo felicità.

Domanda – Questo universo è maya?

Madre – Sì, l'universo è davvero un'illusione. Chi resta intrappolato nell'illusione incontra soltanto ostacoli e sofferenza. Quando sarete in grado di distinguere tra l'eterno e il transitorio, vedrete chiaramente che tutto è un'illusione. Noi diciamo che l'universo è maya. Ma se nella nostra vita scegliamo soltanto le cose positive, non saremo vincolati dall'illusione. Questo ci aiuterà a progredire sulla strada giusta.

Immaginate di camminare sul bordo fangoso tra due risaie: scivolate e cadete. Siete ricoperti di melma dalla testa ai piedi. Per voi il fango è solo sporcizia che volete lavare via. Ma un vasaio che passa di lì considera il fango come qualcosa di utile. Per lui, il fango è un tipo eccellente di creta, e si mette ad usarlo per il suo lavoro. Per il vasaio, il fango non è affatto sporcizia.

Una donna che raccoglie legna da ardere nella foresta vede per caso una pietra. Pensando che sia proprio della misura giusta, la usa come mortaio. Un'altra persona, esperta in pietre, vede la stessa pietra e ne riconosce una qualità speciale. La installa in un tempio come immagine divina, offre frutta e gemme alla divinità e la venera. Ma per coloro che non ne capiscono il valore, è soltanto una pietra.

Sul fuoco si può cucinare il pranzo; con lo stesso fuoco si può anche bruciare una casa. Con un ago si cuce, ma ci si può anche ferire un occhio. Per un chirurgo, un bisturi è uno strumento usato durante un'operazione per salvare un paziente; per l'assassino, è un'arma letale. Quindi, invece di liquidare tutto come maya, dovremmo riconoscere il posto giusto per ogni oggetto ed usarlo di conseguenza. Bisognerebbe abbandonare il lato negativo delle cose. I grandi saggi vedevano soltanto il buono in ogni cosa dell'universo.

Coloro che sono pienamente consapevoli di maya non ne restano vittime. Essi proteggono il mondo. D'altro lato, chi non capisce maya non solo distrugge se stesso, ma diventa anche un peso per gli altri. Commette una specie di suicidio. Se si vive accettando solamente il lato buono di tutte le cose, nulla sarà considerato come un'illusione. Ogni cosa ha la potenzialità di condurci verso il bene.

Un cane vede la luna riflessa in una pozzanghera e abbaiando salta nell'acqua. Il cane non vede la vera luna. Un bambino salta in un pozzo per prendere la luna e annega. Il cane e il bambino non sono consapevoli della realtà. Esistono sia il transitorio che l'eterno, ma dobbiamo distinguere tra i due. A cosa serve cercare di afferrare l'ombra ignorando il reale? L'ombra, maya, dura soltanto finché dura l''io', l'ego. Dove non c'è 'io', non c'è nessun universo, nessuna illusione.

Poiché la nostra conoscenza è incompleta, pensiamo che l'illusione sia reale. A mezzogiorno, quando il sole raggiunge lo zenit, non c'è ombra. Raggiunto lo zenit della conoscenza, ovvero l'illuminazione, vedremo soltanto la Realtà.

Domanda – Si dice che facciamo l'esperienza dell'esistenza dell'universo solamente a causa di maya. Allora perché ci sembra così reale?

Madre – Il creato esiste soltanto quando c'è la nozione di 'io'. Senza questa nozione, non c'è creato, non ci sono esseri viventi. C'è solo Brahman, che rimane per sempre Brahman.

Una bambina vuole una bambola con tanta insistenza che piange per delle ore. Alla fine la ottiene e ci gioca un po'. Non permette a nessun altro di toccarla. Va a dormire tenendola stretta a sé. Ma nel sonno, la bambola scivola a terra e la bambina non se ne accorge nemmeno.

Un uomo nasconde il suo oro sotto il cuscino e va a dormire appoggiandovi la testa sopra. Ma mentre dorme, arriva un ladro e si porta via tutto. Mentre era sveglio, l'uomo non riusciva a pensare ad altro che all'oro e a causa di ciò non aveva alcuna pace. Ma nel sonno dimenticò tutto; non era consapevole di se stesso, né della famiglia, né dei suoi averi. C'era soltanto beatitudine. La beatitudine che proviamo nel sonno profondo è ciò che ci dà l'energia che abbiamo quando ci svegliamo. Al nostro risveglio ritorna tutto: "la mia bambola", "la mia collana" e "la mia famiglia". Come torna il senso dell''io', tutto il resto ritorna con esso.

Brahman esiste come Brahman, sempre. Ma faremo l'esperienza di Brahman soltanto quando i nostri pensieri si dissolveranno.

Domanda – Amma, se tutti conducessero una vita spirituale e diventassero sannyasi, come farebbe il mondo a sopravvivere? Che beneficio porta il sannyasa?

Madre – Non tutti possono diventare sannyasi. Su un milione di persone che ci provano, solo pochi ci riusciranno. Ma solo perché non tutti riescono a laurearsi in medicina o a trovare una professione prestigiosa, non significa che si debba smettere di provarci.

Amma non dice che tutti dovrebbero diventare dei sannyasi, ma se comprendete il principio che sta alla base del sannyasa e vivete di conseguenza, potete evitare di soffrire. In questo modo potrete superare con distacco tutti gli ostacoli.

Amma intende dire che bisognerebbe abbandonare il senso di 'io' e 'mio'. Qualsiasi cosa desideriamo, dovremmo capirne il ruolo nella vita. Inoltre, non bisognerebbe compiere le azioni aspettandosi dei risultati, perché l'aspettativa è la causa di sofferenza.

Una persona incaricata di una raccolta di fondi, si recò in una casa per ricevere un contributo. Si aspettava per lo meno mille rupie, ma la famiglia gliene diede soltanto cinque! L'uomo si infuriò e rifiutò la donazione. Un anno dopo era ancora arrabbiato! Si era tenuto il rancore dentro, nutrendolo. Siccome non ricevette quello che si aspettava, non fu in grado di accettare quanto gli veniva offerto e per la delusione lo rifiutò. Se non avesse avuto alcuna aspettativa, non avrebbe dovuto sperimentare tutta quella collera e sofferenza e sarebbe stato soddisfatto del poco che aveva ricevuto. Nel nostro viaggio attraverso la vita possiamo evitare questo tipo di sofferenza se siamo come dei mendicanti. Un mendicante sa di essere un mendicante, quindi non soffre se non gli si dà niente. Non è triste se in un posto non riceve nulla, perché sa che forse riceverà qualcosa nel luogo successivo. Sa che ricevere a piene mani o restare a mani vuote fanno entrambi parte della sua esperienza nel viaggio della vita. Quindi, non si arrabbia con nessuno. Quando sei un vero mendicante, consideri tutto come volontà di Dio. Fa' che il tuo legame sia con Dio: Amma sta dicendo solo questo. Le persone veramente spirituali non hanno dolori.

Oggi le persone sono attaccate alle cose esteriori. Dicono "la mia famiglia" e passano la vita in questo modo, faticando giorno e notte per la famiglia, senza riposo. Ma si dimenticano di se stessi, non riescono a individuare il proprio dharma e a vivere di conseguenza. Dimenticano Dio. Vivendo in questo modo, non trovano pace nella vita, e nemmeno dopo la morte. Ciò non significa che non dovremmo fare niente; bisogna compiere le proprie azioni, ma senza nutrire aspettative o desideri.

La felicità non si trova nelle cose esteriori. La felicità è dentro di noi.

Dopo aver mangiato una porzione abbondante del vostro dolce preferito, non ne vorreste più; se ne mangiaste ancora, comincereste a detestarlo. Se qualcuno vi proponesse un'altra porzione, la rifiutereste. Se fosse veramente il dolce a farvi felici, ci sarebbe qualche ragione per allontanare il piatto? Non ne mangereste ancora? Quindi la causa è la mente. Quando la mente è sazia, cominciamo a provare un'avversione verso l'oggetto. Tutto dipende dalla mente. La felicità non è da qualche parte là fuori; è dentro di voi; quindi cercatela lì! Se andate alla ricerca della felicità all'esterno – nei rapporti con le altre persone e negli oggetti esterni – la vostra vita sarà sprecata. Ciò non significa che dovreste restar seduti senza far niente. Tutte le volte che è possibile, fate qualcosa per gli altri. Servite le persone bisognose. Ripetete un mantra. Vivete la vostra vita con dedizione alla meta spirituale.

Domanda – Amma, come possiamo eliminare le vasana mondane?

Madre – Non potete semplicemente prendere una vasana ed eliminarla, proprio come non potete prendere una bolla e tirarla fuori dall'acqua. La bolla scoppierà se cercate di rimuoverla. Le bolle si formano nell'acqua a causa delle onde. Per evitare le bolle, dobbiamo far attenzione a non far alzare le onde. Grazie ai pensieri positivi e alla contemplazione, riduciamo le onde che sorgono nella mente a causa delle vasana mondane. Non c'è spazio per vasana materiali in una mente resa quieta da pensieri positivi.

Domanda – Si dice che gli oggetti di cui facciamo l'esperienza tramite i sensi non ci possono dare la felicità. Però, in realtà, io derivo la felicità dagli oggetti materiali, non è così?

Madre – La felicità non viene da qualcosa esterno a te. Alcune persone adorano il cioccolato ma, per quanto sia delizioso, dopo averne mangiate dieci barrette in una volta, cominceranno a provare dell'avversione per il cioccolato. L'undicesima non darà la stessa soddisfazione della prima. Ad alcuni il cioccolato non piace per niente e il solo odore li nausea. Ma il cioccolato rimane sempre lo stesso, che alla gente piaccia oppure no. Se fosse davvero il cioccolato a darci la felicità, non ci sentiremmo comunque contenti a prescindere dalla quantità mangiata? E non ne trarrebbero piacere tutti? Quindi la nostra contentezza non dipende dal cioccolato in sé, ma dalla nostra mente. Le persone credono di derivare la felicità dall'esterno e spendono tutta la vita a cercare di acquisire gli oggetti dei loro desideri. Ma alla fine, i sensi muoiono, noi diventiamo deboli e crolliamo.

La felicità va ricercata dentro, non fuori. Solo se facciamo affidamento sulla felicità interiore possiamo provare sempre beatitudine e appagamento. Sia gli oggetti materiali che i sensi che li percepiscono hanno delle limitazioni. Non è che l'aspetto materiale della vita debba essere evitato, ma dovremmo capire l'uso corretto di ogni oggetto e dargli, nella nostra vita, solo l'importanza che si merita. Il problema sono i pensieri inutili e le aspettative.

Per la maggior parte delle persone, non c'è niente di più importante della propria felicità. Non amano nessuno più di se stesse. In America un uomo venne a trovare Amma. Sua moglie era morta da poco; era tutta la sua vita. Quando lei era via, l'uomo stava sveglio tutta la notte, senza dormire. Non mangiava se lei non aveva mangiato e ogni volta che lei si recava da qualche parte, lui l'aspettava: insomma, l'adorava. Ma la loro vita in comune non durò a lungo. Lei contrasse all'improvviso una malattia lieve e morì nel giro di una settimana. Il corpo fu portato nella camera ardente; arrivarono molti parenti ed amici. La sepoltura avrebbe avuto luogo soltanto dopo che tutti avevano visto il corpo. Nel frattempo, al marito venne molta fame. "Oh, che finisca tutto in fretta!", pensò fra sé. Voleva che si concludesse tutto per poter mangiare. Aspettò ancora un paio d'ore, ma sembrava proprio che la sepoltura non dovesse aver luogo di lì a breve. A quel punto l'uomo aveva una tale fame che si recò ad un ristorante lì vicino ed ordinò da mangiare. Fu lui stesso a raccontare ad Amma questa storia. Disse: "Amma, ero disposto a sacrificare la vita per mia moglie, l'amavo così tanto. Ma quando mi è venuta fame ho dimenticato tutto!"

Questo è successo in America. Volete sapere adesso cos'è successo in India? Questa è la storia di una donna che è venuta all'ashram. Suo marito morì investito da un'auto mentre andava in bicicletta. Questa donna era la sua seconda moglie; la prima era morta qualche anno prima e c'erano due figli adulti dal primo matrimonio. Quando la seconda moglie ricevette la notizia della morte del marito, la prima cosa che fece non fu di andare a vedere il corpo e portarlo a casa; andò invece ad impossessarsi della chiave della cassaforte del marito. Mentre lei recuperava la chiave, alcune persone arrivarono con il corpo del marito. Arrivarono anche i figli della prima moglie. Dopo aver saputo della morte del padre, invece di recarsi immediatamente a vedere il corpo, andarono anche loro dritti nel posto in cui il padre teneva la chiave della cassaforte. Volevano trovare la chiave prima della loro matrigna, perché avevano paura che lei s'impossessasse di tutti i suoi averi. Ma arrivarono troppo tardi. La matrigna aveva già trovato la chiave e l'aveva nascosta. Quei figli erano stati allevati con tanto amore: dov'era quell'amore adesso? La moglie diceva sempre di amare il marito più della propria vita: dov'era il suo amore adesso? La loro mente pensava soltanto ai soldi. Figli miei, il mondo è così: le persone tendono ad amare gli altri solo per i propri motivi egoistici.

Alcuni uomini giurano di uccidere la moglie se parla con un altro uomo. Quando il padre è sul letto di morte, i figli non vedono l'ora di spartirsi la proprietà. In alcuni casi, se il figlio pensa di ricevere una grossa eredità, non esita ad uccidere il padre. È amore questo?

Questo non significa che dovremmo abbandonare tutto e restare nell'ozio, senza fare alcun lavoro, siccome il mondo è quello che è. Ma non dovremmo avere alcuna aspettativa del tipo: "Mia moglie (o mio marito) e i miei figli resteranno con me per sempre."

Riconoscete il vostro dharma e sforzatevi di vivere di conseguenza. Compite le vostre azioni senza alcuna aspettativa. Non aspettatevi amore, ricchezza, fama o altro. Lo scopo delle nostre azioni dovrebbe essere la purificazione interiore. Siate attaccati solamente a ciò che è spirituale, perché solo in quel caso conoscerete la vera felicità. Se compite delle azioni aspettandovi qualcosa dagli altri, la sofferenza sarà la vostra unica compagna. Ma se vivete in armonia con i princìpi spirituali, sarete in paradiso qui sulla terra e anche dopo la morte. Sarete di beneficio sia a voi stessi che al mondo.

Domanda – Il Sé non ha forma. Allora come facciamo a riconoscere la sua influenza?

Madre – L'aria non ha forma, ma se la soffiate in un palloncino ci potete giocare, tirandolo di qua e di là. Allo stesso modo, il Sé è senza forma e pervade ogni cosa. Possiamo comprenderne l'influenza con l'aiuto di un'upadhi[26].

Domanda – È possibile per una persona rimanere sempre nello stato di non-dualità? Non è possibile soltanto nello stato di *samadhi*? La persona non ritorna al mondo della dualità quando si "sveglia" dal samadhi?

Madre – Dal tuo punto di vista la persona esiste in uno stato di dualità, ma è ancora nello stato non-duale di esperienza diretta della Realtà. Dopo aver mischiato insieme la farina di riso e lo

---

[26] In questo contesto, il mezzo attraverso il quale l'Infinito si esprime nel mondo manifesto.

zucchero, non li puoi separare: resta solo la dolcezza. Similmente, una volta che hai raggiunto lo stato di non-dualità – a livello di esperienza diretta – tu sei Quello. A quel punto, nel tuo mondo non c'è dualità; consideri tutto quello che fai alla luce della tua esperienza non-duale.

Un essere pienamente illuminato è come una buccia di limone bruciata o una corda bruciata; sembrano avere una determinata forma, ma la forma svanisce nel momento in cui le tocchi. Le azioni di un essere illuminato sembrano come le azioni delle persone comuni, ma l'illuminato dimora sempre nel Sé. Egli è davvero il Sé.

Domanda – Ci potresti fare una specie di descrizione dell'esperienza non-duale?

Madre – È al di là delle parole. Non puoi assaggiare lo zucchero e spiegare esattamente quanto sia dolce. È indescrivibile. Quando si mangia, i benefici si vedono dopo. I benefici del sonno sono l'energia e la pace che si provano al risveglio. La pace profonda ed ineffabile di cui si fa esperienza durante il samadhi rimane anche dopo essere usciti da quello stato.

Domanda – Alcune persone nascono ricche e crescono in mezzo all'abbondanza. Altre nascono in capanne in cui non c'è a sufficienza nemmeno per un solo pasto. Qual è la ragione di questa differenza?

Madre – Ogni persona rinasce secondo le azioni delle sue vite precedenti. Alcune persone nascono sotto il *kesari yoga*[27] e prospereranno ovunque. La Dea della prosperità risiede in loro. In seguito alle azioni compiute nelle vite precedenti, essi rinascono

---

[27] In astrologia, il kesari yoga è una particolare configurazione della luna e di Giove al momento della nascita di una persona, che indica un futuro molto prospero e favorevole.

194

con questa divinità. Nelle loro vite precedenti hanno adorato Dio con concentrazione e hanno dato generosamente ai poveri. Coloro che hanno compiuto delle cattive azioni in passato adesso soffrono.

Domanda – Ma noi non siamo consapevoli di nessuna di queste cose.

Madre – Riesci a ricordarti tutto quello che hai fatto da bambino? Durante un esame gli studenti non si dimenticano spesso quello che hanno studiato il giorno prima? In modo analogo, ci siamo dimenticati di tutto. Ciò nonostante, con l'occhio della saggezza, possiamo vedere ogni cosa.

Domanda – Come possiamo liberarci dalla sofferenza?

Madre – Coloro che assorbono veramente la spiritualità e vivono in accordo con il dharma non sperimentano dolore. A cosa serve restar seduti a piangere se vi ferite ad una mano? Dovete spalmare una pomata sulla ferita. Se restate semplicemente seduti a piangere, la ferita si potrebbe infettare e potreste anche morire.

Immaginate che qualcuno vi insulti e voi reagiate sedendovi in un angolo a piangere. Siete infelici perché avete accettato l'insulto. Se non lo accettate, diventa un problema dell'altra persona, non vostro. Quindi dovete considerarlo come qualcosa che non vi appartiene. Se vi comportate con discriminazione in questo modo, raggiungerete la libertà dalla sofferenza.

Ed ancora, se vi fate un taglio ad una mano, a cosa serve fermarsi ad analizzare come è successo – che tipo di coltello ha causato il taglio, e via dicendo – senza prendersi cura della ferita?

Se una persona viene morsa da un serpente velenoso e resta seduta a brontolare, morirà di certo. Oppure, se si precipita a casa a consultare l'enciclopedia per capire che rimedio adottare, morirà anche prima di scoprire che ha bisogno di un siero.

Quando qualcuno viene morso da un serpente, serve un siero il più presto possibile.

Quando c'è la sofferenza, dobbiamo cercare di superarla, invece di indebolirci pensandoci. Alcuni saggi del passato hanno imparato le verità essenziali e le hanno applicate nella loro vita. Se diamo ascolto alle loro parole e viviamo secondo gli insegnamenti delle Scritture, possiamo attraversare indenni qualsiasi situazione. Nella vita la conoscenza spirituale è molto più essenziale di quella materiale, perché ci insegna a vivere in questo mondo. Finché non applichiamo questa saggezza nella nostra vita, ci dirigiamo verso l'inferno, sia in questa vita che nell'aldilà.

I gurukula insegnano alle persone questa saggezza spirituale: come sperimentare la pace in questo mondo e come condurre una vita senza difficoltà. I maestri spirituali sono i dottori della mente.

Domanda – Non sono gli psichiatri i dottori della mente?

Madre – Loro curano la mente solo quando perde il suo equilibrio. Un Maestro spirituale ci insegna come vivere per evitare una cosa simile. È a questo che servono i gurukula.

Domanda – Si dice che i desideri siano la causa della sofferenza. In che modo possiamo eliminare i nostri desideri?

Madre – Permetteremmo deliberatamente a una persona che vuol farci del male di vivere con noi? Vorremmo dormire nelle vicinanze di un pazzo furioso? No, perché sappiamo che la sua mente è instabile e che l'uomo potrebbe farci del male. In modo simile, se alleviamo un serpente, per quanto lo nutriamo, inevitabilmente darà prova della sua vera natura. E nessuno vorrebbe tenere un cane rabbioso in casa. Se il nostro cane prende la rabbia, non esiteremo ad addormentarlo per sempre, anche se gli siamo molto affezionati. Cerchiamo di evitare creature simili, sapendo che la loro frequentazione causa sofferenza.

Se studiamo in questo modo la natura delle cose e accettiamo solo ciò che è benefico, non dovremo sperimentare alcuna sofferenza.

I desideri non possono mai portarci alla perfezione. Poiché non riescono a capirlo, le persone nutrono dei desideri negativi e, di conseguenza, devono affrontare molti problemi e causano sofferenza anche agli altri. Berreste intenzionalmente del veleno? Anche se avete molta fame, se un ragno velenoso vi cade nel piatto, non toccherete il cibo. In modo simile, quando capirete davvero che desiderare gli oggetti materiali causa sofferenza, la vostra mente non sarà più attratta da quegli oggetti. Così, se procedete con vigilanza nella vita, potete essere liberi dai desideri. È una cosa molto difficile. Tuttavia, con sufficiente vigilanza, discriminazione, distacco, contemplazione e pratica, è possibile.

Domanda – Si dice che oggi in India ci siano molti mahatma dotati di poteri divini. Si pensa che per loro non ci sia niente di impossibile. Quando le persone soffrono e muoiono a causa di alluvioni, siccità e terremoti, perché i mahatma non le salvano?

Madre – Figli miei, nel mondo di un mahatma non ci sono né nascita né morte, né felicità né dolore. Se le persone soffrono, è a causa del loro prarabdha. Stanno sperimentando i frutti del loro karma, che deve essere esaurito. È vero che l'ammontare del proprio prarabdha può essere ridotto dalla grazia di un mahatma, ma bisogna essere pronti per riceverla. I mahatma esistono, ma dalla loro presenza le persone non traggono vantaggio come dovrebbero. Una freccia può colpire il bersaglio soltanto se si tende l'arco prima di scoccarla. I mahatma ci indicano la strada giusta. Perché dare la colpa a loro se non ne seguiamo i consigli?

Su questa terra nascono così tante persone. Di conseguenza devono anche morire, non è così? Ma la morte esiste solo per il corpo, non per l'anima. Siamo venuti dalla polvere e alla polvere ritorneremo. La creta dice al vasaio: "Adesso stai facendo di me un vaso, ma domani sarò io a fare di te un vaso!" Tutti raccolgono i frutti del proprio karma.

Figli miei, solo quando esiste il senso dell''io' ci può essere la morte. Chi ha il senso dell''io' vive solo un certo numero di anni. Ma al di là di ciò esiste un mondo in cui c'è solo beatitudine. Per raggiungere quel mondo dobbiamo fare il miglior uso possibile della vita che ci è stata data.

Per la maggior parte delle persone non è consigliabile riflettere sul concetto che il mondo è irreale. Esse dovrebbero concentrarsi a sviluppare delle qualità positive compiendo delle buone azioni. In questo modo potranno raggiungere il bazar della beatitudine e restarci per sempre.

Domanda – Perché Dio ha creato un pianeta come questo, con degli esseri viventi?

Madre – Dio non ha creato nessuno. Questa è una nostra creazione. Un agente di sicurezza faceva la guardia ad un deposito d'oro e di gioielli. Ma durante la notte per caso si addormentò. Approfittandone, alcuni ladri rubarono tutto. Non appena si svegliò, il guardiano si accorse del furto. In preda all'ansia si disperò: "Oh, no! Che cos'ho fatto! Perderò il mio lavoro! Non sarò in grado di mantenere i miei figli!" Ma mentre dormiva non esisteva nessuno di questi pensieri. Nel sonno non era consapevole dell'oro, né dei ladri, né dei suoi datori di lavoro. Solo al risveglio è comparsa ogni cosa. Quindi è stata tutta una sua creazione.

La creazione avviene a causa della nostra ignoranza. Se una persona sbaglia, tutti gli altri devono forse imitarla? Se un individuo diventa un ladro, tutti gli altri devono rubare? Ad ogni buon conto, chi ruba sarà comunque punito.

Cerchiamo di eliminare la nostra ignoranza il prima possibile. La vita umana è una benedizione che abbiamo ricevuto per questo proposito. Se dov'erano stati piantati dei semi di sesamo cresce una pianta di cardamomo, che cosa dovremmo coltivare in seguito, il sesamo o il cardamomo? Il cardamomo vale molto di più dei semi di sesamo.

Quindi, almeno d'ora in avanti, cerchiamo di far spazio nella nostra mente al Sé eterno. Allora si manifesteranno varie circostanze che ci aiuteranno a conoscere il Sé. Godremo della beatitudine e percorreremo la vita pieni di energia. Altrimenti, se insistiamo a piantare soltanto semi di poco valore, resteremo per sempre nella povertà.

Domanda – È giusto andare a vivere in un ashram quando si hanno dei genitori di cui un giorno bisognerà prendersi cura? Non è egoista? Chi si occuperà dei genitori nella loro vecchiaia?

Madre – Ci sono tantissime persone che non hanno figli. Chi si prende cura di loro nella vecchiaia? È per prendersi cura di un numero infinito di persone che un giovane entra in un ashram. Qual è il vero egoismo, sacrificare la tua vita per i genitori o dedicare la tua vita al mondo intero? Un giovane a volte deve lasciare la famiglia e recarsi in un altro stato per prendere la laurea in medicina. Quando ritorna dopo aver completato gli studi sarà in grado di prendersi cura di molte persone. Ma se invece non frequenta l'università perché pensa di non dover lasciare i genitori, non sarà in grado di salvarli dalla morte quando comunque arriverà il loro momento. Se ritorna con una laurea in medicina, almeno potrà aiutarli nella malattia.

Le persone vanno a vivere in un ashram per acquisire, attraverso la pratica spirituale, la forza per vivere una vita al servizio del mondo. In questo modo indicano il percorso giusto non solo ai genitori, ma al mondo intero. Il sentiero che mostrano agli altri con il proprio esempio è una via completamente libera dalla sofferenza. Ma per riuscire in questa impresa devono controllare la propria mente; devono abbandonare tutti gli attaccamenti. In seguito saranno in grado di amare e servire tutti. Ogni loro respiro sarà per il bene del mondo.

Domanda – Qual è la ragione per cui si afferma che una cosa, quand'anche vera, non dovrebbe essere detta se causa sofferenza?

Madre – Nella spiritualità si parla di due argomenti: verità e segretezza. Non c'è niente più elevato della verità; non dovrebbe mai essere abbandonata. Ma non si deve raccontare apertamente a tutti ogni verità. Bisogna tener conto delle circostanze e stabilire se sia necessario rivelare una determinata cosa. Ci possono essere delle occasioni in cui si deve tener segreto qualcosa, anche se si tratta della verità. Prendiamo l'esempio di una donna che in un momento di debolezza ha commesso un errore. Se il mondo lo viene a sapere, il suo futuro sarà rovinato e la sua vita potrà essere in pericolo. Ma se il suo errore viene mantenuto segreto, la donna potrà evitare di ripeterlo ed essere in grado di condurre una vita positiva. In questo caso è meglio tenere nascosta la verità invece di rivelarla. In questo modo è possibile salvare la vita alla donna e proteggere la sua famiglia. Ma bisogna soppesare attentamente la situazione prima di prendere una decisione di questo tipo.

Comunque, ciò non dovrebbe mai incoraggiare nessuno a ripetere un errore. La cosa importante è che tutti traggano beneficio da quello che diciamo. Se, dicendo una determinata cosa, potremmo far del male a qualcuno, non dovremmo dirla, nemmeno se si tratta della verità.

Amma vi farà un esempio. Un bambino muore in un incidente stradale, a cento chilometri da casa sua. Per la madre sarà un perdita terribile: era il suo unico figlio. Se qualcuno semplicemente le telefona e le dice che il figlio è morto, la donna potrebbe morire per lo shock e il dolore. Quindi, al telefono, le si dà il seguente messaggio: "Suo figlio è stato coinvolto in un piccolo incidente e al momento si trova qui in ospedale. La preghiamo di venire in fretta!" Anche se non è la verità, dicendole così la metteremo nelle condizioni di poter affrontare i cento chilometri. Le sarà risparmiato un gran dolore almeno per quell'arco di tempo. Quando arriverà all'ospedale, scoprirà cosa è accaduto realmente.

Scoprire la verità in un secondo momento, dopo essere stata messa al corrente dell'incidente e aver avuto il tempo di assorbire la notizia, potrà diminuire l'effetto dello shock. In questo caso, nascondendole temporaneamente la verità, potremmo salvare la vita della madre. Il bambino è comunque morto. C'è una qualche ragione per far morire un'altra persona nel nome di chi è morto? È questo il tipo di situazione a cui si riferisce Amma. Amma non vi sta dicendo di raccontare delle bugie.

Un uomo con problemi di cuore contrae una grave malattia. Se lo scoprisse, potrebbe avere un attacco cardiaco. Quindi il dottore non gli comunica la notizia immediatamente. Gli dirà solamente: "Non è niente di grave. Ha solo bisogno di riposare e di prendere questa medicina." Questa non può essere considerata una comune bugia. Il dottore non lo dice per un suo interesse personale; mantiene momentaneamente segreto un fatto per il bene di un'altra persona.

Ad Amma viene in mente una storia. In un villaggio viveva un uomo benestante. Era solito dare ai poveri la maggior parte dei suoi guadagni. Molte persone si recavano da lui in cerca d'aiuto. Egli sapeva molte cose sulla spiritualità. Era solito dire: "Non posso fare pratiche spirituali in continuazione. Ho veramente poco tempo per il japa e la meditazione, per cui do i profitti dei miei affari ai poveri, in modo che ne traggano beneficio. Servire i poveri è il mio modo di adorare Dio. Ciò mi dà la felicità e la contentezza di cui ho bisogno, e i miei affari prosperano."

In un villaggio poco lontano viveva un uomo molto povero. Un giorno decise di andare a chiedere aiuto al benestante. La sua famiglia non mangiava da giorni e lui, disperato, non sapeva più dove trovare aiuto. Ma era così debole per la fame che riusciva a mala pena a camminare. Dopo aver compiuto un breve tratto, gli venne un capogiro e cadde a terra. Era disperato e pensò: "Oh, Dio, sono partito sperando di trovare un aiuto, e guardami ora, disteso per la strada. Probabilmente morirò qui." Si guardò intorno e vide un ruscello vicino alla strada. Riuscì in qualche modo ad alzarsi e ad arrivare fino all'acqua. Bevve dal ruscello e notò che l'acqua era eccezionalmente dolce. Bevve molto e si riprese. L'acqua era deliziosa. Prese una foglia grande, le diede la forma di una scodella e vi raccolse dell'acqua. Si sentiva un po' più forte e lentamente riprese il cammino, portando con sé il recipiente. Infine, giunse a casa dell'uomo ricco e si unì alla lunga fila di persone che erano venute a ricevere i doni che venivano distribuiti. La maggior parte di loro aveva portato qualcosa da offrirgli in cambio dei suoi doni. Il nostro uomo pensò: "Oh, no! Sono l'unico che non ha portato niente da dargli. Non importa, gli offrirò quest'acqua meravigliosa."

Così, quando venne il suo turno, offrì all'uomo ricco la scodella con l'acqua. L'uomo ne bevve una gran sorsata ed espresse il suo apprezzamento, dicendo: "Oh, che delizia! Quest'acqua è davvero benedetta!" L'uomo povero ne fu molto felice. Gli assistenti del ricco che erano lì vicino espressero il desiderio di assaggiare un po' di quell'acqua, ma lui non glielo permise. La posò da parte dicendo: "Quest'acqua è molto sacra!" Diede al povero tutto ciò di cui aveva bisogno, e lo congedò. A quel punto, i presenti dissero al ricco: "Non esiti a condividere con gli altri tutto ciò che hai. Perché, allora, non ci hai permesso di assaggiare quell'acqua santa?" L'uomo rispose: "Vi prego, perdonatemi. Quell'uomo era esausto e ha bevuto quell'acqua, che ha trovato da qualche parte lungo la strada. Poiché era stremato, l'acqua gli è sembrata buonissima; ha pensato che avesse qualcosa di speciale: questo è il motivo per cui l'ha portata qui. Ma in realtà, non era buona da bere. Ma quando l'ho assaggiata, se avessi detto davanti a lui che l'acqua era cattiva, l'uomo ne sarebbe rimasto ferito. E, per la delusione, qualsiasi dono gli avessi poi dato non l'avrebbe davvero soddisfatto. Ho lodato l'acqua in sua presenza perché non volevo ferirlo."

Figli miei, è in situazioni come questa che non dovremmo dire la verità se potrebbe far soffrire qualcuno. Ripeto, non significa che dobbiamo dire bugie.

Una persona spirituale non dovrebbe mai mentire per i propri interessi. Le nostre parole e azioni non dovrebbero far soffrire nessuno. C'è solo una cosa che rimane senza mai sbiadire e che dona luce alle nostre vite: l'amore. Figli miei, quell'amore è Dio.

Domanda – Se Dio e il guru sono dentro di noi, che bisogno c'è di un guru esteriore?

Madre – C'è una potenziale scultura in ogni pietra. L'immagine può prendere forma solamente quando uno scultore rimuove le parti inutili. In modo analogo, il Maestro spirituale fa emergere la vera natura del discepolo che, intrappolato nell'illusione, è in uno stato di profonda dimenticanza. Finché non siamo in grado di risvegliarci da soli, un Maestro esteriore è necessario. Il guru eliminerà la nostra dimenticanza.

Una studentessa ha studiato sodo per imparare la lezione, ma quando l'insegnante l'ha interrogata era così nervosa che non è riuscita a ricordarsi niente. Una sua compagna, che le era seduta a fianco, le ha suggerito il primo verso e all'improvviso le è tornata alla memoria tutta la poesia, e l'ha recitata in modo impeccabile. In modo simile, la conoscenza della Verità è dormiente in noi e le parole del Maestro hanno il potere di risvegliarla.

Quando vi dedicate a pratiche spirituali alla presenza di un Maestro, ciò che in voi è irreale si dissolve e il vostro vero essere comincia a risplendere. Quando un'immagine ricoperta di cera viene avvicinata al fuoco, la cera si scioglie e l'immagine diventa visibile. Soltanto perché alcuni rari individui hanno realizzato la verità senza un Maestro spirituale, non possiamo dire che nessuno ha bisogno di un guru.

Dio e il Maestro spirituale sono dentro di noi in forma latente, come un seme. Serve un clima adatto perché il seme possa crescere fino a diventare un albero; l'albero non può crescere ovunque. In modo simile, affinché l'innata natura divina possa risplendere dentro di noi, abbiamo bisogno di un ambiente congeniale. Il Maestro è colui che crea questo ambiente.

Le mele crescono abbondanti in Kashmir; il clima lì è particolarmente favorevole ai meli. È possibile far crescere alberi di mele in Kerala, ma richiedono una coltivazione molto accurata e, anche in quel caso, la maggior parte delle pianticelle muore. Poiché il clima del Kerala non è indicato per i meli, gli alberi che riescono a sopravvivere non daranno che un raccolto scarso. Proprio come il clima del Kashmir è adatto alla crescita di meli, la presenza di un Maestro che ha realizzato il Sé è di aiuto per la crescita spirituale del discepolo. Il Maestro crea un'atmosfera adatta al risveglio del guru interiore che è latente all'interno del discepolo, in modo che il discepolo possa realizzare il proprio vero Sé.

La praticità ha il suo posto nella spiritualità, proprio come lo ha in questioni materiali. La mamma regge il biberon per il suo bambino e lo veste. Gradualmente, il bambino impara a fare queste cose da solo. Fino a quando le persone non saranno in grado di agire autonomamente, hanno bisogno dell'aiuto di altri.

Chi intraprende un viaggio con l'aiuto di una mappa si può comunque perdere e vagare senza raggiungere la meta. Ma se ha una guida, non si perde. Se con voi c'è qualcuno che conosce la strada, il viaggio sarà facile e senza intoppi. Sebbene l'Essere

supremo sia dentro ognuno di noi, finché siamo intrappolati nella coscienza corporea, abbiamo bisogno di un Maestro spirituale. Una volta che l'aspirante ha abbandonato la propria identificazione con gli strumenti di corpo e mente non avrà più bisogno di una guida esterna, perché a quel punto Dio e il guru si saranno risvegliati dentro di lui.

Un Maestro spirituale è un *tapasvi*. Se una persona comune è come una candela, una persona che compie *tapas* in confronto è come il sole.

Per quanto possiamo scavare in certi luoghi, non necessariamente troveremo l'acqua. Se invece scaviamo vicino ad un fiume possiamo trovarla facilmente, senza dover andare tanto in profondità. In modo simile, la vicinanza di un vero Maestro rende più facile il compito ai discepoli. Sarete in grado di godere dei frutti delle vostre pratiche spirituali senza troppo sforzo. In presenza di un guru verranno ridotti anche l'intensità del vostro prarabdha e lo sforzo necessario.

La scienza moderna ammette che se fissiamo la mente su di un punto, possiamo conservare la forza mentale. Se è così, quanto potere ci sarà in uno yogi che ha passato anni a praticare la concentrazione con la meditazione e altre pratiche spirituali! Questa è la logica dietro l'affermazione che, con il semplice tocco, uno yogi trasmette agli altri potere spirituale, come la corrente elettrica. Un Maestro perfetto è in grado non solo di creare un'atmosfera congeniale per il progresso spirituale del discepolo, ma anche di trasmettergli potere spirituale.

Soltanto chi è passato attraverso le varie fasi della pratica spirituale può guidare in modo corretto un aspirante.

Con la lettura, gli studenti possono imparare da soli la teoria, ma per riuscire a passare un esame pratico hanno bisogno dell'aiuto di un insegnante. Anche se attraverso i libri possiamo imparare alcune cose sulla spiritualità, per mettere in pratica quegli insegnamenti dobbiamo cercare l'aiuto di un Maestro vivente. Gli aspiranti incontreranno innumerevoli ostacoli e dovranno affrontare molti problemi sul cammino spirituale; se questi non vengono affrontati nel modo giusto, c'è il rischio che l'aspirante possa perdere il suo equilibrio mentale. Quando si consiglia un aspirante è necessario tenere in considerazione la sua costituzione fisica, mentale ed intellettuale. Solo un vero Maestro è in grado di farlo. Un ricostituente per la salute ha lo scopo di rinforzare il corpo ma, se viene assunto in modo indiscriminato, potrebbe fare più male che bene. È la stessa cosa con la pratica spirituale. Quindi, per l'aspirante è assolutamente necessaria la guida di un Maestro spirituale.

Domanda – È possibile raggiungere la meta solamente studiando i testi sacri, senza l'aiuto di yama e niyama, meditazione, servizio altruistico, ecc.?

Madre – Studiando le Scritture siamo in grado di comprendere la via che conduce a Dio; possiamo imparare i princìpi del Sé. Comunque, conoscere soltanto modi e mezzi non ci porterà alla meta; per raggiungerla dobbiamo seguire il cammino che viene indicato.

Immaginiamo che un uomo abbia bisogno di una certa cosa. Si informa e viene a sapere che l'oggetto è disponibile in un luogo distante. Grazie ad una mappa, impara la strada e l'esatta ubicazione del posto in cui può trovare l'oggetto. Ma non lo avrà se non si reca sul posto a prenderlo.

Oppure immaginiamo che un uomo debba comprare delle medicine. La farmacia è dall'altra parte del lago; quindi prende una barca, ma quando raggiunge l'altra sponda si rifiuta di scendere dalla barca. Resta lì seduto e non va in farmacia a prendere le medicine. Certe persone sono così. Non sono disposte ad abbandonare un determinato luogo lungo il cammino. Anche dopo aver raggiunto l'altra sponda, continuano a restare attaccate alla barca! Aggrapparsi ciecamente al sentiero invece di procedere causerà soltanto schiavitù.

Se vogliamo raggiungere la meta, è nostro dovere seguire la via indicata dalle Scritture e compiere le pratiche e discipline spirituali richieste. Non basta il semplice studio delle Scritture. Dobbiamo anche coltivare l'attitudine di inchinarci di fronte ad ogni cosa. Al momento attuale è l'attitudine dell'ego a prevalere. Dobbiamo imparare ad inchinarci. Quando la pianta di riso cresce, si china automaticamente. E, nella palma, quando le noci di cocco maturano, il fascio si piega spontaneamente. Questi esempi ci insegnano che quando sviluppiamo una saggezza perfetta, diventiamo naturalmente umili.

Studiare le Scritture può essere paragonato a costruire un muro intorno ad un frutteto, mentre compiere pratiche spirituali è come coltivare degli alberi da frutta dentro quelle stesse mura. Il muro offre protezione agli alberi; ma per ricavarne effettivamente dei frutti dobbiamo piantare gli alberi e coltivarli. La pratica spirituale è assolutamente necessaria.

Studiare le Scritture può anche essere paragonato alla costruzione di un muro di cinta intorno al nostro giardino, mentre la pratica spirituale è come la costruzione di una casa all'interno di quelle mura, una casa in cui siamo protetti dalla pioggia e dal sole. Quindi, lo studio delle Scritture, da solo, non basta; è necessario anche osservare norme e divieti del sentiero spirituale, meditare, ripetere il mantra e compiere altre pratiche.

Quando nel discepolo si è risvegliato l'amore supremo per Dio, i vari divieti e norme non sono più essenziali. Di fronte all'amore divino, tutte le limitazioni e le barriere si dissolvono. Per un vero devoto, che prova un simile amore, esiste soltanto Dio. In tutto l'universo, un tale aspirante vede solo Dio. Proprio come la falena vola verso il fuoco e si fonde con le fiamme, il devoto, nel suo amore per Dio, diventa Dio in essenza. Il devoto, l'universo stesso... tutto è Dio. Che norme e divieti potrebbero esserci per una tale anima?

Tramite la meditazione potete ottenere un immenso potere. Proprio come tutta l'acqua di una cisterna può fluire in un solo tubo, in un tapasvi scorre il Potere supremo. Il saggio non resta semplicemente seduto affermando di essere Brahman. Grazie alla sua compassione, il Potere che fluisce in lui reca beneficio al mondo intero.

Domanda – Amma, perché dai così tanta importanza al servizio disinteressato?

Madre – La meditazione e lo studio delle Scritture sono come le due facce di una moneta. Il servizio disinteressato è l'incisione sulla moneta, ed è ciò che le conferisce il suo valore.

Uno studente che ha appena completato il corso di laurea in medicina non è ancora abbastanza competente da poter curare i malati. Deve prima lavorare da interno per un determinato periodo. È l'esperienza acquisita durante l'internato che conferisce al nuovo medico la conoscenza pratica necessaria, e che gli permette di applicare ciò che ha studiato. Se quello che studiate rimane nell'intelletto come semplice conoscenza intellettuale, ciò non basta: dovete tradurlo in azione.

Per quanto studiate le Scritture e qualsiasi livello di conoscenza spirituale abbiate raggiunto, dovete comunque addestrare la mente a superare situazioni difficili; e il miglior modo per farlo è attraverso il karma yoga. È quando uscite nel mondo e lavorate in varie situazioni che potete vedere il modo in cui la vostra mente reagisce alle varie circostanze. Non possiamo conoscere noi stessi se non siamo costretti ad affrontare certe situazioni. Quando si presentano le dovute circostanze, le vasana vengono a galla. Quando diventiamo consapevoli delle nostre vasana, possiamo eliminarle. Il servizio disinteressato rafforza la mente così da permetterci di superare qualsiasi situazione nella vita.

La nostra compassione e gli atti di altruismo ci conducono verso le verità più profonde. Attraverso le azioni disinteressate possiamo sradicare l'ego che oscura il Sé. Le azioni altruiste compiute con distacco ci conducono alla liberazione. Tali azioni non sono semplice lavoro; sono karma yoga. Il Signore Krishna disse ad Arjuna: "In tutti e tre i mondi, non c'è niente che Io debba fare, niente che Io debba conseguire, e tuttavia sono sempre impegnato nell'azione." Il Signore compiva azioni con distacco e altruismo. Questo è il sentiero che Krishna ha consigliato ad Arjuna di seguire.

Un devoto ha bisogno di una pietra rotonda e levigata per uno speciale rito religioso. Mettendosi a cercarla, il devoto infine scala una montagna, sperando di trovarla sulla cima. Quando arriva sulla vetta, scopre con un senso di delusione che lassù non ci sono belle pietre levigate; per la frustrazione afferra una pietra e la getta giù dalla montagna. Dopo essere sceso e aver raggiunto i piedi del monte, il devoto trova a terra una pietra bellissima, levigata, perfettamente tonda, proprio del tipo che aveva cercato dappertutto! Si accorge poi che è la stessa pietra che aveva buttato giù dalla montagna! Rotolando, aveva sbattuto contro altre pietre irregolari e in questo modo aveva perso la spigolosità. Se fosse rimasta in cima alla montagna, non sarebbe mai stata levigata e trasformata.

In modo simile, quando scendiamo dalla cima della montagna, ovvero dal livello dell'ego, fino alla pianura dell'umiltà, la spigolosità del nostro ego viene rimossa e la mente assume un'attitudine devozionale.

Se persistiamo a coltivare l'ego, non guadagneremo nulla; con l'umiltà, guadagniamo tutto.

Un atteggiamento altruista e libero dai desideri ci aiuta a rimuovere l'ego. Questa è la ragione per cui si dà così tanta importanza alle azioni disinteressate.

Finché esiste l'ego è necessaria la guida di un Maestro spirituale. Per un discepolo che vive in accordo con la volontà del Maestro, ogni azione è un modo per rimuovere le spigolosità dell'ego. In un satguru non esiste egoismo; il guru vive per il discepolo. Il discepolo dovrebbe prendere completo rifugio nel Maestro: proprio come un paziente giace in un letto d'ospedale senza opporre resistenza e permette al dottore di operarlo, il discepolo dovrebbe abbandonarsi completamente alla volontà del guru.

Amma non sta dicendo che l'azione, da sola, ci porti alla meta. Karma, jnana e bhakti sono tutti essenziali. Se le due ali di un uccello sono la devozione e l'azione, la conoscenza è la coda. Soltanto con l'aiuto di tutte e tre l'uccello potrà librarsi in cielo.

Per essere in grado di affrontare la varie situazioni della vita con presenza di spirito e sicurezza, dobbiamo prima addestrare la mente. Il campo dell'azione offre il terreno ideale per questo training. Quando la mente dell'aspirante è concentrata sulla meta, ciò che egli fa non è un semplice lavoro, è karma yoga, una pratica spirituale. Per l'aspirante spirituale, ogni azione è una sadhana; come discepolo, è il suo modo di servire il Maestro (*guru seva*); come devoto è una forma di adorazione. Il guru non è una persona, è la personificazione di tutte le qualità divine. Il Maestro è la Luce. Il Maestro è come il muschio, che in un momento ha forma e profumo, e un attimo dopo evapora. Il guru ha una forma e allo stesso tempo è senza forma; è al di là di tutte le forme e gli attributi. Il Maestro vive per il discepolo, mai per se stesso. Ogni azione che il discepolo compie con questa comprensione è karma yoga e lo conduce verso la liberazione. Servendo il guru in questo modo, il discepolo raggiunge lo stato di coscienza suprema.

Domanda – Qual è il requisito più importante per progredire nella vita spirituale?

Madre – Quando un fiore è ancora un bocciolo, non possiamo sperimentarne la bellezza o il profumo. Il fiore deve prima sbocciare. Sarebbe inutile cercare di aprirlo con la forza; dobbiamo aspettare pazientemente che il bocciolo si schiuda spontaneamente. Soltanto allora potremo godere pienamente della sua bellezza e del suo profumo. Ciò che serve in questo caso è la pazienza.

In ogni pietra c'è una scultura latente. Quando lo scultore elimina con lo scalpello tutte le parti inutili, l'immagine emerge. Quella bella forma nasce perché la pietra offre se stessa all'artista, pazientemente immobile di fronte a lui per molto tempo.

Una pietra ai piedi del monte Sabarimala[28] si lamenta con l'immagine del Signore che viene adorata nel tempio: "Tu sei una pietra esattamente come me, ma tutti ti venerano, mentre io sono calpestata. Che giustizia è questa?" L'immagine risponde: "Adesso vedi solamente che tutti mi venerano. Ma prima di venire qui, uno scultore mi ha preso a scalpellate centinaia di volte. Per tutto quel tempo sono rimasta pazientemente di fronte a lui, senza opporre la minima resistenza. Come risultato, adesso sono qui e vengo adorata da milioni di persone." La pazienza della pietra l'ha trasformata in un'immagine sacra.

Molti conoscono la storia di Kunti e Gandhari. È una storia che illustra i benefici della pazienza, e il danno che deriva dall'impazienza. Quando Kunti diede alla luce un figlio, Gandhari – che in quel momento era incinta – si indispettì. Desiderava ardentemente un figlio e avrebbe voluto che il suo nascesse per primo, per poter diventare re. Nella sua estrema impazienza si colpì il ventre in modo così violento che abortì e diede alla luce una massa di carne informe. Seguendo le istruzioni del saggio Vyasa, la carne fu

---

[28] Una montagna sacra in Kerala, sulla cui cima si trova un famoso tempio.

tagliata in cento pezzi che vennero riposti in cento urne. Secondo la storia, dalle urne nacquero, a tempo debito, cento figli: questa fu l'origine dei Kaurava, che avrebbero causato la distruzione di milioni di persone. Gandhari non ebbe pazienza e il risultato fu così tanta sofferenza e distruzione. Dall'altro lato, ciò che nasce dalla pazienza diviene vittorioso. Nella vita spirituale, la pazienza è di vitale importanza.

Dovremmo sempre avere l'attitudine di un principiante e di un bambino innocente. Solo un principiante ha la pazienza e l'attenzione necessarie per imparare veramente. C'è un bambino in ognuno di noi. Al momento è assopito, tutto qua. Dobbiamo risvegliare quel bambino. Il senso dell''io' che abbiamo adesso è una creazione dell'ego. Quando il bambino che dorme in noi verrà risvegliato, la nostra natura innocente emergerà spontaneamente. Sentiremo il desiderio di imparare da ogni cosa. Pazienza, consapevolezza e attenzione seguiranno automaticamente. Così, quando il bambino interiore si risveglierà, in noi si svilupperanno queste qualità. Il vecchio 'io', l''io' creato dall'ego, non avrà più spazio. Se avremo sempre l'attitudine di un principiante, ogni situazione ci fornirà l'opportunità di imparare. Tutto ciò di cui avremo bisogno verrà a noi. Se sapremo mantenere questa attitudine per tutta la vita, fino alla fine, non perderemo niente, ma guadagneremo ogni cosa.

Oggi la maggior parte della gente sa solo ridere con la bocca. La vera risata viene dal cuore. Solo con un cuore innocente possiamo sperimentare la vera gioia e trasmetterla agli altri. Per questo dobbiamo risvegliare il cuore del bambino innocente che è in noi. Dobbiamo allevarlo. Il detto: "Per diventare un eroe devi diventare uno zero", si riferisce alla scomparsa dell''io' nato dall'ego.

Domanda – Amma, sembra che tu dia più importanza alla devozione che agli altri sentieri. Perché?

Madre – Figli, quando dite "devozione", vi riferite soltanto alla ripetizione del mantra e al canto devozionale? La vera devozione significa discernere tra l'eterno e il transitorio; significa abbandonarsi all'Infinito. Ciò che Amma consiglia è il lato pratico della devozione.

I brahmachari e le brahmacharini che vivono qui all'ashram leggono molti libri spirituali e pongono ad Amma delle domande. Amma generalmente risponde secondo l'impostazione del Vedanta. Ma quando parla con la gente in generale, Amma dà più importanza alla devozione, perché il novanta per cento delle persone non sono intellettuali. Prima di venire qui non hanno imparato nessuna scienza spirituale. Non è possibile insegnare i princìpi spirituali in un giorno solo o durante un darshan. Quindi è più saggio dar loro dei consigli che possano mettere in pratica nella propria vita. Amma consiglia loro anche di leggere libri spirituali.

L'Advaita è il fondamento di ogni cosa. Ciò che Amma insegna è una devozione pratica che affonda le radici nell'Advaita.

La maggioranza delle persone che vengono qui è ignorante di questioni spirituali. Sono abituate soltanto a recarsi al tempio. Forse solo il dieci per cento di loro può dare qualche importanza alla conoscenza e alla ragione e seguire un altro sentiero. Ma non possiamo trascurare gli altri. Non hanno bisogno anche loro di progredire? Perciò Amma consiglia ognuno secondo il proprio livello.

Le preghiere e i canti devozionali all'ashram non sono semplici preghiere; sono pratiche spirituali compiute per risvegliare il vero Io, il Sé, dentro di noi. È un processo che fa entrare la coscienza individuale in sintonia con la Coscienza universale, sintonizzandosi con il Sé universale dal livello di corpo, mente ed intelletto.

Non c'è bisogno di cercare un Dio seduto da qualche parte in cielo. Dio è la Coscienza universale che pervade ogni cosa.

Però, consigliamo alle persone di meditare su una forma perché è necessario un mezzo per focalizzare la mente. Per costruire una lastra di cemento, dobbiamo prima fare un'intelaiatura in legno, ed è lì che versiamo il cemento. Quando il cemento si è solidificato, possiamo rimuovere l'intelaiatura. Ciò può essere paragonato all'adorazione di una forma divina. All'inizio, finché non avremo afferrato i princìpi con chiarezza, una forma è necessaria. Quando la mente si è fermamente stabilita nel Sé universale, non ci sarà più bisogno di nessuno di questi strumenti.

Soltanto gli umili possono ricevere la grazia di Dio. In chi percepisce la presenza di Dio in ogni cosa, non c'è posto per l'ego. Quindi, la prima qualità che dobbiamo sviluppare in noi è l'umiltà. Questo è lo scopo delle preghiere e dei canti devozionali all'ashram. Dovremmo essere umili in ogni nostro pensiero, parola ed azione.

Quando un falegname prende uno scalpello per cominciare il suo lavoro, lo tocca con riverenza e si inchina invocando una benedizione. Lo scalpello è solo uno strumento che usa nel suo lavoro e nonostante ciò egli vi si inchina. Noi prendiamo l'harmonium soltanto dopo averlo toccato con riverenza ed esserci inchinati. Mostrare riverenza verso un oggetto prima di usarlo fa parte della nostra cultura. Perché dimostriamo un tale rispetto verso le cose prima di usarle? Lo facciamo per riuscire a vedere Dio in tutto. Con questa pratica i nostri antenati puntavano a raggiungere uno stato di assenza d'ego. In modo simile, la preghiera è un'espressione di umiltà; è un modo per eliminare l'ego. Qualcuno si domanderà se le preghiere non possano esser recitate in silenzio. Per alcuni può essere necessario leggere in silenzio, mentre per altri è più efficace leggere a voce alta. Alcune persone capiscono ciò che leggono solo leggendo ad alta voce. Se qualcuno studia leggendo a voce alta, non possiamo dirgli: "Non leggere ad alta voce! Dovresti leggere in silenzio, come me!" Alcuni ottengono maggior concentrazione pregando ad alta voce, mentre altri preferiscono pregare in silenzio. In modo simile, per tipi di persone diverse sono necessari sentieri spirituali diversi: alla fine tutti conducono all'estrema quiete.

Molte persone dicono: "Amma, quando chiudo gli occhi e medito, nella mia mente sorgono in continuazione molti pensieri, ma quando canto i bhajan e prego, riesco a concentrarmi completamente." L'obiettivo della pratica spirituale è di focalizzare la mente. Quando diciamo: "Non sono il corpo, la mente o l'intelletto", ovvero seguiamo il sentiero del *"neti-neti"*, stiamo usando un altro modo per raggiungere l'Essere supremo. Lo scopo delle preghiere e dei bhajan è lo stesso.

Esiste forse una religione in cui la devozione e la preghiera non siano contemplate? Troverai sia la devozione che la preghiera nel Buddismo, nel Cristianesimo e nell'Islam. Tutte queste religioni sono familiari anche con il rapporto Maestro-discepolo. Il rapporto tra guru e discepolo si trova persino nei sentieri non-duali. Anche lì quindi esiste la dualità, nel rapporto Maestro-discepolo. La devozione al Maestro non è devozione?

Attraverso le nostre preghiere cerchiamo di assorbire le qualità divine; stiamo cercando di realizzare l'Assoluto. La preghiera non è un segno di debolezza; è un passo di grande efficacia verso Dio.

Domanda – La meditazione può essere dannosa? Alcune persone dicono che durante la meditazione la loro testa si surriscalda.

Madre – È sempre meglio imparare a meditare direttamente da un Maestro. La meditazione è come un ricostituente per la salute. Un tonico ha delle istruzioni; se le ignorate e bevete tutto il contenuto in una volta sola, potrebbe far male. In modo simile, bisognerebbe meditare seguendo le indicazioni di un Maestro spirituale. Il guru fa una valutazione della vostra disposizione fisica e mentale prima di prescrivere la pratica spirituale più adatta a voi. Alcune persone possono meditare senza limiti di tempo e senza alcun problema. Ma non è così per tutti. Alcune persone, in seguito ad un entusiasmo improvviso, meditano per lunghi periodi, senza seguire alcuna regola. Non si preoccupano nemmeno di dormire. La loro pratica non si basa su una comprensione dei testi spirituali o sulle istruzioni di un adepto. Lo fanno solo per una vampata di entusiasmo. Non riusciranno a dormire abbastanza e la testa si surriscalderà. Ciò succede perché meditano più di quanto il corpo riesca a tollerare. Ognuno ha una determinata capacità, che dipende dallo stato fisico e mentale. Se si pigiano cinquecento persone in un veicolo che ne può ospitare solo cento, il mezzo non sarà in grado di viaggiare bene. Se in un macinino si mette il doppio della quantità di chicchi suggerita, il motore si surriscalda e si può anche bruciare. In modo simile, se in seguito ad un'ondata di entusiasmo si praticano il japa e la meditazione in modo indiscriminato per molte ore, la testa può surriscaldarsi e si possono manifestare molti altri problemi. Questa è la ragione per cui si consiglia di compiere queste pratiche sotto la guida di un satguru.

Ci sono persone che dicono: "Tutto è dentro di me. Io stesso sono Dio." Ma queste sono solo parole; non derivano dall'esperienza. La capacità di ogni strumento è limitata. Una lampadina da dieci watt non può fare la luce di una da cento. Un generatore genera elettricità, ma se gli viene affidato un carico maggiore di quanto sia in grado di sostenere, si brucia. C'è un limite alla quantità di pratiche spirituali che si possono compiere: dipende dalla capacità del corpo e della mente. Bisogna fare attenzione a non eccedere il limite.

Se si acquista una macchina nuova di zecca, all'inizio non bisognerebbe guidarla troppo velocemente. Perché possa durare a lungo e funzionare senza problemi, bisognerebbe maneggiarla con cura. La stessa cosa vale per l'aspirante e la sua pratica spirituale.

Non bisognerebbe fare japa e meditare in eccesso, né eliminare completamente le ore di sonno. Meditazione, japa, studio delle Scritture e lavoro fisico dovrebbero essere svolti in maniera regolata. Ci sono persone che sono predisposte a squilibri mentali ed allucinazioni; se meditano troppo, il corpo si surriscalda e la loro condizione mentale si aggrava. Essi devono dedicarsi principalmente ad un lavoro fisico. Questo li aiuterà a ridurre lo squilibrio mentale. Quando tali persone sono impegnate in un lavoro, la loro mente vaga di meno e può essere controllata in modo graduale. Se li si lascia meditare, senza fare alcun lavoro fisico, la loro condizione può solo peggiorare. Possono meditare per dieci o quindici minuti al giorno, se non sono sotto tensione; per loro è sufficiente.

Quindi, ci sono vari tipi di persone. Ogni individuo deve ricevere istruzioni diverse. Se si imparano pratiche spirituali come la meditazione soltanto leggendo dei libri, non si saprà quali restrizioni fanno al caso proprio e ciò potrebbe causare dei problemi.

Immaginate di recarvi presso una casa che ha nel cortile un cane aggressivo. Chiamerete la padrona restando fuori dal cancello e aspetterete che lei abbia legato il cane, in modo da non correre rischi. Soltanto a quel punto entrerete. Se non avete pazienza e aprite il cancello cercando di entrare, il cane molto probabilmente vi morderà. In modo simile, potrebbe essere pericoloso procedere con una pratica spirituale senza accettare il consiglio di una persona saggia ed esperta.

L'aspirante è in viaggio in una foresta piena di pericoli, inclusi animali feroci. Il viaggiatore ha bisogno di una guida che conosca la strada attraverso la foresta. Non è meglio aver qualcuno con noi che ci possa dire: "Qui c'è un pericolo. Fa' attenzione! Non andare da questa parte! Va' da quell'altra, piuttosto!"?

È inutile incolpare Dio quando soffriamo le conseguenze dell'aver ignorato i saggi consigli che ci hanno dato e facciamo come ci pare. Quando incolpiamo Dio per le conseguenze della nostra disattenzione, siamo un po' come l'ubriaco che andò a fare un giro in automobile. Perse il controllo del mezzo, che andò a sbattere contro un'altra auto. Quando la polizia arrestò il guidatore ubriaco, egli protestò, dicendo: "Signore, non è colpa mia se la mia auto è andata a sbattere contro quell'altra! È senz'altro colpa della benzina!" Noi facciamo esattamente la stessa cosa quando incolpiamo Dio per i pericoli che affrontiamo a causa della nostra mancanza di attenzione.

Ogni cosa ha il suo dharma, i suoi codici, regole e natura intrinseca, e noi dovremmo vivere in accordo con quel dharma. Anche la meditazione ha la sua metodologia. I Maestri hanno fissato regole e metodi per ogni tipo di pratica spirituale. Bisognerebbe adottare il metodo di disciplina spirituale appropriato dopo aver preso in considerazione la predisposizione fisica e mentale dell'aspirante. Lo stesso metodo non è adatto a tutti.

Tutti possono imparare la teoria leggendo un libro, ma per passare l'esame pratico occorre l'assistenza di un istruttore qualificato, perché è difficile imparare da soli gli aspetti pratici di una materia. Allo stesso modo, l'aspirante ha bisogno di un Maestro competente che possa guidarlo sul sentiero spirituale.

Domanda – Se la non-dualità è la verità ultima, che bisogno c'è del Devi Bhava?

Madre – Amma non è confinata a nessun *bhava*. È al di là di tutti i bhava. L'Advaita non è un'esperienza? Dove non esiste la dualità, ogni cosa è l'essenza del Sé, tutto è Dio. Questo è il messaggio che Amma dà con il Devi Bhava. Per Amma, non ci sono distinzioni. Sa che tutti e tutto sono il solo e unico Sé. Amma è venuta per il bene del mondo; la sua vita è per il bene del mondo.

Qualsiasi ruolo un attore interpreti, egli sa chi è in realtà. Per l'attore non fa differenza quale ruolo sta interpretando. Allo stesso modo, qualsiasi ruolo Amma interpreti, lei conosce se stessa e non è vincolata da niente. Non è stata lei a scegliere questo ruolo, ha solo acconsentito ai desideri dei devoti. Loro si sono abbandonati a questo bhava e vi si dilettano.

Amma si reca in molti posti nel nord dell'India, dove spesso vengono a trovarla dei devoti di Krishna. Le mettono in testa una corona con delle piume di pavone, un flauto tra le mani, la vestono con seta gialla, le danno del burro e fanno l'arati. Essi si deliziano in tutto ciò e Amma lo accetta perché li rende felici. Amma non direbbe mai loro: "Io sono una vedanti, non posso accettare queste cose!"

Dio è senza forma e senza attributi. Ma allo stesso tempo, ha anche forme e attributi. Dio è la Coscienza presente ovunque e in ogni cosa. Per questa ragione possiamo vedere Dio in ogni bhava.

Inizialmente Amma non indossava nessun costume. Sono stati i devoti a portare questi vestiti ed oggetti, uno dopo l'altro. È stato per la loro felicità e soddisfazione che Amma ha incominciato ad indossarli, e così è diventato un rituale.

In un tempio, c'è sempre l'immagine di una divinità, ma le persone le accordano un'importanza maggiore durante la diparadhana. In quell'occasione, l'immagine viene vestita con un costume speciale e dei gioielli. I devoti ne traggono più felicità e concentrazione. Molte persone si recano al tempio ogni giorno, ma durante i festival la folla è molto più numerosa; l'intero villaggio è in celebrazione. In modo simile, anche se le persone vengono qui tutti i giorni a vedere Amma, per loro il Devi Bhava è come un festival speciale.

I riti devozionali nel tempio non vengono eseguiti per far piacere a Dio, ma per la felicità e la soddisfazione dei devoti. In modo simile, Amma indossa tutti questi costumi per amore dei suoi figli e, facendolo, Amma rimuove il loro 'costume'. Amma li eleva gradualmente fino a portarli a fare l'esperienza della loro vera natura.

Oggi, tutti al mondo indossano un costume. Le persone hanno pettinature diverse, si fanno dei segni sulla fronte e si vestono in vario modo. Non possiamo separare il costume dalla vita, perché è parte integrante della vita stessa. Ogni tipo di vestito ha la sua rilevanza. L'abito di un monaco, di un avvocato e di un poliziotto creano in noi reazioni diverse.

Un uomo stava tagliando illegalmente un albero in una foresta. Un poliziotto in borghese si avvicinò e cercò di impedirglielo, ma l'uomo lo ignorò. Il poliziotto se ne andò e ritornò indossando l'uniforme. Vedendo da lontano il poliziotto in uniforme, l'uomo se la diede a gambe. Tale è l'importanza di un costume.

C'era una grande festa. Tutti gli invitati indossavano gioielli e vestiti costosi. Ad un certo punto uno degli ospiti arrivò indossando abiti normali, e l'usciere gli rifiutò l'ingresso. L'uomo andò a casa e ritornò indossando un vestito formale. Questa volta gli fu permesso di entrare. Quando arrivò al tavolo si tolse la giacca e la mise di fronte a un piatto, si tolse il cappello e lo pose accanto al piatto, e mise la cravatta davanti alla tazza. Gli altri invitati pensarono che l'uomo fosse matto. Lui si voltò verso di loro e disse: "Quando sono arrivato vestito normalmente, non mi hanno lasciato entrare. Quando sono venuto con l'abito da sera, mi hanno fatto entrare immediatamente. Da ciò ne deduco che non sono io, ma i miei vestiti, ad essere stati invitati alla festa."

Il mondo di oggi è così. Le persone ripongono la loro fede nelle apparenze esterne. Cercano di attirare gli altri con il proprio costume. Sono rari coloro che cercano la bellezza interiore. Lo scopo del costume di Amma è di rimuovere tutti i tipi di maschere, per aiutare le persone a realizzare la propria vera natura. Quando una spina si infila nel piede, la togliete con un'altra spina.

I vedanti che parlano di Advaita non vanno in giro nudi. Indossano vestiti, mangiano e dormono come chiunque altro. Sanno che tutto ciò è necessario per l'esistenza del corpo, e si vestono secondo gli usi della società in cui vivono.

I mahatma nascono secondo il bisogno dei tempi. Sri Rama e Sri Krishna vennero in epoche diverse. Tutto ciò che fecero fu in risposta al bisogno del periodo in cui vissero. Non ha senso dire che Krishna deve essere esattamente come Rama. Ogni incarnazione divina è unica.

Un medico generalmente ha molti pazienti e non prescrive a tutti la stessa medicina. Solo dopo aver diagnosticato la malattia e la natura di un paziente è in grado di determinare che tipo di trattamento è necessario per quella persona. Per alcuni l'assunzione per via orale può bastare, per altri sono necessarie le iniezioni. In modo simile, sul sentiero spirituale, i bisogni delle singole persone variano. Per poter elevare ogni persona che viene qui dobbiamo scendere al suo livello.

Lo stesso tipo di caramella è confezionato in carte di colori diversi. Esternamente appaiono differenti, ma all'interno sono uguali. In modo simile, in ogni cosa dimora la stessa Coscienza. Non è possibile insegnare questo principio alle persone senza prima scendere al loro livello. Ma invece di restare a quel livello insieme a loro, il nostro obiettivo è di portarli alla consapevolezza dell'unità. Questo è ciò che Amma sta facendo.

Non si può parlare a tutti di Advaita. Non tutti riescono a capire il concetto del 'Senza-forma' e 'Senza-attributi'. Ci sono alcuni rari individui che possono progredire sul sentiero dell'Advaita dopo che è stato loro spiegato; sono nati con la predisposizione mentale necessaria. Ma la maggior parte della gente non riesce a comprendere l'Advaita nella sua profondità.

Alcune persone amano più di tutti Radha-Krishna (Krishna il beneamato della gopi Radha); altre preferiscono Yashoda-Krishna

(Krishna bambino, figlio di Yashoda); altre ancora adorano Murali-Krishna (Krishna suonatore di flauto). Tutti hanno certe preferenze, che procurano loro gioia. Anche Amma viene vista in vari modi. Amma non dice che tutti devono provare gioia in un aspetto particolare.

Amma assume determinati bhava per scendere al livello delle persone e renderle consapevoli dell'unità che trascende tutti i bhava. Amma deve comportarsi secondo la loro natura; il suo obiettivo è di condurle alla Verità con qualsiasi mezzo. L'unica cosa veramente razionale è ciò che è utile a migliorare le persone. Amma si preoccupa soltanto di elevarle; non vuole altro. Amma non ha bisogno di un certificato di approvazione dal mondo.

Una persona affacciata ad un balcone guarda giù e vede qualcuno giacere indifeso a terra, nel fango. Non può salvare quella persona allungando una mano dal balcone. Deve scendere, prenderlo per mano e farlo rialzare. In modo simile, per elevare spiritualmente le persone dobbiamo scendere al loro livello.

Per raggiungere la strada principale, dobbiamo passare attraverso varie vie secondarie. Una volta sulla strada principale, troveremo un autobus espresso e potremo procedere dritti a destinazione. Ma in qualche modo dobbiamo comunque arrivare sulla strada principale e per fare ciò potremo aver bisogno di una bicicletta o di un risciò. In modo simile, dobbiamo adottare vari metodi per guidare le persone lungo le vie strette della schiavitù per aiutarle a raggiungere la strada principale del Vedanta.

Domanda – Amma, è vero che possiamo gioire della beatitudine spirituale solo se riusciamo a vedere l'irrealtà di questo mondo e a rinunciarvi?

Madre – Amma non dice che dovremmo liquidare questo mondo come totalmente irreale. Qui, la parola "irreale" significa "in continuo mutamento". Se dipendiamo da cose simili, se ne rimaniamo attaccati, sperimenteremo soltanto dolore. Questo è ciò che intende dire Amma. Anche il corpo cambia. Non siate troppo attaccati al corpo. Ogni sua cellula cambia in continuazione. La vita stessa passa attraverso varie fasi, l'infanzia, la giovinezza, l'età adulta e la vecchiaia. Non considerate il corpo come reale, e non dedicategli tutta la vostra vita. Mentre attraversate la vita, cercate di comprendere la natura di ogni cosa. In questo modo non dovrete soffrire.

Immaginate di avere un diamante prezioso. Potreste ricavarne un bellissimo gioiello. Ma se invece lo ingoiaste potreste morire. In modo analogo, nella vita c'è un uso prestabilito per tutto. Se siamo in grado di capirlo, non ci sarà alcun motivo di soffrire. Questa è la ragione per cui si consiglia alle persone di imparare i princìpi della spiritualità. Non è meglio imparare come evitare di cadere prima di finire per terra, piuttosto che cercare una soluzione dopo esser caduti? Una comprensione dei princìpi spirituali è il tipo di conoscenza più importante che possiamo avere nella vita.

Un cane mastica un osso: gli piace il sapore del sangue e continua a masticare. Solo alla fine, quando le sue gengive cominciano a fargli male, si accorge di aver gustato il sangue delle proprie gengive lacerate. La nostra ricerca della felicità negli oggetti esterni è così; ci fa perdere tutte le forze. In verità, la felicità non risiede negli oggetti esterni, ma si trova all'interno di noi stessi. Dovremmo vivere la nostra vita con la comprensione di questo principio.

Domanda – Oggi la vasta maggioranza delle persone è interessata solo a questioni materiali. Raramente qualcuno è interessato ad una ricerca interiore. Che messaggio può dare Amma alla società?

Madre – La nostra vita non deve essere come quella di un cane che abbaia al proprio riflesso nello specchio, pensando che sia reale. Non bisognerebbe rincorrere le ombre; dovremmo rivolgere lo sguardo all'interno. Dopo aver incontrato vari milioni di persone – alcune delle quali conducono una vita spirituale, e altre materiale – Amma ha un messaggio da dare: non proverete pace in questa vita finché non abbandonate l'eccessiva attrazione che avete per il mondo esterno.

Domanda – È possibile gioire della beatitudine spirituale mentre si vive ancora in questo mondo?

Madre – Certamente. La beatitudine va sperimentata mentre siamo ancora in questo mondo, nel corpo. Non è qualcosa da raggiungere dopo la morte.

Come la mente ed il corpo, la spiritualità e la materialità sono entrambe parti integranti della vita. Non possono esistere completamente separate l'una dall'altra. La spiritualità è la scienza che ci insegna a vivere felici nel mondo.

Ci sono due tipi d'istruzione. Uno vi permetterà di trovare un lavoro adatto, l'altro vi mostra come vivere una vita di pace e felicità. Questa è la spiritualità; è la conoscenza della mente.

Quando si è in viaggio verso una nuova destinazione, non c'è nulla di cui preoccuparsi se si ha una mappa affidabile. In modo simile, se si vive la vita utilizzando come guida i princìpi della spiritualità, non si verrà mai sopraffatti da nessuna crisi. Si saprà come prevedere e affrontare ogni situazione. La spiritualità è la scienza pratica della vita. Ci insegna la natura del mondo, come comprendere la vita e vivere pienamente nel miglior modo possibile.

Entriamo in acqua per poterne uscire freschi e puliti. Non abbiamo intenzione di rimanere nell'acqua per sempre. In modo simile, vivere una vita di famiglia è un modo per rimuovere gli ostacoli sul sentiero verso Dio. Una volta che abbiamo scelto una vita di famiglia, dovremmo essere consapevoli del suo vero scopo e procedere in quella direzione. La nostra vita non dovrebbe finire

225

dove l'abbiamo cominciata. Il nostro obiettivo è di liberarci da tutti i vincoli e di realizzare Dio.

L'attitudine di 'mio' è la causa di ogni schiavitù. La vita di famiglia dovrebbe essere considerata come un'opportunità per liberarci di questa attitudine. Voi dite: "Mia moglie, mio marito, i miei figli, i miei genitori, ecc." Ma sono davvero vostri? Se realmente vi appartenessero resterebbero con voi per sempre. Solo quando viviamo con questa consapevolezza possiamo davvero risvegliarci spiritualmente. Ciò non significa che si debbano abbandonare le proprie responsabilità: nella vita dovremmo fare con gioia qualunque cosa sia necessario fare, considerandola nostro dovere; stando, però, attenti a non rimanervi attaccati.

C'è una differenza tra l'atteggiamento di una persona che sta per presentarsi ad un colloquio di assunzione e quello di chi sta per cominciare un lavoro che si è già assicurato. Chi è in procinto di sostenere il colloquio si preoccuperà di quale tipo di domande gli potranno fare, se sarà in grado di rispondere correttamente, e se alla fine riuscirà ad ottenere il lavoro. La sua mente sarà tesa. Ma per la persona che si sta presentando al lavoro è molto diverso: è già stata scelta e proverà una certa felicità. Anche noi sperimenteremo una certa gioia nella nostra vita dopo aver compreso i princìpi della spiritualità; perché allora, come la persona che ha trovato lavoro, non avremo più alcun motivo di preoccuparci.

Immaginate di aver bisogno di denaro e di voler chiedere aiuto ad un'amica. Sapete che lei potrebbe darvi i soldi, ma c'è anche la possibilità che non ve li dia. Se si sente generosa e decide di aiutarvi, potreste ricevere più di quanto vi aspettate; ma potrebbe anche girarvi le spalle e addirittura far finta di non conoscervi. Se siete consapevoli in anticipo di tutte queste possibilità non resterete né sorpresi né delusi, qualsiasi cosa accada.

Un nuotatore esperto ama nuotare tra le onde del mare, mentre chi non sa nuotare annegherebbe tra quelle stesse onde.

In modo simile, chi comprende i princìpi della spiritualità gioisce di ogni momento della vita. Affronta ogni situazione con un sorriso; niente lo può turbare. Osservate la vita del Signore Krishna. Persino quando la sua famiglia e gli appartenenti al suo clan – gli Yadava – stavano lottando tra loro, Krishna conservò il sorriso sulle labbra. Quel sorriso non svanì nemmeno quando discusse con i Kaurava come inviato dei Pandava. Quando rivestì il ruolo di cocchiere di Arjuna sul campo di battaglia, un sorriso meraviglioso gli illuminava il volto. Aveva lo stesso sorriso quando Gandhari lo maledì. Tutta la vita di Krishna fu un grande sorriso. Se facciamo entrare la spiritualità nella nostra vita, proveremo gioia vera.

La vita dovrebbe essere come un viaggio di piacere. Quando lungo la strada vediamo qualcosa di bello – una casa graziosa, un fiore – lo guardiamo e ce lo gustiamo. Ci godiamo la vista ma non ci tratteniamo; continuiamo ad andare avanti. Quando è ora di rientrare, per quanto belle siano le cose intorno a noi, le lasciamo alle spalle e ritorniamo a casa, perché per noi non c'è niente di più importante che tornare a casa. Similmente, qualunque sia il nostro modo di vivere in questo mondo, non dovremmo dimenticare la nostra vera casa a cui dobbiamo far ritorno – non bisogna mai dimenticare la meta. Per quante cose belle possiamo vedere nel nostro viaggio attraverso la vita, c'è solo un posto che possiamo considerare propriamente nostro, dove possiamo riposare, ed è il nostro luogo d'origine: il Sé.

Un padre aveva quattro figli. Essendo anziano, i figli e la figlia, ormai adulti, fecero pressione su di lui perché dividesse la sua proprietà e ne desse una parte ad ognuno. Su quel terreno volevano costruire case separate. "Ci prenderemo cura noi di te. Siamo in quattro, così potrai stare con ognuno di noi per tre mesi all'anno. In questo modo sarai felice." Il padre fu contento quando i suoi quattro figli fecero questa proposta, e così la proprietà venne divisa. La casa di famiglia e il terreno confinante furono dati al figlio maggiore, e gli altri tre ricevettero la loro parte di terreno su cui ognuno costruì una casa. Dopo la divisione, il padre andò a stare con il primogenito. Per i primissimi giorni fu trattato con molto calore e rispetto, ma l'entusiasmo della famiglia nel prendersi cura dell'anziano diminuì in fretta. Col passare dei giorni i volti del figlio e della nuora s'incupirono. Per il padre non era facile, ma si sforzò di restare un mese, fino a che non gli sembrò che fossero sul punto di sbatterlo fuori. Allora andò a stare con la figlia. Anche questa figlia e il marito all'inizio mostrarono un po' di entusiasmo, ma le cose cambiarono in fretta e dopo solo quindici giorni il padre fu costretto ad andarsene. Andò allora a casa del terzo figlio, ma finì per restarci solo dieci giorni, perché lì in realtà non lo volevano proprio. Andò quindi dal suo figlio minore. Dopo solo cinque giorni intuì che stavano per mandarlo via. E così se ne andò e passò il resto della vita vagabondando, senza un posto in cui vivere.

Quando il padre divise la proprietà tra i quattro figli, sperava che si sarebbero presi cura di lui per il tempo che gli restava da vivere. Ma era stato solo un sogno. Dopo appena due mesi era stato abbandonato da tutta la famiglia.

Dovremmo capire che spesso l'amore umano è così. Se ci aspettiamo che certe persone un giorno si prendano cura di noi, questo ci porterà solo dei dispiaceri. Quindi, dovremmo svolgere i nostri compiti con gioia, senza alcuna aspettativa, e al momento opportuno dirigerci sul nostro vero sentiero, quello spirituale.

Ciò non significa che dobbiamo rinunciare alle nostre responsabilità. Dovremmo adempiere il nostro dharma. Per esempio, è dovere dei genitori prendersi cura dei figli; ma quando i figli sono cresciuti e sono in grado di badare a se stessi, i genitori non dovrebbero continuare ad essergli attaccati ed aspettarsi che i figli si prendano cura di loro. Bisognerebbe essere consapevoli del vero scopo della vita e continuare il proprio cammino verso quella meta. Non dovremmo limitare noi stessi concentrandoci esclusivamente sui nostri figli e nipoti.

L'uccellino appoggiato su un ramoscello secco è sempre vigile e pronto a volare via, poiché sa che il ramoscello potrebbe spezzarsi in qualsiasi momento. In modo simile, quando viviamo in questo mondo compiendo varie azioni, dovremmo essere sempre all'erta, pronti a spiccare il volo verso il mondo del Sé, sapendo che qui niente è eterno. Allora, nulla ci può legare o far soffrire.

Domanda – Amma, tu dici spesso che se facciamo un passo verso Dio, Dio ne farà cento verso di noi. Questo significa che Dio è lontano da noi?

Madre – No. Significa che se vi sforzate di coltivare anche solo una buona qualità, tutte le altre si svilupperanno in voi in modo naturale.

Una donna ricevette un bellissimo lampadario di cristallo come primo premio in un concorso d'arte e lo appese in salotto. Mentre ne contemplava la bellezza, notò che parte della tinteggiatura del muro aveva cominciato a sgretolarsi; decise allora di ridipingere tutto il muro. Dopo aver finito di imbiancare, guardò la stanza e si accorse che una delle tende della finestra era sporca; immediatamente lavò tutte le tende. Poi notò che il tappeto sul pavimento era diventato liso; così lo tolse e lo rimpiazzò con uno nuovo. Alla fine la stanza sembrava nuova. Tutto aveva preso il via con l'appendere il nuovo lampadario e il risultato fu una stanza bella e pulita, completamente trasformata. In modo simile, se nella vita si incomincia a fare con regolarità una cosa positiva, molte cose buone seguiranno naturalmente: sarà come una rinascita. Dio è la sorgente di tutte le buone qualità. Se assorbiamo una virtù qualsiasi, tutte le altre seguiranno. Questo è l'unico modo in cui è possibile una trasformazione.

Agli studenti spesso si dà un 'voto di grazia', per aiutarli a passare un esame. Sebbene tutti possano riceverlo, lo otterranno solo quelli che hanno raggiunto un certo livello, benché minimo. Perciò è richiesto uno sforzo da parte degli studenti. In modo simile, Dio riversa costantemente la sua grazia su di noi. Ma per trarre beneficio da questa grazia, ci deve essere anche un certo sforzo da parte nostra. Se la nostra mente non ha la ricettività necessaria, allora, anche se Dio riversa in abbondanza la sua grazia su di noi, non ci servirà a niente. A cosa serve lamentarsi della mancanza di luce quando siamo stati noi stessi a chiudere tutte le porte e le persiane della nostra stanza? Il sole diffonde la sua luce ovunque. Abbiamo solo bisogno di aprire le porte e le finestre per farne l'esperienza. In modo simile, Dio ci dona continuamente le sue benedizioni, ma dobbiamo aprire la porta del nostro cuore per poterla ricevere. Ciò significa che prima di poter ricevere la grazia di Dio dobbiamo ricevere la grazia della nostra stessa mente. È la nostra mente che manca di compassione verso di noi e si comporta come un ostacolo, impedendoci di ricevere la grazia di Dio.

Se qualcuno tende una mano verso di noi offrendoci un regalo e noi siamo arroganti nei suoi confronti, egli ritirerà la mano, pensando: "Che ego enorme! Dopotutto, non penso che gli darò questo regalo. Piuttosto, preferisco offrirlo a qualcun altro." Così non siamo riusciti a concedere a noi stessi la grazia necessaria per ricevere quel regalo. La causa è stata il nostro ego. Non abbiamo potuto ricevere quanto ci veniva offerto perché la nostra mente non ha avuto compassione di noi.

In certe occasioni, il nostro intelletto, dotato di discernimento, ci dice di fare qualcosa. Ma la mente non è d'accordo. L'intelletto dice: "Sii umile", mentre la mente replica: "No! Non sarò umile di fronte a queste persone!" Ne consegue che molto di quello che avremmo potuto guadagnare, per noi è perso. Ciò che si sarebbe potuto raggiungere resta fuori dalla nostra portata. Per ricevere la grazia di Dio abbiamo prima bisogno della grazia di noi stessi. Questa è la ragione per cui Amma dice sempre: "Figli miei, abbiate sempre l'attitudine di un principiante!" Avere questa attitudine impedirà all'ego di sollevare la testa.

Vi potreste chiedere: "Se rimango per sempre un principiante, non significa che non farò mai alcun progresso?" Assolutamente no: avere l'attitudine di un principiante significa mantenere la totale apertura, attenzione e ricettività di un principiante. Questo è l'unico modo per assorbire realmente la saggezza e la conoscenza.

Potreste domandarvi come fate ad operare nella società e a compiere il vostro lavoro se siete sempre innocenti come bambini. Ma essere innocenti come bambini non significa essere dei deboli, tutt'altro! Bisogna essere forti e capaci di farsi rispettare, se le situazioni lo richiedono. Ma dovreste comunque, per quanto è possibile, essere aperti e ricettivi come i bambini.

Ogni cosa ha il suo dharma e noi dobbiamo vivere di conseguenza. Se una mucca sta masticando una pianta preziosa, e noi le diciamo educatamente di muoversi: "Cara mucca, ti dispiacerebbe spostarti?", naturalmente la mucca non si muoverà. Se invece le urliamo: "Ehi mucca! Spostati!", allora la mucca se ne andrà. Non possiamo considerare questa azione come dettata dall'ego; è un ruolo che adottiamo per correggere l'ignoranza di un altro essere, e non c'è niente di sbagliato in questo. Ma interiormente dovremmo sempre considerarci dei principianti, mantenendo l'innocenza di un bambino.

Oggigiorno, il corpo delle persone è cresciuto, ma la loro mente no. Per espandere la mente fino a farle abbracciare l'universo intero, dovreste in primo luogo diventare come dei bambini. Solo un bambino può crescere. Ma la mente delle persone di oggi è piena di egotismo. Dobbiamo dirigere i nostri sforzi a distruggere l'ego che è in noi. Ciò significa essere in perfetta sintonia con gli altri. Immaginiamo che due auto si stiano dirigendo l'una verso l'altra in una stradina stretta. Se entrambi i guidatori si rifiutano di cedere il passo, nessuno dei due si potrà muovere. Ma se anche uno solo di loro è disposto a tirarsi un pochino indietro, possono procedere entrambi.

In questo modo, sia la persona che ha ceduto il passo, sia quella che ha ricevuto il gesto sono in grado di continuare il cammino. Ecco perché si dice che cedere è procedere; aiuterà sia la persona arrendevole sia quella che riceve la cortesia. Dovremmo sempre guardare al lato pratico delle cose; l'ego è sempre un ostacolo al progresso.

Dio è sempre compassionevole verso di noi. Ci concede continuamente la Sua grazia, più di quanta ne meritiamo con le nostre azioni. Dio non è semplicemente un giudice che ci premia per le nostre buone azioni e ci punisce per i nostri peccati; Dio è la compassione stessa, la Sorgente di grazia infinita. Perdona i nostri peccati e riversa la grazia su di noi. Ma Dio ci può salvare solo se da parte nostra c'è almeno un po' di sforzo. Se non ci sforziamo affatto, non possiamo ricevere la grazia che ci viene offerta da Dio, l'oceano di compassione. Quindi non possiamo ritenere che qualcosa sia colpa di Dio; la colpa è soltanto nostra.

Quando la principessa Rukmini stava per essere concessa in matrimonio contro la propria volontà, il Signore Krishna poté farla salire sul suo carro e portarla via solo perché lei allungò le braccia verso di Lui[29].

Quindi, da parte nostra ci deve essere uno sforzo, uno slancio positivo.

[29] La principessa Rukmini di Vidarbha amava Krishna e voleva che fosse Lui suo marito. Inviò un messaggero da Krishna chiedendogli di venire a prenderla nel giorno in cui avrebbe dovuto andare in sposa al re Sisupala. Krishna venne alla cerimonia e la portò via nel suo carro, sconfiggendo tutti coloro che cercarono di fermarlo.

Durante un colloquio di lavoro, alcuni candidati vengono scelti anche se non rispondono correttamente a tutte le domande. Ciò è dovuto alla compassione di chi conduce il colloquio – è grazia divina. Dall'altro lato, molti candidati non vengono scelti anche se rispondono correttamente a tutte le domande e hanno tutti i requisiti necessari, nonché numerose referenze. La grazia divina, che opera tramite la persona che conduce il colloquio, per loro non è stata disponibile. Questo ci mostra che quando facciamo un sforzo, è necessaria anche la grazia divina. Questa grazia dipende dalle nostre azioni precedenti. Il nostro ego ci impedisce di ricevere la grazia.

Noi non siamo isole separate; le nostre vite sono interconnesse come anelli di una catena. Siamo tutti parte della catena della vita. Sia che ne siamo consapevoli o no, ogni nostra azione ha un effetto sugli altri.

Non è giusto pensare che diventeremo buoni solo quando tutti gli altri saranno cambiati. Dovremmo essere disposti a cambiare anche se nessun altro lo fa. Pensare di migliorare solo dopo che sono cambiati coloro che ci stanno intorno, è come sperare di entrare in mare solo dopo che tutte le onde si sono placate. Invece di aspettare che siano gli altri a migliorare, dovremmo fare uno sforzo per migliorare noi stessi. Allora cominceremo a vedere dei cambiamenti anche negli altri. Quando coltiviamo in noi solo buone qualità, vedremo solamente qualità positive anche negli altri. Perciò bisognerebbe fare attenzione a ogni pensiero e azione.

La nostra vita dovrebbe essere colma di compassione. Nessuno è senza difetti. Ogni qualvolta vediamo un difetto negli altri, dovremmo immediatamente guardarci dentro; ci accorgeremo che quel difetto è da ricercarsi dentro di noi.

Se anche qualcuno si arrabbia, dovremmo capire che quello è il suo samskara. Allora saremo in grado di perdonare la persona collerica; avremo la forza di perdonare. Un'attitudine al perdono renderà buoni i nostri pensieri, parole e azioni. Le nostre buone azioni attireranno verso di noi la grazia di Dio. Proprio come le buone azioni portano buoni frutti, le azioni negative possono portare solo risultati negativi. Le azioni negative sono la causa della sofferenza; quindi dovremmo assicurarci sempre che le nostre azioni siano buone; allora la grazia divina fluirà in noi. Una volta ricevuta questa grazia, non avremo motivo di lamentarci che la vita è piena di dolore.

La vita è come il pendolo di un orologio, che si muove costantemente avanti e indietro in direzioni opposte, dal dolore alla felicità e viceversa. Per poter accettare sia la gioia che il dolore, e progredire spiritualmente, ci occorre una comprensione della spiritualità. In questo modo potremo facilmente superare il movimento del pendolo in entrambe le direzioni. Capiremo la vera natura delle cose. La meditazione è il metodo che usiamo a questo scopo.

Persino in una persona cattiva c'è la potenzialità di diventare buona. Non c'è essere umano che non possegga per lo meno una qualità divina. Con la pazienza possiamo risvegliare la divinità in una persona. Dovremmo cercare di coltivare questa attitudine. Quando vedremo il bene in ogni cosa, saremo colmi della grazia di Dio. Questa grazia è la fonte di ogni successo nella vita.

Se tutti voltiamo le spalle ad una persona, pensando soltanto agli errori che ha commesso, che futuro ha questa persona? D'altro lato, se percepiamo quel po' di buono che c'è ancora in lei, e la incoraggiamo a coltivarlo, la eleveremo. Ciò potrebbe avere un effetto tale da farla diventare una persona eccezionale. Sri Rama fu pronto ad inchinarsi alla regina Kaikeyi, che era la responsabile del suo esilio nella foresta. Cristo lavò i piedi a Giuda, anche se sapeva che Giuda stava per tradirlo. Quando la donna che aveva gettato fango sul profeta Maometto si ammalò, Egli andò a trovarla e si prese cura di lei di sua spontanea volontà. Questi sono gli esempi che ci mostrano le grandi anime. Il modo più semplice di sperimentare pace e felicità costanti nella vita è di seguire il sentiero che queste grandi anime hanno tracciato per noi.

La divinità è latente in tutti. Cercando di risvegliare la divinità negli altri, in realtà risvegliamo la divinità dentro di noi.

C'era una volta un Maestro che desiderava trasferirsi in un certo villaggio. Vi mandò due suoi discepoli ad indagare sulla natura degli abitanti. Un discepolo presto fece ritorno, dicendo al guru: "Le persone di quel villaggio sono le più malvagie che si possa immaginare! Sono ladri, assassini e prostitute! Da nessun'altra parte troverai anime così perverse!"

Quando il secondo discepolo ritornò, disse al Maestro: "Le persone in quel villaggio sono molto buone. Non ho mai incontrato persone così buone in tutta la mia vita!"

Il Maestro si chiese come i due discepoli potessero avere opinioni così contrastanti sullo stesso villaggio. Quando chiese una spiegazione, il primo rispose: "Entrando nella prima casa, sono stato accolto da un assassino; nella seconda viveva un ladro e nella terza ho visto una prostituta. Mi sono così scoraggiato che non mi sono dato la pena di procedere oltre. Ho lasciato velocemente quel posto e sono tornato qui. Come faccio a dire qualcosa di buono di un luogo in cui vivono persone così cattive?"

Il Maestro si rivolse al secondo discepolo e gli chiese di descrivere ciò che aveva visto. Il discepolo disse: "Sono entrato anch'io nelle stesse case. Nella prima ho incontrato un ladro: quando sono arrivato, stava dando da mangiare ai poveri. Ha l'abitudine di cercare nel villaggio le persone che soffrono la fame e dar loro da mangiare. Quando ho visto in lui questa buona qualità, sono stato estremamente contento.

"Nella seconda casa che ho visitato viveva un assassino: quando sono arrivato lì, era fuori ad assistere un poveretto steso sulla strada. Mi ha colpito vedere che, nonostante fosse un assassino, aveva comunque della compassione; il suo cuore non era completamente arido. Quando mi si è presentata quella scena, ho provato tanto amore per lui. Poi sono andato nella terza casa, dove viveva una prostituta. C'erano quattro bambini in casa; quando ho chiesto chi fossero, mi è stato detto che erano orfani e che la prostituta li aveva presi sotto la sua protezione e li stava allevando. Sicché, quando ho scoperto che c'erano delle qualità così meravigliose in coloro che vengono considerati i peggiori del villaggio, non sono riuscito neanche ad immaginare quanto più nobili dovessero essere gli altri abitanti! Così, visitando quelle tre case, ho ricavato un'ottima impressione degli abitanti del posto."

Voltare le spalle alla gente, affermando che c'è soltanto del male dappertutto, è il modo di fare del pigro. Se, invece di parlare della negatività degli altri, facessimo tutto il possibile per risvegliare la bontà in noi stessi, allora potremmo dar luce agli altri. Questo è il modo più semplice per migliorare noi stessi e anche la società. Invece di criticare l'oscurità che vi circonda, accendete la vostra piccola candela. Non scoraggiatevi al pensiero di cercare di disperdere le tenebre del mondo con la piccola luce che è dentro di voi. Se solo accendete la vostra candela e andate avanti, essa farà risplendere la sua luce ad ogni passo del vostro cammino, e sarà di beneficio alle persone attorno a voi.

Pertanto, figli miei, accendiamo dentro di noi il lucignolo dell'amore e andiamo avanti. Se facciamo ogni passo accompagnati da pensieri positivi e dal sorriso, tutte le buone qualità verranno a noi e colmeranno il nostro essere. Allora Dio non potrà assolutamente stare lontano da noi. Ci prenderà tra le braccia e ci stringerà. Ogni momento della nostra vita sarà pieno di pace ed armonia.

Glossario

Advaita – Non-dualità. La filosofia che insegna che la Realtà suprema è "Uno senza un secondo".

Ahimsa – Non-violenza. Astenersi dal far del male a qualunque essere vivente con pensieri, parole ed azioni.

Arati – Il rituale nel quale si offre la luce, nella forma di canfora ardente, e si suona una campanella di fronte alla Divinità nel tempio o di fronte ad un santo, come parte culminante di una puja. La canfora brucia senza lasciar traccia, simboleggiando la completa distruzione dell'ego.

Archana – Recitazione dei nomi di Dio.

Ardhanarisvara – Una forma divina metà uomo e metà donna: simboleggia la Divinità come unione di Shiva e Shakti, l'aspetto maschile e quello femminile di Dio.

Arjuna – Il terzo dei cinque fratelli Pandava. Un eccellente arciere ed uno degli eroi del *Mahabharata*. Fu amico e discepolo di Krishna. È ad Arjuna che si rivolge Krishna nella *Bhagavad Gita*.

Ashram – "Luogo in cui ci si impegna". Un luogo in cui aspiranti e ricercatori spirituali vivono o si recano in visita per condurre una vita spirituale e compiere pratiche spirituali. È generalmente la residenza di un Maestro spirituale, un santo o un asceta, che guida gli aspiranti.

Asura – Demone.

Atma tattva – Il principio del Sé.

Atman – Il vero Sé. La natura essenziale della nostra vera esistenza. Uno dei princìpi fondamentali del *Sanatana Dharma* è che noi non siamo il corpo fisico, i sentimenti, la mente, l'intelletto o la personalità. Noi siamo il Sé, eterno, puro e indistruttibile.

Atmarama – Colui che si diletta nel Sé.

Bhagavad Gita – "Canto del Signore". *Bhagavad* = del Signore; *Gita* = canto, particolarmente riferito a dei consigli. Gli insegnamenti che il Signore Krishna diede ad Arjuna sul campo di battaglia di Kurukshetra all'inizio della guerra del Mahabharata. È una guida pratica per la vita quotidiana e contiene l'essenza della saggezza dei *Veda*.

Bhajan – Canto devozionale.

Bhakti – Devozione e amore per Dio.

Bhava – Stato d'animo, attitudine divina.

Bhishma – Il nonno dei Pandava e dei Kaurava. Anche se nella guerra del Mahabharata combatté schierato con i Kaurava, era uno strenuo difensore del dharma e parteggiava per i vittoriosi Pandava. Dopo il Signore Krishna è il personaggio più importante del *Mahabharata*.

Brahma – L'aspetto di Dio associato alla creazione.

Brahmachari – Un discepolo che osserva il celibato e compie pratiche spirituali generalmente sotto la guida di un Maestro spirituale.

Brahmacharya – "Dimorare in Brahman". Celibato e controllo della mente e dei sensi. Tradizionalmente prima fase della vita, dedicata allo studio in un gurukula.

Brahman – La Realtà assoluta, l'Essere supremo; il Tutto; ciò che contiene e pervade ogni cosa; è Uno e indivisibile.

Dana – Beneficenza.

Darshan – Un incontro con o la visione del Divino o di un santo.

Deva – Essere celeste.

Devi Bhava – "L'attitudine divina della Devi". L'occasione in cui Amma rivela la sua unità ed identità con la Madre Divina. *Devi Bhava darshan*: il momento in cui Amma riceve i devoti nel *bhava* della Madre Divina.

Dharma – In sanscrito il termine "dharma" significa "ciò che sostiene (il Creato)". Viene comunemente usato per indicare ciò che è responsabile dell'armonia nell'universo. Dharma ha molti significati, come legge divina, legge dell'esistenza, giustizia, religione, dovere, responsabilità, virtù, bontà e verità. Dharma significa i princìpi interiori della religione. Una nota definizione di dharma è "ciò che conduce al miglioramento spirituale e al benessere generale di tutti gli esseri del Creato". Adharma è l'opposto di dharma.

Diparadhana – "Rito di adorazione con la lampada". L'offerta alla Divinità di una lampada ad olio e di canfora accesa, facendole roteare di fronte all'immagine.

Gopi – Le gopi erano pastorelle e lattaie che vivevano a Vrindavan. Erano le devote più vicine a Krishna, note per la loro suprema devozione al Signore. Sono l'esempio del più intenso amore per Dio.

Grihasthashrama – Una vita coniugale con orientamento spirituale. Tradizionalmente questa è la seconda fase della vita. Le quattro fasi sono: *brahmacharya* (il periodo dell'istruzione), *grihasthashrama* (vita coniugale), *vanaprastha* (rinuncia alle responsabilità proprie della vita mondana per dedicarsi completamente alle pratiche spirituali) e *sannyasa* (rinuncia a tutti gli attaccamenti materiali).

Grihasthashrami – Chi si è dedicato a condurre una vita spirituale pur assolvendo, nello stesso tempo, le responsabilità della vita di famiglia.

Guna – La Natura primordiale (*prakriti*) è formata da tre *guna*, ovvero qualità fondamentali, tendenze o attributi, che sono alla base di qualsiasi manifestazione: *sattva* (bontà, purezza, serenità), *rajas* (attività, passione) e *tamas* (oscurità, inerzia, ignoranza). Queste tre guna agiscono ed interagiscono continuamente l'una con l'altra. Il mondo fenomenico è composto da varie combinazioni delle tre guna.

Guru – "Colui che rimuove le tenebre dell'ignoranza". Maestro, guida spirituale.

Gurukula – Tradizionalmente si tratta di un ashram con un Maestro spirituale vivente, in cui risiedono studenti e discepoli, che studiano sotto la guida del guru.

Japa – Ripetizione di un mantra, di una preghiera o di uno dei nomi di Dio.

Jivatman – L'anima individuale.

Jnana – Conoscenza e saggezza spirituale. La conoscenza della vera natura del mondo e della Realtà che ne è la causa. È un'esperienza diretta, che trascende ogni possibile percezione della mente, dell'intelletto e dei sensi, che sono limitati per natura. Si raggiunge attraverso la pratica spirituale e la grazia di Dio o del guru.

Kali – "Dal colore scuro". La distruttrice di *kala* (il tempo). Un aspetto della Madre Divina. Dal punto di vista dell'ego, Kali può incutere terrore, perché distrugge l'ego. Ma lo fa soltanto per infinita compassione, per rendere possibile la nostra trasformazione. Un devoto sa che dietro la sua facciata feroce si trova la Madre amorevole, che protegge i suoi figli e concede la grazia della Liberazione.

Karma – Azione, atto, lavoro. Legge di causa ed effetto, destino.

Karma yoga – "Unione attraverso l'azione". Il sentiero spirituale del servizio altruista e disinteressato, dedicando l'azione e i suoi frutti a Dio.

Kaurava – I cento figli di Dhritharasthra e Gandhari, il maggiore dei quali era il malvagio Duryodhana. I Kaurava erano i nemici dei loro cugini, i virtuosi Pandava, nella guerra del Mahabharata.

Krishna – La principale incarnazione di Vishnu. Nacque in una famiglia reale ma crebbe con genitori adottivi e visse come un giovane pastore a Vrindavan, dove fu amato e venerato dai suoi devoti compagni, le gopi e i gopa (le pastorelle e i giovani mandriani). In seguito Krishna divenne il governante di Dwaraka. Fu amico e consigliere dei cugini, i Pandava, e in particolar modo di Arjuna, a cui rivelò i suoi insegnamenti sotto forma della *Bhagavad Gita*.

Lila – Gioco divino, commedia.

Mahabharata – Una delle due maggiori epiche (*Itihasa*) storiche indiane, insieme al *Ramayana*. È un grandioso trattato sul dharma e sulla spiritualità. La storia verte principalmente sul conflitto tra i Pandava e i Kaurava e sulla grande guerra a Kurukshetra. Il *Mahabharata*, che è il poema epico più lungo al mondo, fu composto intorno al 3200 a.C. dal saggio Vyasa.

Mahatma – Grande anima.

Mantra – Formula sacra o preghiera che, idealmente, viene ripetuta continuamente. In questo modo risveglia i propri poteri spirituali latenti e aiuta a raggiungere la meta. È particolarmente efficace se viene ricevuta da un Maestro spirituale attraverso un'iniziazione.

Manu – Considerato il padre della razza umana e sovrano della terra. Nelle scritture sono menzionati quattordici Manu in successione. Il *Manusmriti*, il codice delle leggi secondo Manu, è attribuito a Svayambhuva Manu, il primo dei quattordici. L'affermazione sulla protezione delle donne a cui si fa riferimento nel testo è contenuta nel *Manusmriti*.

Maya – "Illusione". Il Potere Divino o velo che nasconde la Realtà e dà l'impressione della molteplicità, creando così l'illusione della separazione. Nascondendo la Realtà, maya ci inganna, facendoci credere che la perfezione e la completezza siano da ricercarsi all'esterno di noi stessi.

Moksha – Liberazione.

Neti-neti – "Non questo, non questo". Metodo analitico di contemplazione per giungere alla Realtà suprema attraverso la negazione sistematica di tutto ciò che non è il Sé.

Nirguna – Senza attributi.

Pada Puja – Il rito di adorazione dei piedi di Dio, del guru o di un santo. Come i piedi sono di sostegno al corpo, l'essenza del guru sostiene la Verità suprema. I piedi del guru rappresentano quindi la Verità suprema.

Pandava – I cinque fratelli, Yudhisthira, Bhima, Arjuna, Nakula e Sahadeva. Erano i figli del re Pandu e gli eroi dell'epica *Mahabharata*.

Parabhakti – La più elevata forma di devozione, priva di qualsiasi desiderio, in cui il devoto fa l'esperienza della propria unità con la Divinità prediletta, che pervade ogni cosa.

Paramatman – L'Essere supremo, Brahman.

Prarabdha – "Responsabilità, fardelli". Il frutto delle azioni passate di questa vita e di quelle precedenti, che si manifesterà in questa vita.

Prasad – Offerte consacrate e benedette.

Puja –Rito religioso, cerimonia di adorazione.

Purana – Ci sono diciotto Purana principali e diciotto Purana minori. Questi antichi testi contengono racconti sugli Dèi e sulle loro incarnazioni.

Purnam – Pieno, completo, perfetto, intero.

Purnavatar – Avatar = "discesa". Dio, che è senza forma, senza nome ed immutabile, scende sulla terra assumendo forma umana. L'obiettivo di un'incarnazione divina è di ristabilire e preservare il dharma e di elevare l'umanità, rendendola consapevole del Sé superiore. Krishna è detto Purnavatar, la completa incarnazione del Signore Vishnu.

Rama – "Signore dell'Universo". L'eroe divino dell'epica *Ramayana*. Un'incarnazione del Signore Vishnu, è considerato l'ideale del dharma e della virtù.

Ramayana – "La vita di Rama". Una delle maggiori epiche indiane, composta da Valmiki, che narra la storia del Signore Rama. Una parte sostanziale dell'opera descrive il rapimento di Sita, moglie di Rama, da parte del re demone Ravana, che la portò con sé a Sri Lanka, e la sua liberazione ad opera di Rama e dei Suoi devoti.

Rasa-lila – "Il gioco divino della beatitudine". Si riferisce alla danza di Krishna con le gopi a Vrindavan, quando Egli apparve individualmente ad ognuna delle gopi e danzò simultaneamente con tutte loro.

Ravana – Il re demone di Sri Lanka, il personaggio malvagio del *Ramayana*.

Rishi – *Rsi* = Conoscere. Saggi e veggenti realizzati. Generalmente questo termine si riferisce ai sette rishi dell'India antica, anime realizzate che erano in grado di "vedere" la Verità Suprema ed espressero questa illuminazione nella composizione dei *Veda*.

Sadhana – Pratica spirituale.

Samsara – Il ciclo di nascita, morte e rinascita; il mondo della pluralità.

Samadhi – Unione con Dio; uno stato di profonda, assoluta concentrazione in cui cessano tutti i pensieri. La mente entra in uno stato di totale quiete in cui rimane solamente la Pura Coscienza, mentre si dimora nell'*Atman*, o Sé.

Samskara – La totalità delle impressioni registrate nella mente dalle esperienze di questa vita e di quelle precedenti, che influenzano la vita di un essere umano, la sua natura, le azioni, lo stato mentale, ecc. Samskara significa anche la bontà inerente e le caratteristiche positive del carattere di ogni persona, e la disposizione mentale e le qualità nobili coltivate in passato. Può anche significare 'cultura'.

Sanatana Dharma – "La Religione eterna", il nome tradizionale dell'Induismo.

Sannyasi – Un monaco o una monaca che ha preso voti formali di rinuncia (*sannyasa*). Un sannyasi tradizionalmente indossa un abito di color ocra, che rappresenta il fuoco che distrugge la coscienza corporea.

Satguru – Un Maestro spirituale che ha realizzato il Sé.

Satsang – *Sat* = verità, essere; *sanga* = associazione con. Essere in compagnia del saggio; può significare anche discorso spirituale tenuto da un saggio o da un dotto.

Shakti – "Potere". Shakti è un nome della Madre universale, l'aspetto dinamico di Brahman.

Shiva – "Di buon auspicio, benevolo, buono". Una forma dell'Essere supremo; il Principio maschile; l'aspetto statico di Brahman. Inoltre, è anche l'aspetto della Trinità induista associato alla distruzione dell'universo, la distruzione di ciò che non è la realtà.

Sita – Consorte di Rama. In India è considerata essere l'ideale di donna.

Tamas – Tenebre, inerzia, apatia, ignoranza. Una delle tre *guna* o qualità fondamentali della Natura.

Tapas – "Calore". Auto-disciplina, austerità, penitenza e sacrificio di sé; pratiche spirituali che 'bruciano' le impurità della mente.

Tapasvi – Chi si dedica a tapas, o austerità spirituali.

Tattva – Essenza, princìpi spirituali.

Upadhi – Mezzo, strumento, simbolo.

Vanaprastha – La terza fase della vita, caratterizzata dalla rinuncia delle responsabilità materiali per dedicarsi alle pratiche spirituali.

Vasana – Da *vas* = vivente, rimanente. Le vasana sono le tendenze latenti o i desideri sottili della mente che hanno una tendenza a manifestarsi sotto forma di azioni e abitudini. Le vasana risultano dalle impressioni delle esperienze (*samskara*) che esistono nel subconscio.

Veda – "Conoscenza, saggezza"; le antiche sacre Scritture dell'Induismo. Una raccolta di testi sacri in Sanscrito, divisa in quattro parti: *Rig, Yajur, Sama* e *Atharva*. Sono tra le Scritture più antiche del mondo. I *Veda* sono considerati una rivelazione diretta della Verità suprema, vista o sperimentata dai Rishi intorno al 5000 a.c.

Vedanta – "La fine dei Veda". La filosofia delle *Upanishad*, la parte conclusiva dei *Veda*, che afferma che la Verità Ultima è "Uno senza un secondo".

Yama e **niyama** – Norme e divieti sul sentiero spirituale.

Yajna – Sacrificio, offerta sacra per il bene comune.

Yoga – "Unire". Una serie di metodi attraverso i quali si può raggiungere l'unione con il Divino; un sentiero che conduce alla realizzazione del Sé.

Yogi – Colui che è stabile nella pratica dello Yoga, o nell'unione con l'Essere supremo.

www.ingramcontent.com/pod-product-compliance
Lightning Source LLC
LaVergne TN
LVHW051547080426
835510LV00020B/2897